新建築技術叢書—9

建築音響と騒音防止計画
第四版

木村　翔

彰国社刊

編集委員

加藤　　渉　　工学博士
市川　清志　　工学博士
近江　　栄　　工学博士
本岡順二郎　　工学博士

刊 行 の 言 葉

　いま，わが国は技術文明の岐路にたちいたっているという認識は，すでに疑う余地もない。技術革新の時代はすでに去り，技術の尖端は加速度的に発展拡大し，技術と人間とのギャップはいよいよ深化するばかりである。

　われわれ技術者にとっても，次々に細分化する専門分野と，それらを総合する学際的（interdisciplinary）な思考との間にあって，その苦悩と不安定な立場は日毎に重圧となっておそってきている。

　この時代にあって，技術者としての責務をまっとうするためには，しっかりした基礎的知識を駆使できる能力を身につけるべきことは言うまでもないが，とくに柔軟性のある豊かな思考方法がまず求められるのである。この激動の時代に，いかに即応するかがこの叢書の基本的な意図なのである。

　それぞれの専門分野での権威に執筆を願ったことはもちろんだが，それも既成の権威というより，新しい時代に即応した発想をもつエキスパートでなければならない。

　また，この叢書ではあらかじめ全巻何巻という枠組を決めることなく，新しい技術，新しい境界領域が生まれたら，むしろ積極的に登場させるというきわめて柔軟な編集方針を堅持していくものである。

　次の時代を指向する本叢書が，広く意欲ある方々に愛読されることを望んでやまない。

　1974年2月

新建築技術叢書編集委員会
代表　加藤　渉

まえがき

　建築は，それぞれの用途に応じた人間の環境を形造るものであるから，建築を設計し，計画し，施工していくにあたって，その居住環境性能に対するきめ細かい配慮が必要になることはいうまでもない。大学における建築学科の学生が，建築の環境機能的な面の基礎的な計画技術を身につけることは，その意味で非常に大切なことだと思われる。

　なかでも騒音防止計画は，われわれが快適な生活を営む上で欠かすことのできない基本的要素であるプライバシーの確保に密接な関係をもち，交通機関や生産施設の発展に伴う騒音発生源の増大，都市における建築空間の高密化が，必然的にあらゆる種類の建築の設計に対するその重要性を高めてきているだけに，騒音防止に関する基礎的な知識を十分に理解することは，建築家にとって，ますます必要になってきているといえよう。

　本書は，建築音響を，建築のせまい分野の特殊建築の問題としてでなく，集合住宅をはじめとする建築全般の幅広い分野にわたる身近な問題として，総合的にとらえることができるように，騒音防止計画と関連づけながら，系統的に整理し，とりまとめることを意図したものである。

　すなわち1章では，音の物理的性質のうち，最少限必要な基礎事項について述べ，2章では建築家がデシベル尺度に十分慣れることができるように配慮し，3章で騒音の影響，評価，許容値について概説した後，4章から8章までに騒音防止計画の中心となる対策，手法の考え方，基礎的理論，具体的な計算方法，材料の性質，設計資料等について，順次，章別にとりまとめ，最後の9章に，実際の設計方法の要点と，オーディトリウムなど，とくに音をきくことを目的とする空間に必要となる室内音響設計の概要について述べている。

　このような全体の構成は，筆者のこれまでの経験に基づいて，大学の建築学科の学生が，建築家の常識として建築音響を学ぼうとする場合，できるだ

け取付きやすく，理解しやすいようにその内容を考慮したつもりであるが，いたらぬ点があれば筆者の未熟さによるものであり，お許しいただきたい。

なお本書は，建築音響をさらに深く学ぼうとする人達が，より高度の専門書や学術論文に取り組むための基礎としても役立つように，各所で理論的取扱いにふれているので，数式が数多くみられる箇所もあるが，できるだけ全体を通読し，要点を把握するようつとめることにより，適切な騒音防止計画を行なう実務的な力を身につけることができるものと信じている。

本書の執筆にあたり，脚注の引用文献，巻末の参考文献などから，貴重な研究成果や多くの資料を引用させて頂いた。ここに記して感謝の意を表する。また計算機による新しい図表の作成等に協力して頂いた当研究室の関口克明，井上勝夫の両君に対し深く感謝する次第である。

1977年3月

木　村　　翔

目　　次

1　音の性質 …………………………………………………………………… 1
　1.1　音の発生と伝搬 ………………………………………………………… 1
　1.2　周波数・波長 …………………………………………………………… 2
　1.3　音　　圧 ………………………………………………………………… 4
　1.4　音の強さ ………………………………………………………………… 7
　1.5　音のエネルギ密度 ……………………………………………………… 8
　1.6　干渉と定在波 …………………………………………………………… 9

2　デシベル尺度 ……………………………………………………………… 13
　2.1　ウェーバー・フェヒナーの法則 ……………………………………… 13
　2.2　音の強さのレベル ……………………………………………………… 14
　2.3　音圧レベル ……………………………………………………………… 14
　2.4　パワレベル ……………………………………………………………… 15
　2.5　デシベル計算の基礎 …………………………………………………… 16
　2.6　デシベルの合成 ………………………………………………………… 17
　2.7　デシベルの分解 ………………………………………………………… 19

3　騒音の影響・評価・許容値 ……………………………………………… 21
　3.1　騒　　音 ………………………………………………………………… 21
　3.2　音の大小 ………………………………………………………………… 21
　3.3　等ラウドネス曲線と音の大きさのレベル …………………………… 21
　3.4　騒音レベル ……………………………………………………………… 23
　3.5　騒音の周波数分析 ……………………………………………………… 25
　3.6　dB(A)への変換と合成 ………………………………………………… 28
　3.7　dB(A)による騒音の評価 ……………………………………………… 29
　3.8　NR, NCによる評価 …………………………………………………… 32
　3.9　音の大きさの感覚量 sone ……………………………………………… 35
　3.10　騒音のラウドネスレベルの計算 ……………………………………… 36
　3.11　音のやかましさとPN-dB ……………………………………………… 38
　3.12　EPNL, ECPNL, WECPNL …………………………………………… 40
　3.13　騒音の聴力に対する影響 ……………………………………………… 43

4　騒音の伝搬 ………………………………………………………………… 45
　4.1　点音源からの距離減衰 ………………………………………………… 45

4.2	線音源からの距離減衰	46
4.3	面音源からの距離減衰	48
4.4	塀，建物などによる遮蔽	51
4.5	道路騒音の伝搬性状	53
4.6	鉄道騒音の伝搬性状	56
4.7	航空機騒音の伝搬性状	58

5 室内の音場 ………………………………………………61

- 5.1 部屋の固有振動 ………………………………………61
  - 固有振動の周波数と音圧分布／固有振動の数と周波数分布
- 5.2 拡散音場 ……………………………………………65
- 5.3 拡散音場の壁面入射エネルギ ……………………66
- 5.4 室内の吸音力と平均吸音率 ………………………67
- 5.5 定常状態の室内平均音圧レベル …………………68
- 5.6 平均自由路 …………………………………………69
- 5.7 残響時間 ……………………………………………70
- 5.8 室内における直接音レベルと反射音レベル ……73
- 5.9 室内吸音処理による騒音の防止 …………………76

6 遮音と遮音構造 …………………………………………77

- 6.1 透過率と透過損失 …………………………………77
- 6.2 遮音と吸音 …………………………………………78
- 6.3 総合透過損失 ………………………………………79
- 6.4 2室間の遮音 ………………………………………80
- 6.5 室内と屋外との間の遮音 …………………………82
  - 屋外から室内への騒音の伝搬／室内から屋外への騒音の伝搬
- 6.6 側路伝搬の影響と遮音計画 ………………………87
  - 天井裏を通しての側路伝搬／窓からの側路伝搬
- 6.7 隙間の影響 …………………………………………90
- 6.8 質量則 ………………………………………………95
- 6.9 コインシデンス効果 ………………………………98
- 6.10 二重壁の遮音 ……………………………………104
- 6.11 界壁の遮音基準 …………………………………109

7 固体伝搬音の遮断 ……………………………………113

- 7.1 床衝撃音 …………………………………………115
  - 床衝撃音レベル／床衝撃音レベルの測定と評価／床衝撃音レベルの低減対策／床スラブの設計／床仕上材の効果／浮き床の効果
- 7.2 機械の防振 ………………………………………125
  - 防振の原理／防振設計

7. 3　振動の評価 …………………………………………………………… 131
　7. 4　給排水設備騒音 ……………………………………………………… 137

8　吸音と吸音構造 …………………………………………………………… 141
　8. 1　材料の吸音率 ………………………………………………………… 141
　8. 2　吸音率の測定 ………………………………………………………… 144
　　　　垂直入射吸音率の測定／残響室法吸音率の測定
　8. 3　吸音機構による分類 ………………………………………………… 147
　8. 4　多孔質材料 …………………………………………………………… 148
　8. 5　板状材料 ……………………………………………………………… 152
　8. 6　ヘルムホルツの共鳴器 ……………………………………………… 154
　8. 7　孔あき板を用いた吸音構造 ………………………………………… 157
　　　　孔あき板の吸音特性／空気層厚が大きい場合の吸音特性／屏風折壁の場
　　　　合の吸音特性／スリット構造の吸音特性
　8. 8　人間と椅子の吸音力 ………………………………………………… 168
　8. 9　ダクト系の減音装置 ………………………………………………… 169
　　　　吸音材内張リダクト／吸音材内張り直角エルボ／吸音チャンバ／空洞型
　　　　消音器／共鳴器型消音器／開口端反射による減音

9　音響設計 …………………………………………………………………… 175
　9. 1　騒音防止設計 ………………………………………………………… 175
　　　　基本計画／必要減音量の算出／伝搬経路対策の実施
　9. 2　室内音響設計 ………………………………………………………… 177
　　　　室の形態の設計／音響障害の防止／最適残響時間と室容積／室内音響指
　　　　標／ホールの電気音響設備

付録 I　吸音率表 ……………………………………………………………… 211
　　　　多孔質材料／多孔質板状材料／板状材料／孔あき板・孔あき板＋多孔質
　　　　材／一般建築材料／人間・椅子吸音力（m²/個）
　　II　透過損失表 …………………………………………………………… 221

索　引 ………………………………………………………………………… 227

1 音 の 性 質

1.1 音の発生と伝搬

　音とは，物理的には，弾性体の中を伝搬する，圧力や媒質の粒子変位，粒子速度の変動である。その変動が人間の耳に達して鼓膜を振動するとき，音の感覚を生ずる。主観的には，聴覚器官に生じたその感覚を音という。普通，われわれは，「聞える」という聴覚と結びつけて，可聴範囲のものを音という場合が多いが，そのような，感覚としての音は，物理的な音の中のごく限られた範囲のものである。すなわち，変動が，非常にゆっくりとして，音の感覚を生じないものは一般に振動として感じられ，超低周波音とよばれることもある。逆に変動が非常に早くて，音の感覚を生じないものは超音波とよばれているが，それらは，いずれも物理的には音波（sound wave）である。

　音は，弾性体の振動から発生する。音叉を打つと，音叉の2本の先端が高速で振動しているのを見ることができる。スピーカのコーンは，目に見えないほど振幅は小さいが，指で軽くさわってみると，複雑な振動を感ずることができる。

　空気中で音源が振動すると，その振動体に接する空気粒子は，振動に従って前後に変位し，空気中に粒子の密度の疎密を生ずる。その変動が，媒質の弾性により順次，媒質の他の部分に伝わっていく。音の伝搬には，慣性と弾性を有する媒質が必要である。空間のある点に発生した状態の変化または変動が，連続的に次々と伝搬していくこのような現象を波動という。同じ波動でも，水の波は，水が上下に振動しながら横に伝わっていくので横波と呼ばれるが，流体媒質中の音波のように，媒質粒子の動く方向と，その変動が伝わる方向が同じ場合は，縦波または疎密波と呼ばれている。

　音波が媒質の中を伝わっていく速さを，音速（velocity of sound）または音の伝搬速度という。音の伝搬速度は，媒質の密度（慣性）と弾性によってき

まる。気体中の音速は，気体の密度を ρ, 気圧を P_0 として，

$$c=\sqrt{\frac{\gamma P_0}{\rho}} \quad \text{(m/s)} \tag{1.1}$$

で表わされる。γ は，定圧比熱と定積比熱の比である。

空気中の音速は，空気密度が温度によって変化するので， 1気圧, $t°C$ では，

$$c=331.5\sqrt{1+\frac{t}{273}}\fallingdotseq 331.5+0.6\,t \quad \text{(m/s)} \tag{1.2}$$

普通の室温で，だいたい 340 m/s になる。気圧や湿度の変化による影響は少ない。

空気 ($\rho \fallingdotseq 1.2\text{kg/m}^3$) よりも軽い気体中の音速は，当然，速くなる。1.1表に示すように，ヘリウム ($\rho \fallingdotseq 0.18$) 中では 970m/s，水素 ($\rho \fallingdotseq 0.09$) 中では 1,300m/s である。また，液体や固体中の音速は，一般に空気中よりもはるかに速い。海水中の音の伝搬速度は 約1,500m/s，コンクリートは 約3,000〜4,000m/s，鉄は約5,000m/s である ((1.15)式参照)。

1.2 周波数・波長

最も基本的な形の音波は，単弦振動から生ずる。音源の正弦波振動に従って，媒質の粒子は前後に変位するので，ある点における粒子変位の時間的変化は，

$$y=a\,\sin(\omega t+\varphi_0) \tag{1.3}$$

で表わされる。ここで a は変位振幅，$\omega t+\varphi_0$ は位相，φ_0 は初期位相，ω は角振動数を表わす。粒子がこのように変位するときの速度（粒子速度）は，

$$u=\frac{dy}{dt}=a\omega\cos(\omega t+\varphi_0)=a\omega\sin\left(\omega t+\frac{\pi}{2}+\varphi_0\right) \tag{1.4}$$

となり，やはり時間とともに正弦的に変化する (1.1 図)。

位相は，ある時刻における周期的な変化過程の位置を示す量であるが，1.1図をみるとわかるように，粒子変位と粒子速度には $\pi/2$ の位相差がある。これは，糸で重りを吊した振子の振動を考えるとわかるように，粒子が前または後に最大の変位をして，変位の方向が変わるとき，速度は0となり，

粒子が変位0の位置を通るとき，速度は最大になることを示している。

音源が1秒間に振動する回数，すなわち流体媒質内の粒子が1秒間に前後に変位する回数fを周波数（frequency）または振動数という。1回の振動に要する時間を周期Tとすれば，

$$f=\frac{1}{T} \quad \text{（Hz）} \tag{1.5}$$

周波数の単位をヘルツ（Herz，記号Hz）という。たとえば空気中で1,000 Hzの音を出している音源は毎秒1,000

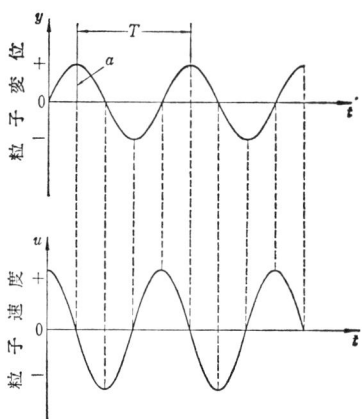

1.1 図　正弦波形

回の往復振動を行ない，ある点の空気密度は毎秒1,000回，疎密の変動をくり返すことになる。人間の健全な耳は，だいたい20 Hzから20,000 Hzの音を聞くことができる。

また，角振動数は振動が1秒間に進む角度であるから次の関係がある。

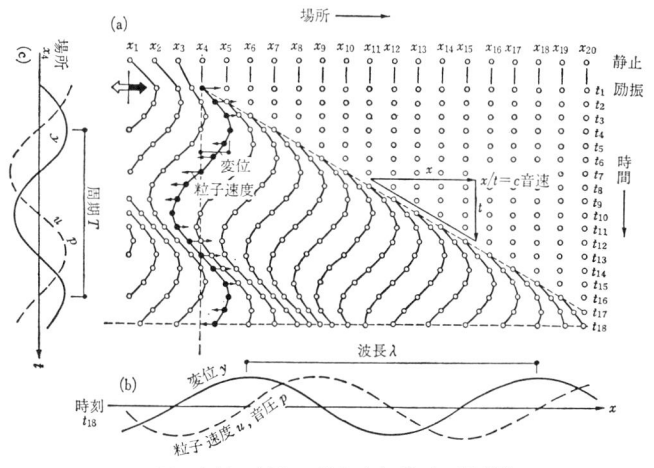

1.2 図　音波の伝搬に伴う空気粒子の運動[1]

---

1) 建築の音環境設計〈新訂版〉（日本建築学会設計パンフレット4，p.47，彰国社，1982年）

$$\omega = \frac{2\pi}{T} = 2\pi f \tag{1.6}$$

いま，正弦平面進行波について，原点から x の距離における媒質粒子の時間的変動を一般式で表わすと，1秒間に変動が伝搬する距離が音速 c であるから，原点から x 点まで到達するには x/c 秒かかり，x 点の現在の位相は，原点では x/c 秒前の位相に等しい。すなわち原点と x 点との位相差は $\omega\dfrac{x}{c}$，したがって (1.3) 式を用いれば，次のようになる。

$$y = A\sin\left\{\omega\left(t - \frac{x}{c}\right) + \varphi_0\right\} \tag{1.7}$$

1回の完全な振動すなわち1周期の間に音波が伝搬する距離を波長 (wave length) という。x 方向に伝搬するある周波数の音波を考えると，1.2 図に示すように同じ位相の変動が波長 λ の間隔でくり返されていることになる。周波数と波長と音の伝搬速度との関係は次のようになる。

$$\lambda \cdot f = c \quad (\text{m}) \tag{1.8}$$

100 Hz の音の波長は 3.4 m，1,000 Hz の音の波長は 34 cm である。目に感ずる光の波長が 0.4〜0.8 ミクロン (10^{-6}m) であるのに比して非常に長い。建築物の設計に際し，音の反射，拡散，遮蔽などを考えるときは，このように音の波長が長いということを十分に考慮して各部の寸法を決めなければならない。

1.3 音　圧

音波が通過するとき，媒質の粒子は振動し，媒質の圧力（空気の場合は大気圧）に変動が生ずる。このような圧力の音波による変化分を音圧 (sound pressure) という。

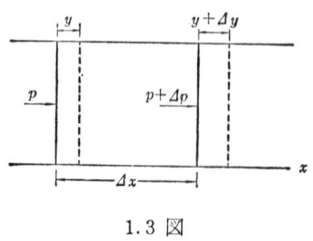

1.3 図

いま流体中の音波の進行方向に距離 Δx をとり，それと垂直に単位面積を考えると，その容積は Δx，質量は $\rho \Delta x$ である (1.3 図)。この部分を x 方向に加速する力は Δx 間の音圧の差 Δp であるから，ニュートンの法則から，

$$\Delta p = \rho \Delta x \frac{\partial u}{\partial t}$$

この部分の音圧増加率を $\frac{\partial p}{\partial x}$ とすれば，$\Delta p = -\frac{\partial p}{\partial x}\Delta x$ であるから（正の傾斜では，この部分は負の方向に加速される），

$$-\frac{\partial p}{\partial x} = \rho \frac{\partial u}{\partial t} \tag{1.9}$$

u は，音波により媒質粒子が振動する速度（粒子速度）である。

一方，Δx 間の媒質の粒子変位の差 Δy だけこの部分の容積が変化するから，容積変化率は $\frac{\Delta y}{\Delta x}$，$\left(\text{初期の媒質容積を}V,\ \text{容積変化量を}\Delta V\text{とすれば}\frac{\Delta V}{V}\right)$ 圧力変動（すなわち音圧 p）によって媒質の容積変化（圧縮または膨張）が生ずる。

いま単位の容積変化をさせるのに要する力を，流体媒質の弾性を表わす定数として，体積弾性率 K を定義すれば，圧力が増すと容積は減少するので，

$$p = -K\frac{\Delta y}{\Delta x} = -K\frac{\Delta V}{V} \tag{1.10}$$

この部分の粒子変位の増加率を $\frac{\partial y}{\partial x}$ とすれば，$\Delta y = \frac{\partial y}{\partial x}\Delta x$ であるから，

$$p = -K\frac{\partial y}{\partial x}$$

これを時間 t で微分して，

$$\frac{\partial p}{\partial t} = -K\frac{\partial y}{\partial x \partial t} = -K\frac{\partial u}{\partial x} \tag{1.11}$$

これをさらに t で微分して (1.9) 式を x で微分したものと組み合わせると，

$$\frac{\partial^2 p}{\partial t^2} = \frac{K}{\rho}\frac{\partial^2 p}{\partial x^2} \tag{1.12}$$

同様にして

$$\frac{\partial^2 u}{\partial t^2} = \frac{K}{\rho}\frac{\partial^2 u}{\partial x^2} \tag{1.13}$$

$$\frac{\partial^2 y}{\partial t^2} = \frac{K}{\rho}\frac{\partial^2 y}{\partial x^2} \tag{1.14}$$

これらの微分方程式を一次元の波動方程式（wave equation）という。ある一方向のみに伝搬する平面音波では，このように音圧，粒子速度，粒子変位

などがすべて同じ形の波動方程式で表わされる。(1.7) 式は (1.14) 式の一つの解である。

波動が距離 x を進行するのに x/c の時間を要するから，たとえば (1.12) 式で $t=x/c$ とおけば，

$$c=\sqrt{\frac{K}{\rho}} \qquad (1.15\mathrm{a})$$

が得られる。これが流体中の音速の一般式である。気体中では，音波は断熱的な変動と考えられ，$K=\gamma P_0$ となるから，(1.1) 式のようになる。また固体中の縦波の音速は，体積弾性率の代りにヤング率を用いて，

$$c=\sqrt{\frac{E}{\rho}} \qquad (1.15\mathrm{b})$$

で表わされる。

また，(1.10) 式，(1.15a) 式と $t=\dfrac{x}{c}$，$u=\dfrac{\partial y}{\partial t}$ の関係を用いて，次の式が得られる。

$$p=\rho c \cdot u \qquad (1.16)$$

$$Z=\frac{p}{u}=\rho c \qquad (1.17)$$

すなわち，自由空間における平面音波の音圧は，媒質の密度 ρ と音速 c と粒子速度 u との積に等しい。また，この式は，平面音波では，任意の場所における音圧と粒子速度とは常に比例し，同時刻には同位相であることを示し

1.1 表　媒質中の音速と固有音響抵抗の例

媒　　質	密度 ρ (kg/m³)	音速 c (m/s)	固有音響抵抗 ρc (kg/m²·s)
空　　　気	1.205　(20°C)	343.5	414
ヘ リ ウ ム	0.1785　(0°C)	970	173
水　　　素	0.0898　(0°C)	1,269	114
窒　　　素	1.250　(0°C)	337	421
水	1,000	1,500	1,500,000
コンクリート	2,300	3,100	7,100,000
鋼	7,800	5,300	41,000,000
石こうボード	900	1,500	1,300,000
グラスウール	96	28	3,000
合　　　板	600	3,100	1,900,000
コ ル ク	250	500	120,000
ゴム (硬度30)	1,010	35	35,000

ている。

　音圧と粒子速度との比を，一般にその点の音波に対する単位面積音響インピーダンスまたは単位面積インピーダンス（unit area acoustic impedance, specific acoustic impedance）というが，この場合は，両者が同位相であるから，インピーダンスは常に実数で，媒質の密度と音の伝搬速度との積 ρc に等しくなる。ρc は媒質固有の定数であるから，その媒質の固有音響抵抗（specific acoustic resistance）または特性インピーダンス（characteristic impedance）とよばれる。空気の ρc は約 410（kg·m^{-2}·sec^{-1}）である。各媒質の固有音響抵抗を 1.1 表に示す。

　ある点の，ある時刻における音圧を瞬時音圧という。瞬時音圧は，時間とともに変動し，しかも正負の値をとるので，音圧の量的大小を表わす値としては不適当である。そこで普通は，瞬時音圧を2乗して時間平均の平方根をとった音圧の実効値（effective value）を用いる。すなわち，

$$p_e = \sqrt{\frac{1}{T}\int_0^T p^2(t)dt} \tag{1.18}$$

正弦平面進行波の実効音圧は，振幅（ピーク値）を A とすれば $\dfrac{A}{\sqrt{2}} = 0.707 A$ となる。

　音圧は，音波による圧力の変化分であるが，大気圧（単位 1 bar＝10^3 mbar）などに比べると非常に小さいので，単位としては，

$$1\,\mu\text{bar} = 1\,\text{dyne/cm}^2 = 10^{-1}\,\text{Newton/m}^2 \quad (1\,\text{N/m}^2 = 1\,\text{Pa})$$

が用いられる。M.K.S では〔kg·m^{-1}·s^{-2}〕となる。大気圧はほぼ 1,000 mbar であるから，1 μbar の音圧はその 100 万分の 1 になる。われわれが聞くことのできる範囲の音圧は，10^{-4} μbar から 10^2 μbar のオーダーである。

1.4 音の強さ

　音波の進行方向に垂直な単位面積当りのパワを音の強さ（sound intensity）という。

　いま，その単位面積に作用する音圧を p，粒子速度を u とすれば，音圧による粒子の変位は $\int u dt$，p のする仕事は $p \cdot \int u dt$，仕事率すなわちパワは $p \cdot$

u となる。平面波が自由空間に存在するときは，(1.16) 式を用いて，

$$I = p \cdot u = \frac{p^2}{\rho c} \tag{1.19}$$

すなわち，音の強さは，音圧の2乗に比例する。単位は Watt/m² または erg/s·cm² を用いる。1 Watt=10⁷erg/s である。

音の伝搬を電気回路に相似させて考えれば，抵抗 r の回路に電圧 e が作用して，電流 i が生じ，電力 w を消費したとき，$e=ir$, $w=e\cdot i=e^2/r$ の関係があるから，(1.16)，(1.19) 式と比較すれば，(音圧)→(電圧)，(粒子速度)→(電流)，(音の強さ)→(電力)，(固有音響抵抗)→(電気抵抗) にそれぞれ対応することがわかる。

1.5 音のエネルギ密度

媒質内で音波の伝搬している場所を音場 (sound field) という。音場内における単位容積当りの音のエネルギを音のエネルギ密度 (sound energy density) という。

エネルギ密度は，単位容積中の運動エネルギとポテンシャルエネルギの和になる。

いま，媒質粒子が速度 u で運動すれば，単位容積当りの運動エネルギ E_k は，

$$E_k = \frac{1}{2} \frac{mu^2}{V} = \frac{1}{2} \rho u^2 \tag{1.20}$$

また，音圧 p による容積変化量を $\varDelta V$ とすれば，(1.10) 式から，$p=-K(\varDelta V/V)$ となるから，単位容積当りに蓄えられるポテンシャルエネルギ E_p は，

$$E_p = \frac{-\int p\, d(\varDelta V)}{V} = \frac{K}{V^2} \int \varDelta V\, d(\varDelta V) = \frac{K\varDelta V^2}{2V^2} = \frac{p^2}{2K} \tag{1.21}$$

したがってエネルギ密度は，(1.15a) 式を用いて

$$E = E_k + E_p = \frac{1}{2}\left(\rho u^2 + \frac{p^2}{\rho c^2}\right) \tag{1.22}$$

平面波では $p=\rho c u$ であるから，$\rho u^2 = p^2/(\rho c^2)$ となり，

$$E = \frac{p^2}{\rho c^2} \tag{1.23}$$

これが平面波音場における音のエネルギ密度である。

単位は，Watt・s/m³ または erg/cm³ を用いる。(1.19) 式と (1.23) 式から，

$$I = E \cdot c \tag{1.24}$$

となり，音の強さは，音の進行方向に垂直な単位面積を単位時間（1秒間）に通過するエネルギ量を表わしていることがわかる。

1.6 干渉と定在波

周波数の異なるいくつかの正弦平面進行波が同一音線上を伝搬すると，媒質の各点における粒子変位は，それぞれの音波の粒子変位の和となり，(1.7) 式から，

$$Y = \sum_{i=1}^{n} A_i \sin\left\{\omega_i\left(t - \frac{x}{c}\right) + \varphi_{0i}\right\} \tag{1.25}$$

と表わすことができる。

いろいろな方向からくる音波についても，それぞれの音波が単独に伝わってきたときの振幅の和をとればよい。すなわち，同じ位相の点では振幅が増大し，逆位相の点では減少する。これを音波の重ね合わせの原理という。媒質の粒子速度や音圧についても同様な原理が成立する。

このように，二つ以上の音波が重ね合わさって，振幅が変化する現象を音波の干渉（interference）という。

いま同じ周波数で振幅の等しい二つの平面波が，逆方向に進行する場合を考え，ともに初期位相を 0 とすると，x 方向へ進行する平面波の音圧は，

$$p_1 = A \sin\left\{\omega\left(t - \frac{x}{c}\right)\right\}$$

逆方向へ進行する平面波の音圧は，

$$p_2 = A \sin\left\{\omega\left(t + \frac{x}{c}\right)\right\}$$

音の性質　9

両者を重ね合わせると，合成波の音圧は，

$$p = p_1 + p_2 = A\left[\sin\left\{\omega\left(t - \frac{x}{c}\right)\right\} + \sin\left\{\omega\left(t + \frac{x}{c}\right)\right\}\right]$$

$$= 2A\sin\omega t \cdot \cos kx \tag{1.26}$$

となる。ここで $k = \dfrac{\omega}{c} = \dfrac{2\pi}{\lambda}$，$k$ を波長定数という。

(1.26)式は，時間 t と位置 x の関数がそれぞれ独立に分離しており，$kx = n\pi$ のところで音圧は最大の時間変動をし，$kx = (2n+1)\pi/2$ のところで音圧は0となるから，振幅変化の最大の点（腹, loop）と，最小の点（節, node……(1.26)式では0）が交互に並び，各点は同じ振幅変化をくり返して波形が進行しない形になるので，これを定在波（standing wave）という。

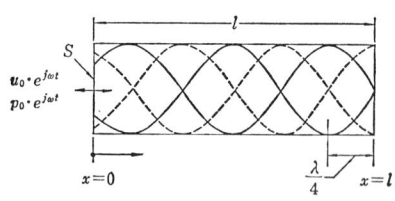

1.4図　閉管内の定在波

直径が波長よりも十分に小さく，片側が閉じられている長さ l の閉管を考えると，管内の音波は平面波とみなすことができる。

管内の x 点における粒子速度は，入射波と反射波が重ね合わさり，進行方向が逆であるから，

$$u(x, t) = u_i \sin\left\{\omega\left(t - \frac{x}{c}\right)\right\} - u_r \sin\left\{\omega\left(t + \frac{x}{c}\right)\right\}$$

これを複素数で表示すると，

$$u(x, t) = u_i \cdot e^{j\omega\left(t - \frac{x}{c}\right)} - u_r \cdot e^{j\omega\left(t + \frac{x}{c}\right)}$$

$$= u_i \cdot e^{j(\omega t - kx)} - u_r \cdot e^{j(\omega t + kx)} \tag{1.27}$$

u_i，u_r は入射波と反射波の粒子速度振幅を表わす。

$x = 0$ においては，

$$u(0, t) = u_0 \cdot e^{j\omega t}$$

ここで　$u_0 = u_i - u_r$ \hfill (1.28)

また $x = l$ においては，剛壁と考えれば $u(l, t) = 0$ となるから，

$$u_i e^{-jkl} - u_r e^{jkl} = 0 \tag{1.29}$$

(1.28) 式と (1.29) 式から，

$$u_r = \frac{e^{-jkl}}{e^{jkl} - e^{-jkl}} u_0$$

$$= \frac{u_0 e^{-jkl}}{2j \sin(kl)} \tag{1.30}$$

$$\left(\text{ただし，} \frac{e^{jy} - e^{-jy}}{2j} = \sin y\right)$$

(1.29) 式から，

$$u_i = \frac{u_0 e^{jkl}}{2j \sin(kl)} \tag{1.31}$$

となる。

したがって，

$$u(x,t) = \frac{u_0 e^{j\omega t} \{e^{jk(l-x)} - e^{-jk(l-x)}\}}{2j \sin(kl)}$$

$$= u_0 \frac{\sin\{k(l-x)\}}{\sin(kl)} e^{j\omega t} \tag{1.32}$$

これは，音源の周波数が一定ならば，$(l-x) = (2n+1)\lambda/4$ の点 (閉端より $\lambda/4$, $(3\lambda)/4$……) で粒子速度は最大となり，$(l-x) = n\lambda/2$ の点で粒子速度は 0 となることを示しており，入射波と反射波によって管内には定在波ができることがわかる。

一方，$\dfrac{\partial u}{\partial t} = j\omega u(x,t)$ となるので，(1.9) 式から，

$$p(x,t) = -j\omega \rho \int u(x,t) dx \tag{1.33}$$

(1.32) 式を入れて計算すると，

$$p(x,t) = -j\rho c u_0 \frac{\cos\{k(l-x)\}}{\sin(kl)} \cdot e^{j\omega t} \tag{1.34}$$

(1.32)，(1.34) 式から，管内の x 点における単位面積音響インピーダンスは，

$$Z = \frac{p}{u} = -j\rho c \frac{\cos\{k(l-x)\}}{\sin\{k(l-x)\}}$$

$$= -j\rho c \cot\{k(l-x)\} \tag{1.35}$$

音の性質　11

管の開端部 ($x=0$) においては，

$$Z = -j\rho c \cot(kl) \tag{1.36}$$

となる。(1.36) 式は，平面波に対する長さ l の閉管の単位面積音響インピーダンスを表わしている。

波面に平行な有限な面（面積 S）を考え，その面の音圧を，その面を通過する体積速度 $U = u \cdot S$ (m³/s) で割ったものを音響インピーダンス Z_a (acoustic impedance) という。

$$Z_a = \frac{p}{U} = \frac{p}{u \cdot S} \tag{1.37}$$

すなわち，長さ l の閉管の音響インピーダンスは，(1.36)，(1.37) 式から，

$$Z_a = -j\frac{\rho c}{S}\cot(kl) \tag{1.38}$$

ここで，S：閉管の断面積

となる。

2 デシベル尺度

2.1 ウェーバー・フェヒナーの法則

われわれが聞くことのできる範囲の音圧や音の強さは非常に広範囲にわたっており,最大と最小の可聴音を比べると音圧は 10^6 倍,音響出力や音の強さは 10^{12} 倍にも達する。このように桁数の変化の多い数字をそのまま扱うのは実用上不便であるが,幸い,われわれの感覚は,外部からの刺激の量そのままではなく,その対数に比例するという関係が近似的に成立する。

いま,ある物理量 E によって感覚 L が生じているとき,E を ΔE だけ増加したところ,感覚は ΔL だけ増加したとする。このとき,ΔL は ΔE に比例せず $\Delta E/E$ に比例する。すなわち,

$$\Delta L = k \frac{\Delta E}{E} \tag{2.1}$$

これを書きかえて $dL = k\,dE/E$ とし両辺を積分すると,

$$L = k(\log_{10} E + C)$$

$L=0$ のときの刺激を E_0 とすれば,

$$L = k \log_{10} \frac{E}{E_0} \tag{2.2}$$

この式は,刺激 E が等比的に増すとき,感覚 L は等差的に増すことを示している。(2.1),(2.2) 式の関係を一般にウェーバー・フェヒナーの法則 (Weber-Fechner's Law) といい,人間がある刺激を受けたときに反応する感覚の度合と,その刺激の大きさとの関係を量的に表わした有名な法則である。

このようなことからわれわれは,音圧や音の強さなどの物理量を表わすのに対数尺度を用いた方が便利であることがわかる。デシベル (dB) 尺度は,それぞれの基準値を約束して,それらの物理量の絶対値を対数的に表わしたものである。

2.2 音の強さのレベル

デシベル (dB) とは,もともと二つのエネルギ量を比較するのに用いる単位で,二つのエネルギ量を E_1, E_2 とすると,その差は $10\log_{10}(E_1/E_2)$ (dB) であるという。$E_1/E_2=100$ では 20 dB の差があることになる。

音の強さの場合も,同様にして強さ I の音と I_0 の音の差は $10\log_{10}(I/I_0)$ (dB) である。ここで I_0 を基準の音の強さにとったとき,強さ I の音の強さのレベル (intensity level) は,

$$\mathrm{IL} = 10\log_{10}\frac{I}{I_0} \quad (\mathrm{dB}) \tag{2.3}$$

ここで基準の音の強さは,$I_0=10^{-12}\,\mathrm{Watt/m^2}=10^{-16}\,\mathrm{Watt/cm^2}$ とする。

音の強さが $10^{-12}\,\mathrm{Watt/m^2}$ の音は 0 dB,$10^{-6}\,\mathrm{Watt/m^2}$ の音は 60 dB である。音の強さが 10 倍,100 倍,1,000 倍になると,音の強さのレベルは 10 dB,20 dB,30 dB 増加する。逆に音のレベルを 30 dB 下げるということは,音のエネルギを 1/1,000 にするということである。

2.3 音圧レベル

音圧(実効値) p をデシベル尺度で表わすには,音圧の 2 乗と音の強さが比例することから,

$$\mathrm{SPL} = 10\log_{10}\frac{p^2}{p_0^2} = 20\log_{10}\frac{p}{p_0} \quad (\mathrm{dB}) \tag{2.4}$$

ここで p_0 は基準音圧で,$p_0 = 2\times10^{-5}\,\mathrm{N/m^2} = 20\,\mu\mathrm{Pa} = 2\times10^{-4}\,\mu\mathrm{bar}$

SPL を音圧レベル (Sound Pressure Level) という。音圧 $2\,\mathrm{N/m^2}$ の音は 100 dB になる。

音圧が増減したときの音圧レベル差は,

$$\Delta\mathrm{SPL} = \mathrm{SPL}_1 - \mathrm{SPL}_2 = 20\log_{10}\frac{p_1}{p_2} \quad (\mathrm{dB})$$

音圧を10倍,100倍,1,000倍にすると,音圧レベルは 20dB, 40dB, 60dB 増加する。

音圧レベルの基準音圧 $2\times10^{-5}\,\mathrm{N/m^2}$ は,1,000 Hz 純音の最小可聴音圧にほぼ等しい。普通の室温において,平面進行波の場合,これに対応する音の

強さは 10^{-12} Watt/m² (音の強さのレベルの基準値) になる。したがって，一般に音圧レベルと音の強さのレベルは，実用上ほぼ等しいと考えてよい。

2.1表は，音圧，音の強さと音圧レベル (音の強さのレベル) との関係を表示したものである。これをみると，デシベル尺度を用いることによって，人間の耳に感ずる広範囲にわたる音圧や音の強さが，最小可聴値から最大可聴限 (人間の耳に音の感覚以外の触覚や痛覚がおこる限界) まで，0 dB～130 dB 程度の簡単な数字で表わせることがわかる。

2.1 表 デシベル尺度と音圧・音の強さとの関係

音の強さ (Watt/m²)	音圧 (N/m²)	音圧レベル (dB)
10	20×√10	130
1	20	120
10⁻¹	2×√10	110
10⁻²	2	100
10⁻³	0.2×√10	90
10⁻⁴	0.2	80
10⁻⁵	0.02×√10	70
10⁻⁶	0.02	60
10⁻⁷	0.002×√10	50
10⁻⁸	0.002	40
10⁻⁹	0.0002×√10	30
10⁻¹⁰	0.0002	20
10⁻¹¹	0.00002×√10	10
10⁻¹²	0.00002	0

2.4 パワレベル

あらゆる方向に一様に音波を放射している点音源 (半径の非常に小さい球形の音源) があるとき，この音源が放射するパワは球面状に広がっていく (2.1図)。この球面上の単位面積を通過するパワがその場所における音の強さである。

したがって，音源から放射される全音響出力 W は，音源をかこむ球面の面積とその球面上の音の強さとの積になる。音源からの距離 r における音の強さを I とすれば，

$$W = 4\pi r^2 \cdot I \quad \text{(Watt)}$$

$$I = \frac{W}{4\pi r^2} \quad (2.5)$$

となり，音の強さは，音源からの距離の2乗に反比例して減少する。

音源の音響出力をデシベル尺度で表わしたものを音源のパワレベル (power level) という。

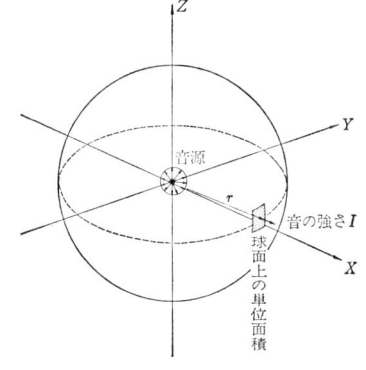

2.1 図 音源のパワーと音の強さ

$$\text{PWL} = 10\log_{10}\frac{W}{W_0} \quad (\text{dB}) \tag{2.6}$$

ここで基準の音響出力は $W_0 = 10^{-12}$ Watt にとる。1 Watt の出力をもつ音源のパワレベルは 120 dB である。

2.5 デシベル計算の基礎

音の強さ，音圧，音響出力などの比をデシベル数で表わしたり，逆にデシベルの数値が与えられたとき，音のエネルギを求めたりするデシベル計算には，対数表や計算尺を用いればよいが，もともとデシベル尺度を用いるのは，われわれの感覚上から ± 0.5 dB 程度の差はあまり問題にしなくてよいことを意味しているのであるから，むしろ 2.2 表に示すような基本的数値を暗記して，略算がすぐできるようにしておいた方が便利である。

2.2 表 デシベル (dB) の暗算法

エネルギ一比 n_1	dB $10\log_{10} n_1$	計算法	音圧比 n_2	dB $20\log_{10} n_2$	計算法
10	10	基本 ($10\log_{10}10=10$)	10	20	基本 ($20\log_{10}10=20$)
2	3	基本 ($10\log_{10}2=3$)	2	6	基本 ($20\log_{10}2=6$)
3	4.8	基本 ($10\log_{10}3=4.77$)	3	9.5	基本 ($20\log_{10}3=9.5$)
4	6	$2^2 \leftrightarrow 3+3$	4	12	$2^2 \rightarrow 6+6$
5	7	$10/2 \leftrightarrow 10-3$	5	14	$10/2 \rightarrow 20-6$
6	7.8	$2\times3 \leftrightarrow 3+4.8$	6	15.5	$2\times3 \rightarrow 6+9.5$
7	8.5	基本	7	17	$0.7\times10 \rightarrow -3+20$
8	9	$2^3 \leftrightarrow 3+3+3$	8	18	$2^3 \rightarrow 6+6+6$
9	9.5	$3^2 \rightarrow 4.8+4.8$	9	19	$3^2 \rightarrow 9.5+9.5$
1.1	0.4	基本	1.4	3	$20\log_{10}\sqrt{2}=10\log_{10}2=3$
1.25	1	$10/8 \leftrightarrow 10-9$	0.7	-3	$20\log 1/\sqrt{2}=-10\log 2=-3$
1.6	2	$2\times8/10 \leftrightarrow 3+9-10$	$\sqrt{10}$	10	$20\log\sqrt{10}=10\log 10=10$
2.5	4	$10/4 \leftrightarrow 10-6$			
3.2	5	$4\times8/10 \leftrightarrow 6+9-10$			
6.3	8	$7\times9/10 \leftrightarrow 8.5+9.5-10$			
(適用) 音の強さ，音響エネルギ密度，音響出力，電力など			(適用) 音圧，粒子速度，電圧，電流など		

たとえば音のエネルギ密度が50倍になれば，レベルは $10\log_{10}(5\times10)=7+10=17$ dB 増大する。音圧を 1/80 にすれば，音圧レベルは $20\log_{10}(8\times10)$

$=18+20=38\,\mathrm{dB}$ 減少する。また外からの騒音の レベルを $43\,\mathrm{dB}$ 減ずるには,

$$43=40+3=10\log_{10}10^4+10\log_{10}2=10\log_{10}(2\times10^4)$$

であるから，音のエネルギを $1/20,000$，音圧を $1/\sqrt{2\times10^4}\fallingdotseq1/140$ にしなければならない。

計算尺では，D 尺の 1 と L 尺の 0 （D 尺の10と L 尺の10）を上下に合わせれば，2.2 図に示すように $L=10\log_{10}D\,(\mathrm{dB})$ が直ちに読みとれる。

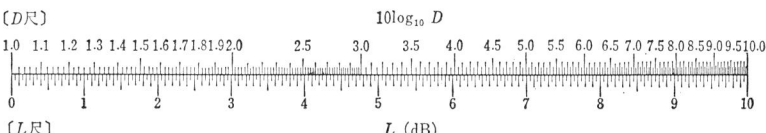

2.2 図　デシベル計算用対数尺　$L(\mathrm{dB})=10\log_{10}D$

2.6 デシベルの合成

不規則な周波数成分をもち，位相がランダムで相互の干渉が無視できるような二つ以上の音が同時に存在するときの合成レベル（dB 数）は，それらの音のエネルギまたは 2 乗音圧を加算することによって求めることができる。

$$L_1=10\log_{10}\frac{I_1}{I_0}=10\log_{10}\frac{p_1^2}{p_0^2}\;(\mathrm{dB}),$$

$$L_2=10\log_{10}\frac{I_2}{I_0}=10\log_{10}\frac{p_2^2}{p_0^2}\;(\mathrm{dB})$$

とすれば，

$$L_{1+2}=10\log_{10}\frac{I_1+I_2}{I_0}=10\log_{10}\left(\frac{I_1}{I_0}+\frac{I_2}{I_0}\right) \tag{2.7}$$

または，

$$L_{1+2}=10\log_{10}\frac{p_1^2+p_2^2}{p_0^2}=10\log_{10}\left(\frac{p_1^2}{p_0^2}+\frac{p_2^2}{p_0^2}\right) \tag{2.8}$$

(2.7) 式を書き直すと，

$$L_{1+2} = 10\log_{10}(10^{L_1/10} + 10^{L_2/10})$$
$$= L_1 + 10\log_{10}(1 + 10^{\frac{L_2-L_1}{10}}) \quad (\mathrm{dB}) \tag{2.9}$$

$L_1\mathrm{dB} > L_2\mathrm{dB}$ のときのレベルの増加分は, $10\log_{10}(1+10^{\frac{L_2-L_1}{10}})$ dB である。
$L_1\mathrm{dB}, L_2\mathrm{dB}$ の差とレベルの増加分との関係を2.3図に示す。これをみると,合成する2音のレベルの差が大きければ,合成レベルは,大きい方のレベル($L_1\mathrm{dB}$)とほとんど同じで,あまり増加しないことがわかる。

実際にデシベル計算を行なうには,2.3図を用いるよりも,$L_1 = 10\log_{10} n_1$, $L_2 = 10\log_{10} n_2$ の n_1 と n_2 とを求めて加え合わせ,$L_{1+2} = 10\log_{10}(n_1 + n_2)$ を計算する方法になれておいた方がよい。

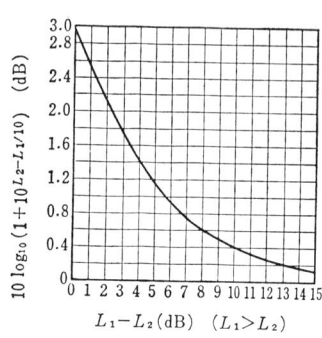

2.3 図　$L_1\mathrm{dB}$ と $L_2\mathrm{dB}$ を合成するとき $L_1\mathrm{dB}$ に加える量

三つ以上のレベル ($L_1\mathrm{dB} = 10\log n_1$, $L_2 = 10\log n_2$, $L_3 = 10\log n_3 \cdots$) を合成する場合においても,同様にしてすべてのエネルギ比 $n_1, n_2, n_3 \cdots$ を求めて加え合わせればよい。

$$\begin{aligned}L_{1+2+3+\cdots} &= 10\log_{10}(10^{L_1/10} + 10^{L_2/10} + 10^{L_3/10} + \cdots) \\ &= 10\log_{10}(n_1 + n_2 + n_3 + \cdots)\end{aligned} \quad (\mathrm{dB}) \quad \} \quad (2.10)$$

〔例題〕 72 dB, 77 dB, 74 dB, 81 dB の四つの音の合成レベルを求めよ。
〔解〕 2.2表の数値を暗記しておけば簡単な計算で直ちに求められる。

$72 = 10\log_{10}(10^7 \cdot 1.6)$
$77 = 10\log_{10}(10^7 \cdot 5)$
$74 = 10\log_{10}(10^7 \cdot 2.5)$
$81 = 10\log_{10}(10^8 \cdot 1.25)$
$L_{1+2+3+4} = 10\log_{10}10^7(1.6 + 5 + 2.5 + 12.5) = 10\log_{10}(10^7 \cdot 21.6)$
$\quad\quad\quad = 10\log_{10}(10^8 \cdot 2.16) = 80 + 10\log_{10}2.16 \fallingdotseq \underline{83\ \mathrm{dB}}$

2.7 デシベルの分解

ある場所において，ある特定の音を対象として考える場合，対象の音がないときのその場所の騒音を対象の音に対して暗騒音（back ground noise）という。

たとえば，工場の騒音対策で，ある機械の音を測りたいときに，その機械をとめたときの工場内の暗騒音が L_2 dB であったとすると，その機械を回したときのレベル L_3 dB は，機械のみのレベル（L_1 dB）と暗騒音のレベル（L_2 dB）が合成されたものである。このような場合，対象の機械のみによる騒音のレベルは，合成レベルを分解し，L_3 dB と L_2 dB のエネルギの差を求めることによって計算できる。

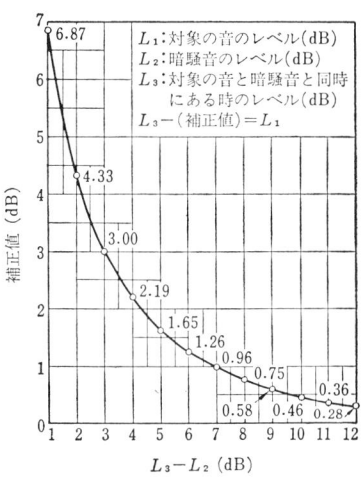

2.4 図　暗騒音の補正

$$L_3 = 10 \log_{10} \frac{I_3}{I_0} \quad (dB)$$

$$L_2 = 10 \log_{10} \frac{I_2}{I_0} \quad (dB)$$

とすれば，

$$L_1 = 10 \log_{10} \frac{I_3 - I_2}{I_0} = 10 \log_{10} \left(\frac{I_3}{I_0} - \frac{I_2}{I_0} \right) \quad (dB) \qquad (2.11)$$

となる。

(2.11) 式を書き直すと，

$$L_1 = 10 \log_{10} (10^{L_3/10} - 10^{L_2/10}) = L_3 + 10 \log_{10} (1 - 10^{\frac{L_2 - L_3}{10}})$$

L_3 dB $>L_2$ dB のとき，L_1 dB を求めるために L_3 dB から減ずべき量は，$10 \log_{10} (1 - 10^{\frac{L_2 - L_3}{10}})$ dB である。L_3 dB, L_2 dB（暗騒音レベル）の差とこの補正レベルの関係を 2.4 図に示す。

この図からもわかるように，対象の音があるときとないときのレベル差が，3 dB 以下の場合は，対象の音よりも暗騒音の方が大きいことになり，

補正して求めた対象の音のレベル L_1 の値はあまり信用できない。いずれにしてもこのような暗騒音の補正は，やむをえない状況の場合に行なうもので，現場測定などは，できるだけ暗騒音の影響を受けない状態で行なうことが望ましい。そのためには，対象の音があるときとないときのレベル差が10 dB以上あることを確認することが必要である。

3 騒音の影響・評価・許容値

3.1 騒　　音

聞く人にとって好ましくない音（undesired sound）をすべて騒音という。一般の騒音は，多くの周波数成分を含み，位相もランダムな雑音（random noise）であることが多い。このような騒音が二つ以上同時に存在するときは，2.6 で述べたように，それらのエネルギを加え合わせて dB の合成を行なうことができる。

3.2 音の大小

デシベルスケールには，人間の感覚が刺激の対数に比例するという関係が考慮されているが，音圧や音の強さのレベル（dB）の等しい音が，必ずしも人間の耳に同じ大きさにきこえるとは限らない。これは，人間の耳の感度が周波数によって異なるためである。すなわち，全体のエネルギが等しい（dB の等しい）音でも，人間の耳の感度のよい中高音成分の多い音の方が，耳の感度が落ちる低音成分の多い音よりも大きくきこえる。したがって，人間の耳に感ずる音の大小を表わすには，音の強さのほかにその周波数成分を考慮して，dB に聴感補正を行なうことが必要である。

3.3 等ラウドネス曲線と音の大きさのレベル

人間の耳に同じ大きさに聞こえる各周波数の純音の音圧レベルを結ぶと，3.1 図のような，純音に対する等感度曲線が得られる。図の最も下の線は各周波数の最小可聴音圧レベルを示している。これをみると，1,000 Hz 純音の最小可聴値は約 4 dB であるが，周波数が低くなるに従って人間の耳の感度は落ち，100 Hz の最小可聴レベルは 25 dB，50 Hz では約 42 dB となっている。

ある音の人間の耳に感ずる大きさを比較する尺度として，その音と同じ大

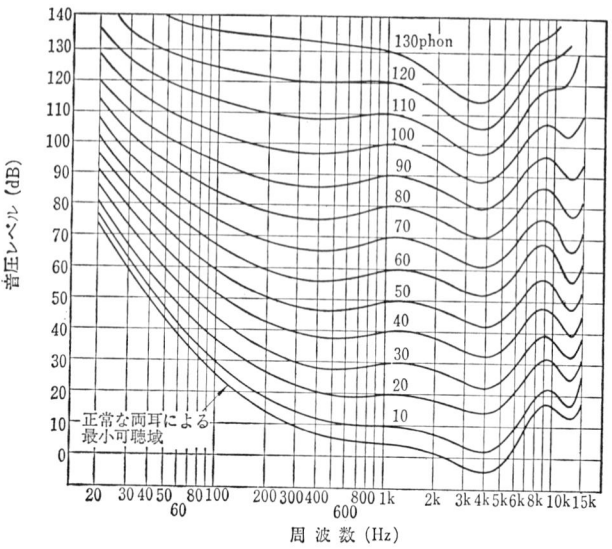

3.1 図　純音に対する等感度曲線 (ISO R 226, 1961年)

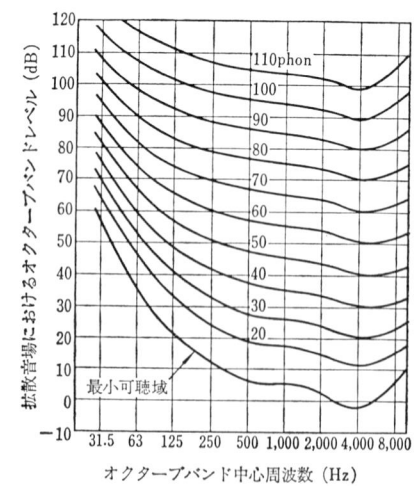

3.2 図　オクターブバンドノイズに対する拡散音場の等感度曲線
(Robinson and Whittle)[1]

---

1) Robinson, D.W. and Whittle, L.S. : The loudness of Octave-bands of Noise (Acustica 14, 1964, p.24〜35)

きさに聞こえる 1,000 Hz 純音の音圧レベルの数値を用い，これを音の大きさのレベル（loudness level）またはラウドネスレベルという。単位には phon を用いる。

純音の音の大きさのレベル（phon）は，3.1 図の等感度曲線から直ちに求めることができるが，一般の騒音のように，多くの周波数成分を含む複合音の場合は，まず周波数分析を行なって，各周波数帯域ごとの音圧レベルを求め，3.10 に示す方法で計算しなければならない。

各オクターブ帯域幅の雑音（オクターブバンドノイズ）の音圧レベルと音の大きさのレベルとの関係を表わす等感度曲線（Robinson 他による）を 3.2 図に示す。

この図から，たとえば 125 Hz を中心周波数とするオクターブバンドノイズの音圧レベルが 49 dB であれば，そのバンドノイズの音の大きさのレベルは 40 phon であり，また 1,000 Hz を中心周波数とするオクターブバンドノイズは，約 35 dB の音が 40 phon であることなどがわかる。これは，それらの音が，1,000 Hz 純音の 40 dB の音と同じ大きさに聞こえることを意味している。このように，各周波数帯域ごとの音圧レベルに対する phon の数値は，純音の場合と同様に 3.2 図から直ちに求めることができるが，それらの合成された全帯域の騒音に対する音の大きさのレベルは，各帯域の phon の数値からは求めることができない（phon の数値では加算ができない）。

3.4 騒音レベル

人間の耳に感ずる騒音の大きさを近似的に測定するため，騒音計（sound level meter）には，国際的に規格化されたA特性（A-weighting network）という聴感補正回路が組みこまれている。

A特性は，3.3 図に示すように，オクターブバンドノイズに対する等感度曲線（3.2 図），または，1933 年に発表され長い間一般に広く使われてきた Fletcher-Munson の純音に対する等感度曲線（3.1図に示した ISO の等感度曲線に比し，低いレベルで1,000 Hz 以下の感度がより急激に落ちている）の 40 phon の特性を逆にしたような形をしており，耳の感度が低音域に対して低下して

3.1 表　普通級騒音計の聴感補正回路の周波数レスポンス (JIS C 1502)

周波数(Hz)	A特性(dB)	B特性(dB)	C特性(dB)	許容誤差(dB)
16	−56.7	−28.7	− 8.6	+5.0−∞
20	−50.4	−24.4	− 6.3	+5.0−∞
25	−44.6	−20.5	− 4.5	+5.0−∞
31.5	−39.2	−17.2	− 3.0	±5.0
40	−34.5	−14.2	− 2.0	±4.5
50	−30.2	−11.7	− 1.3	±4.0
63	−26.1	− 9.4	− 0.8	±3.5
80	−22.3	− 7.4	− 0.5	±3.0
100	−19.1	− 5.7	− 0.3	±2.5
125	−16.1	− 4.3	− 0.2	±2.0
160	−13.2	− 3.0	− 0.1	±2.0
200	−10.8	− 2.1	0	±2.0
250	− 8.6	− 1.4	0	±2.0
315	− 6.5	− 0.9	0	±2.0
400	− 4.8	− 0.5	0	±2.0
500	− 3.2	− 0.3	0	±1.0
630	− 1.9	− 0.1	0	±2.0
800	− 0.8	0	0	±2.0
1000	0	0	0	±2.0
1250	+ 0.6	0	0	±2.0
1600	+ 1.0	− 0.1	− 0.1	+2.5−2.0
2000	+ 1.2	− 0.2	− 0.2	+3.0−2.5
2500	+ 1.2	− 0.3	− 0.3	+3.5−3.0
3150	+ 1.2	− 0.5	− 0.5	+4.0−3.5
4000	+ 1.0	− 0.8	− 0.8	+4.5−4.0
5000	+ 0.5	− 1.2	− 1.3	+5.0−4.5
6300	− 0.1	− 2.0	− 2.0	+5.5−5.0
8000	− 1.1	− 3.0	− 3.0	+6.0−5.5
10000	− 2.4	− 4.2	− 4.3	+6.0−∞
12500	− 4.2	− 6.0	− 6.0	+6.0−∞
16000	− 6.5	− 8.3	− 8.4	+6.0−∞
20000	− 9.2	−11.0	−11.1	+6.0−∞

いる性質を一つの特性で代表させたものである。

　このような騒音計の特性Aを用いて測定した，聴感補正ずみの音圧レベルを騒音レベル（sound level または noise level）といい，単位には，dB(A) または片仮名のホンを用いる。

　一般の広帯域の騒音に対して，騒音レベル dB(A) は，音の大きさのレベル（phon）と広範囲のレベルで，比較的よく対応することが実験的に確かめ

られている。しかしながら，両者は，数値的には一致せず，一つの騒音についてみると，その音と同じ大きさに聞こえる 1,000 Hz 純音の音圧レベルを表わす phon の数値の方が，騒音計のA特性を通した音圧レベルの指示値である dB(A)（ホン）の数値よりも，一般に 14 前後 $(14\pm5)^{2)}$ 大きくなるから，この両者を混同しないよう十分に注意することが必要である。騒音規制法や環境基準をはじめ，一般に広く用いられている規制値や基準値は，すべて騒音レベル（ホン）であり，音の大きさのレベル（phon）ではない。

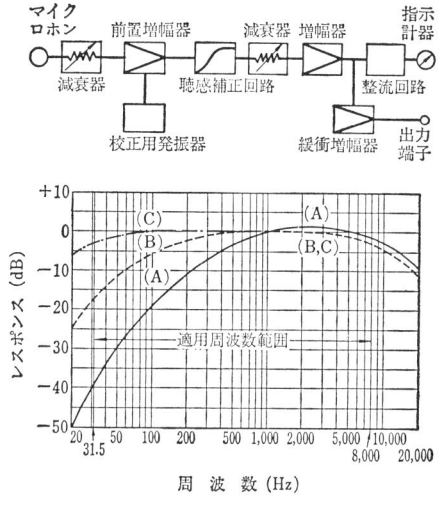

3.3 図　騒音計の構成と聴感補正回路のA特性

JIS C 1502 に規定されている普通騒音計の聴感補正回路の周波数レスポンスとその許容誤差を 3.1 表に示す。なおB特性は，実際にはほとんど使用しない。

3.5　騒音の周波数分析

騒音対策や騒音防止設計を効果的に行なうには，対象となる騒音を周波数分析して，各周波数帯域ごとの音圧レベルを知ることが必要である。

周波数幅 1 Hz ごとの音の強さのレベルをスペクトルレベル（spectrum level）という。しかしながら，騒音の分析は，あまり細かく行なっても意味がなく，一般に現場測定では1オクターブ帯域幅，やや詳細な資料を得るためには1/3オクターブ帯域幅のバンドパスフィルタを用いて分析する。標準的なフィルタは，各帯域の中心周波数が3.2表のようになっている。また，遮音の現場測定法などの JIS に規定されているオクターブ帯域フィルタの減衰

---

2) 守田栄：新版 騒音と騒音防止（オーム社，昭49　第2版，p.45）

騒音の影響・評価・許容値　　25

3.2 表 バンドパスフィルタの中心周波数 (IEC Pub. 225)

オクターブバンドフィルタ		1/3 オクターブバンドフィルタ		
中心周波数 $\sqrt{f_1 \cdot f_2}$ (Hz)	遮断周波数 $f_1 \sim f_2$ (Hz)	中心周波数 (Hz)		
31.5	22.5〜45	25,	31.5,	40,
63	45 〜90	50,	63,	80,
125	90 〜180	100,	125,	160,
250	180 〜355	200,	250,	315,
500	355 〜710	400,	500,	630,
1000	710 〜1400	800,	1000,	1250,
2000	1400 〜2800	1600,	2000,	2500,
4000	2800 〜5600	3150,	4000,	5000,
8000	5600 〜11200	6300,	8000,	10000,

特性（IEC Pub 225 による）を 3.4 図に示す。

フィルタを通して得られる各オクターブ帯域ごとの音の強さのレベルを，オクターブバンドレベル（octave band leve）という。バンドレベルは，1 Hz の周波数幅に含まれる音のエネルギを，その帯域幅の全周波数について合成したレベルになる。すなわち，

$$L_b = 10\log_{10}\frac{\bar{I}_s \times (f_2 - f_1)}{I_0}$$

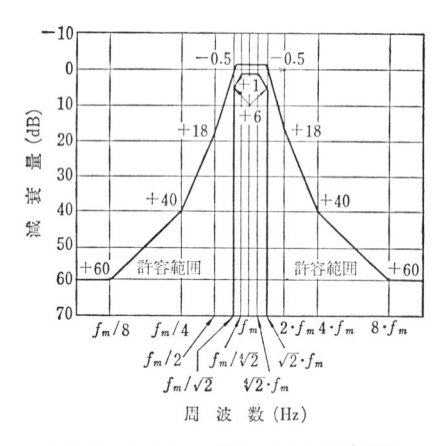

$$= 10\log_{10}\frac{\bar{I}_s}{I_0} + 10\log_{10}(f_2 - f_1)$$

$$= \bar{L}_s + 10\log_{10} \Delta f \quad (3.1)$$

ここで，

L_b：バンドレベル（dB）

$\bar{I}_s$：そのバンドにおける周波数幅 1 Hz 当りの平均エネルギ（音の強さ）

$\bar{L}_s$：そのバンドの平均スペクトルレベル（dB）

Δf：バンド幅（Hz）

3.4 図 オクターブフィルタの減衰特性 (IEC Pub. 225)

全周波数帯域にわたってスペクトルレベルの等しい雑音を白色雑音（white

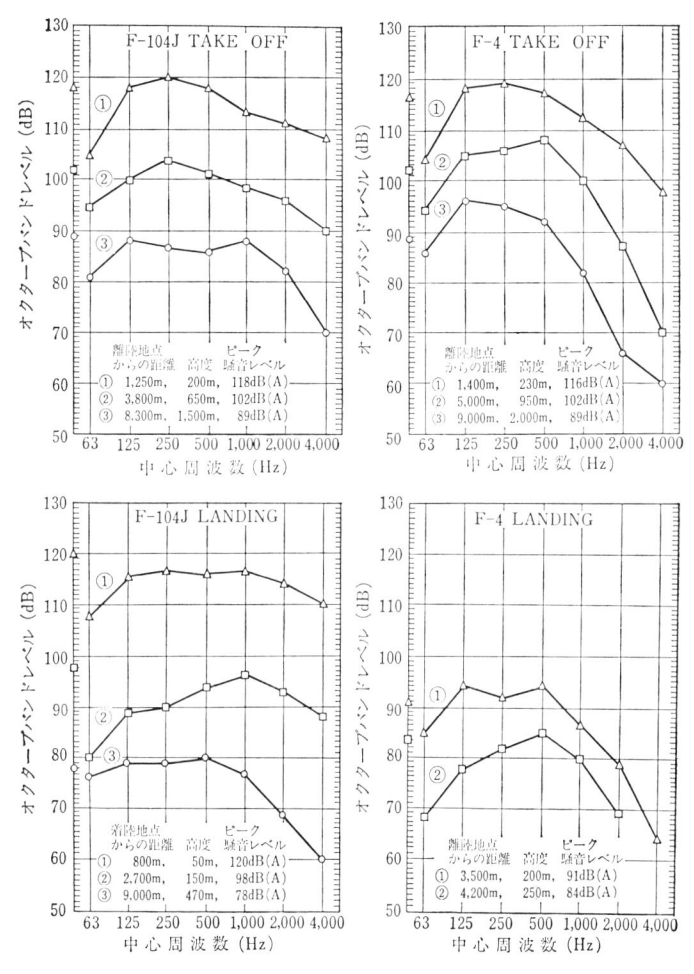

3.5 図　騒音の周波数分析結果の例

noise) という。

〔例題〕　スペクトルレベルが 60 dB の白色雑音があるとき，この雑音の 90～180 Hz，180～360 Hz のオクターブバンドレベルは何 dB になるか。

〔解〕　$L_s=60$, $\Delta f=90$ と 180 であるから，(3.1) 式より，
$L_{b1}=60+10\log_{10}90=60+19.5=79.5$ dB

$$L_{b2}=60+10\log_{10}180=79.5+10\log_{10}2=82.5\,\mathrm{dB}$$
$$\downarrow$$
$$90\times 2$$

　この例からもわかるように，白色雑音のオクターブバンドレベルは，周波数が高くなるに従ってオクターブ当り3dBずつ上昇する。

　騒音を周波数分析した結果は，3.5図のように，各バンドの中心周波数に対しバンドレベルをプロットして直線で結び図示する。

3.6　dB(A)への変換と合成

　バンドレベルの測定値 L_1, L_2, L_3, ……(dB) から全帯域 (over all) の音圧レベルを求めるには，2.6に記した方法で，各バンドレベルのエネルギまたは2乗音圧をすべて加え合わせて合成すればよい。

$$L=10\log_{10}(\sum 10^{L_i/10})=10\log_{10}\frac{\sum I_i}{I_0}=10\log_{10}\frac{\sum p_i{}^2}{p_0{}^2}\,\mathrm{(dB)}$$

(3.2)

ここで　$L_i=10\log_{10}(I_i/I_0)$

　　　　$\sum I_i = I_1+I_2+I_3+\cdots\cdots$

　　　　$\sum p_i{}^2 = p_1{}^2+p_2{}^2+p_3{}^2+\cdots\cdots$

　また，オクターブバンドレベルの測定結果から，騒音レベル dB(A) を求めるには，オクターブバンドレベルの測定値にA特性の補正値を加えて，補正ずみのバンドレベルを，同じようにして合成すればよい。計算例を3.3表に示す。

3.3 表　オクターブバンドレベルから dB(A) を求める計算例

中心周波数 (Hz)	オクターブバ ンドレベル (dB)	A特性の補正 (dB)	補正ずみの バンドレベル (dB)	騒音レベル (dB(A)) の計算	
63	87	−26	61	$10\log_{10}(10^6\cdot 1.25)$	合成して
125	86	−16	70	$10\log_{10}(10^7\cdot 1.0)$	$10\log_{10}(10^8\cdot 4.49)$
250	84	− 9	75	$10\log_{10}(10^7\cdot 3.2)$	$=86.5\,\mathrm{dB(A)}$
500	82	− 3	79	$10\log_{10}(10^7\cdot 8)$	
1000	82	0	82	$10\log_{10}(10^8\cdot 1.6)$	
2000	79	+ 1	80	$10\log_{10}(10^8\cdot 1.0)$	
4000	76	+ 1	77	$10\log_{10}(10^7\cdot 5)$	
8000	73	− 1	72	$10\log_{10}(10^7\cdot 1.6)$	

3.4 表 $L=10\log_{10}n$ の暗算表

$1=10\log_{10}1.25$
$2=10\log_{10}1.6$
$3=10\log_{10}2$
$4=10\log_{10}2.5$
$5=10\log_{10}3.2$
$6=10\log_{10}4$
$7=10\log_{10}5$
$8=10\log_{10}6.3$
$9=10\log_{10}8$

dB の合成は，二つずつ加算して順々に何 dB と計算していくよりも，$L(\text{dB})=10\log_{10}n$ と置き，L が 1 から 9 までに対応する n の値（3.4 表）を暗記しておけば，3.3表の計算例のように同時に全部を加算した方が，はるかに簡便であり，間違いも少ない。

実際の騒音対策は，各周波数帯域ごとに行なわれるが，騒音の規制値や室内外の許容値は，一般に dB(A) で与えられることが多いので，受音点における対策後のオクターブバンドレベルにA特性の補正を加えたものを合成して騒音レベル（dB(A)）を計算する例は実務的にかなり多い。

3.7 dB(A) による騒音の評価

騒音レベル dB(A) は，測定も簡便であり，人間の耳に感ずる音の大きさともよく対応するので，騒音の基本評価量として広く用いられている。

しかしながら，騒音のうるささに対する社会的反応を，より適切に評価するには，騒音レベルのみでは不十分で，騒音の継続時間，スペクトルの性質，衝撃性，変動状態などを補正することが必要である。

ISO 推奨規格 R 1996（1971年）の評価騒音レベル（rating sound level）L_r は，騒音レベル L_A の測定値に，そのような騒音のうるささに影響する各種

3.5 表 評価騒音レベルを求めるための補正値 dB(A)

騒音の性質		補正値
衝撃性の音（例：ハンマ音）		＋5
ききとれる成分音を持つ音（例：犬の鳴声）		＋5
関連する時間（地方当局の指定による）内における問題となる騒音レベルの継続時間の割合	$100\sim56\%$	0
	$56\sim18$	ー5
	$18\sim6$	ー10
	$6\sim1.8$	ー15
	$1.8\sim0.6$	ー20
	$0.6\sim0.2$	ー25
	0.2 以下	ー30

の要因による補正を加えたものである。

評価騒音レベルは次のようにして求める。

(1) 定常的なレベルの騒音（最大値のほぼ一定な衝撃性の騒音を含む）に対しては，騒音計のA特性の測定値 L_A に衝撃性，純音成分，継続時間の補正（3.5表）を加える。

(2) 3.5 表の継続時間補正を使うのが適当でないと考えられるような不規則な変動騒音に対しては，騒音レベルの時間的変動に統計的処理を施して，等価騒音レベル（equivalent sound level）L_{Aeq} を求め，L_{Aeq} に騒音が衝撃性あるいは純音成分をもつ場合，＋5 の補正を加える。

等価騒音レベル L_{Aeq} は，変動騒音の dB(A) のエネルギ平均レベルに相当するが，概算する場合は，ある時間間隔（たとえば5秒おき）に騒音計の指示を読みとり，それを 5 dB(A) ごとにクラスわけして，各クラスごとの継続時間率を算定し，(3.3) 式によって計算する。

$$L_{Aeq} = 10 \log_{10}\left(\frac{1}{100} \Sigma f_i \cdot 10^{L_i/10}\right) \quad (3.3)$$

ここで　L_{Aeq}：等価騒音レベル (dB(A))
　　　　L_i：各クラスの中心値に相当する騒音レベル (dB(A))
　　　　f_i：各クラスごとの騒音の継続時間率 (%)

〔例題〕 変動騒音を測定し，5 dB 間隔にクラス分けすると持続時間は次のようになった。この騒音の等価騒音レベル L_{Aeq} を求めよ。60 dB(A) 10分，65 dB(A) 14分，70 dB(A) 8分，75 dB(A) 5分，80 dB(A) 2分，85 dB(A) 1分。

〔解〕

L_i(dB)	時間率 f_i(%)	$10^{L_i/10}$	$\frac{1}{100}\Sigma f_i \cdot 10^{L_i/10}$	
60	(10/40)×100=25	$10^7 \times 0.1$	$10^7 \times 0.025$	
65	(14/40)×100=35	$10^7 \times 0.32$	$10^7 \times 0.11$	
70	(8/40)×100=20	$10^7 \times 1$	$10^7 \times 0.2$	$10^7 \times 2.03$
75	(5/40)×100=12.5	$10^7 \times 3.2$	$10^7 \times 0.4$	
80	(2/40)×100=5	$10^7 \times 10$	$10^7 \times 0.5$	
85	(1/40)×100=2.5	$10^7 \times 32$	$10^7 \times 0.8$	

$$\therefore L_{Aeq} = 10\log_{10}(10^7 \times 2.03) = \underline{73 \text{ dB(A)}}$$

このようにして求めた評価騒音レベル (dB(A)) を基準値と比較して，騒音に対する社会的反応を予想することができる。ISO R 1996 では，騒音の基

準値は，各国民の生活，慣習によりやや異なるが，住居の屋外騒音レベルの基本値は 35～45 dB(A) であり，その基本値に夜間，夕方等の時間による補正 (3.6 表)，地域の種類による補正 (3.7 表) を加えることを提案している．

3.6 表　時間による補正値 dB(A)

時　間	補 正 値
昼　間	0
夕　方	−5
夜　間	−10～−15

3.7 表　都市の地域による補正値 dB(A)

地　域　の　類　型	補 正 値
田園住宅地，病院，保養地域	0
郊外住宅地，道路交通ほとんどなし	+5
都市住宅地	+10
工場，商店，幹線道路などのある都市住宅地	+15
市街地（商業，貿易，官庁街）	+20
重工業地域	+25

評価騒音レベルが，この基準値をこえると，その騒音が社会的に問題になる可能性があり，5 dB(A) くらいまでは強い反応は起こらないが，10dB(A) をこえると苦情が確実に発生し，20 dB(A) をこえると大きな社会的問題になるとしている (3.8 表)．

3.8 表　騒音に対する社会的反応

評価騒音レベル L_r が基準値をこえる量 dB(A)	予想される社会的反応	
	カテゴリー	内　　容
0	な　し	明確な反応なし
5	少　し	散発的な苦情
10	か な り	広範囲な苦情
15	強　い	社会的行動のきざし
20	非常に強い	強力な社会的行動

また，屋内騒音の評価は，屋外騒音の基準値に 3.9 表の補正を加えたものを，屋内一般騒音の基準値とする．

3.9 表　屋内一般騒音の基準値を求めるために屋外一般騒音の基準値にほどこす補正

窓　の　状　態	補 正 値 dB(A)
窓　　　　開	−10
一 　重 　窓 　閉	−15
二重窓閉またはハメコロシ窓	−20

一方，わが国では，一般環境騒音，道路騒音に対して，地域別，時間別に 3.10 表のような環境基準が定められている．この場合の変動騒音に対する評価は，等価騒音レベル L_{Aeq} により行なわれる．

$$L_{Aeq} = 10 \log_{10}\left[\frac{1}{T}\int_{t_1}^{t_2} \frac{p_A^2(t)}{p_0^2}dt\right] \qquad (3\cdot3')$$

ここで　L_{Aeq}：等価騒音レベル dB（A）

　　　　$p_A(t)$：A 特性音圧の瞬時値 Pa

　　　　　p_0：基準音圧 20 μPa

　$T = t_2 - t_1$：評価時間

3.10 表　騒音の環境基準 (1998 年 9 月告示)

(a) 一般環境騒音　単位 dB（A）

地域の類型	基準値	
	昼間	夜間
AA　療養施設，社会福祉施設が集合して設置されるなど，特に静穏を必要とする地域	50 以下	40 以下
A 及び B　専ら又は主として住居の用に供される地域	55 以下	45 以下
C　相当数の住居と併せて商業，工業等の用に供される地域	60 以下	50 以下

(b) 道路騒音（道路に面する地域）　単位 dB（A）

地域の区分	基準値	
	昼間	夜間
A のうち 2 車線以上の車線を有する道路に面する地域	60 以下	55 以下
B，C のうち 2 車線以上の車線を有する道路に面する地域	65 以下	60 以下

3.8　NR，NC による評価

騒音の評価は，一般に騒音レベル dB(A) に基づいて行なわれるが，騒音対策を検討したりする場合には，騒音を周波数分析して，バンドレベルの測定値と適当な騒音評価曲線とを比較し，どの周波数帯域が問題になっているかを知ることが必要になる．また，各周波数帯域ごとに騒音の許容値が与えられていれば，騒音防止設計上，便利な場合が多い．

3.6 図に示す NR 曲線（Noise Rating Curves）は，ISO が定めた騒音評価

曲線で，1,000 Hz のオクターブバンドレベルが，評価曲線の NR 数（Noise Rating Number）と一致している．ある騒音の NR 数は，各オクターブバンドレベルの NR 数を 3.6 図から求めて，その最大値をとる．

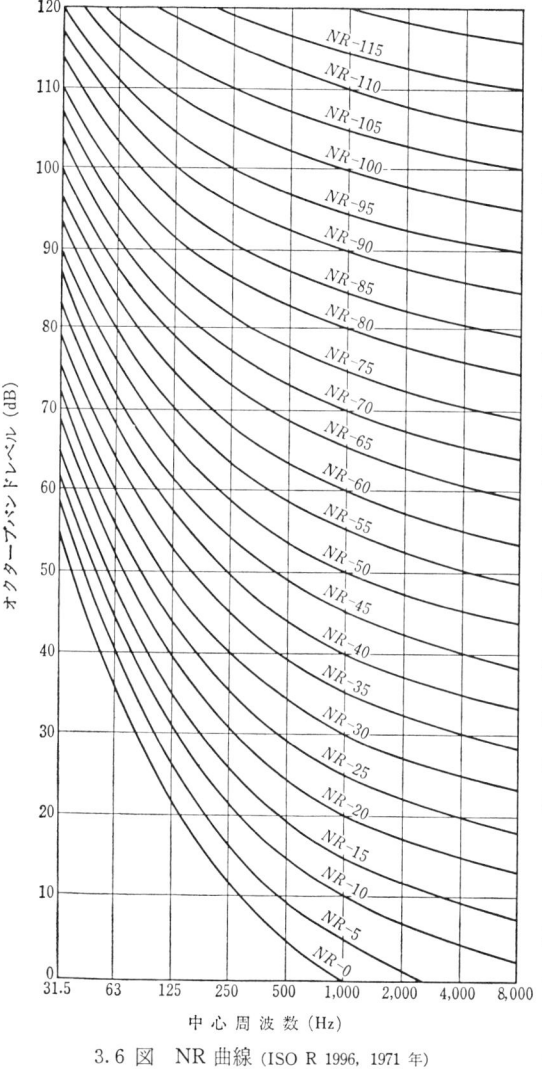

ISO R 1996 では，NR 数による騒音の基準値は，dB(A) の基準値よりも 5 小さい値をとり，住居の戸外騒音に対しては NR-30〜NR-40 を基本値として 3.6 表，3.7 表の補正を加えることになっている．

会議室，事務室，集会室などでは，会話や電話の聴取を妨害しない騒音環境が望まれる．Beranek は，会話の良好な伝達には，中高音成分の暗騒音を十分低くする必要があることなどを調査し，1957年，室内騒音に対する評価曲線として，3.7 図に示す NC 曲線（Noise Criteria Curves）を提案した．この曲線の NC 値は，当時使われていた古い区分の周波数帯域の 1,200〜2,400 Hz のオクターブバンドレベルに対応している．

3.6 図　NR 曲線 (ISO R 1996, 1971 年)

NC 曲線の基礎になっている 600～1,200 Hz, 1,200～2,400 Hz, 2,400～4,800 Hz の三つのオクターブバンドレベルの算術平均値を会話妨害レベル SIL (Speech Interference Level) とよぶ。

NC 値による事務室内騒音の評価と適用例を 3.11 表に示す。また Beranek によると，各種の室における室内騒音の許容値は 3.12 表のようになる。このような NC 値による騒音の評価は，室内の空調騒音のように，NC 曲線とほぼ同様な周波数特性を有する広帯域騒音に対しては適応するが，NC 曲線

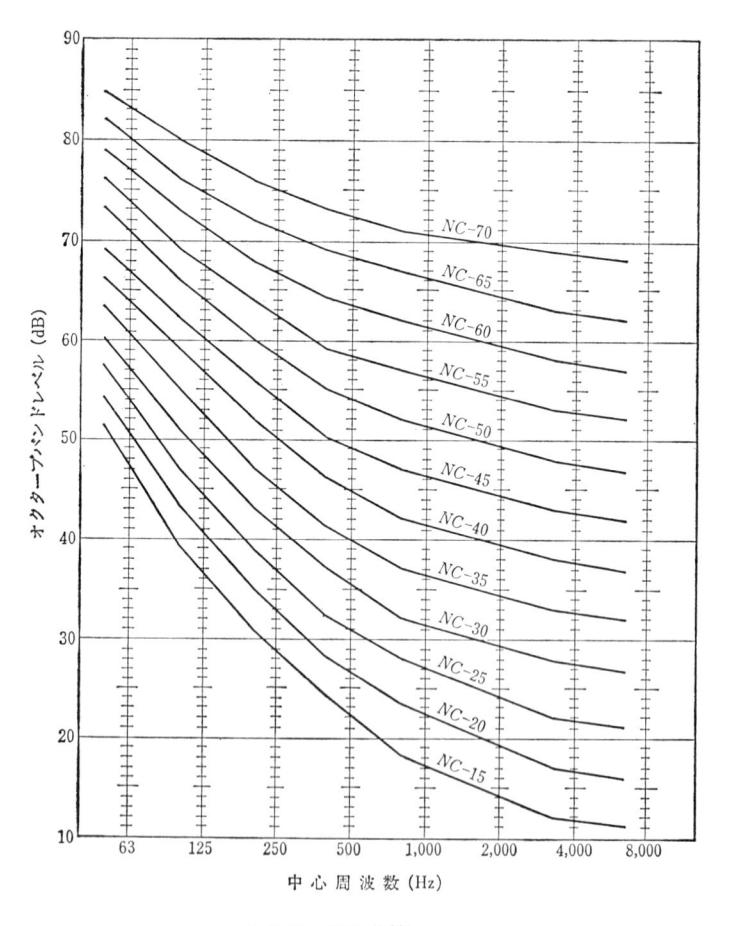

3.7 図　NC 曲線 (Beranek)

とあまり異なる特性の騒音や，はっきりした純音成分をもつ騒音に対しては適用できない。

3.11 表 事務室内の騒音の評価 (Beranek)[3]

NC 値	騒音環境の状態	適用例
NC-20〜30	非常に静かな事務室，電話支障なし，大会議可能	役員室，50名の会議室
NC-30〜35	静かな事務室，電話支障なし，4.5mのテーブルで会議可能，3〜9m離れて普通の声の会話可能	個室または小事務室，応接室，20名の小会議室
NC-35〜40	2〜2.5mのテーブルで会議可能，電話支障なし，2〜4m離れて普通の声の会話可能	中事務室，工場事務室
NC-40〜50	1.5mのテーブルで会議可能，電話やや困難な場合あり，普通の声で1〜2m，大声で2〜4m離れて会話可能	大製図室など
NC-50〜55	2，3人以上の会議不可能，電話やや困難，普通の声で0.3〜0.6m，大声で1〜2m離れて会話可能	タイプ室，計算機室，コピー室
NC-55以上	非常にやかましい，事務室に不適，電話困難	いかなる事務室にも推奨できない。

3.12 表 室内騒音の許容値 (Beranek)[4]

室の種類	NC 値	dB(A)	室の種類	NC 値	dB(A)
放送スタジオ	NC-15〜20	25〜30	家庭	NC-30	40
コンサートホール	NC-15〜20	25〜30	映画館	NC-30	40
劇場 (500席，拡声なし)	NC-20〜25	30〜35	病院	NC-30	40
音楽室	NC-25	35	教会	NC-30	40
教室 (拡声なし)	NC-25	35	図書館	NC-30	40
集合住宅，ホテル	NC-25〜30	35〜40	商店	NC-35〜40	45〜50
会議場 (拡声あり)	NC-25〜30	35〜40	レストラン	NC-45	55

3.9 音の大きさの感覚量 sone

音の大きさのレベル（phon）は，耳に感ずる音の大きさを比較する尺度であって，音の大きさ（loudness）そのものを表わす尺度ではない。たとえば，80 phon の音は，40 phon の音の2倍よりもはるかに大きく聞こえる（数値

---

[3] Beranek, L.L. : Criteria for Office quieting based on Questionnaire rating Studies (J.A.S.A 28, 1956, p.833〜851)
[4] Beranek, L.L. : Revised Criteria for Noise in Buildings (Noise Control 3, No.1, 1957, p.19〜27)

は2倍であるが，音の大きさが2倍に聞こえるわけではない）。

そこで，刺激の強さと音の大きさの感覚量との関係を実験的に求めたのが sone スケールである。1 sone の音の大きさは，音圧レベルが 40 dB の 1,000 Hz 純音を聞いたときの音の大きさのレベル（40 phon）に等しいと定義し，その2倍の大きさに感じられる音を 2 sone とした。実験によると，音の大きさは，強さのほぼ 0.3 乗に比例し，phon と sone との関係は（3.4）式によって表わされる。

$$\mathrm{LL} = \frac{10}{0.3} \log_{10} S + 40 \tag{3.4}$$

ここで　LL：音の大きさのレベル（phon）

　　　　S：音の大きさ（sone）

この式は，音の大きさのレベルが 10 phon 増すと，音の大きさは約2倍になることを示している。

3.10　騒音のラウドネスレベルの計算

多くの周波数成分からなる一般の騒音の大きさのレベル（phon）は，純音やバンドノイズに対する等感度曲線（3.1 図，3.2 図）から，直接求めることはできない。そのような複合音の音の大きさのレベル（phon）を求めたい場合は，まず，各周波数帯域ごとの音の大きさ（sone）を求め，各バンドの sone の数値を合成して，その騒音の全帯域の音の大きさ（sone）を算出しなければならない。計算は Stevens の方法[5]により，次に示す順序で行なえばよい。

(1) 騒音を周波数分析して各周波数帯域のバンドレベルを求める。
(2) Stevens の等ラウドネス曲線（Mark Ⅵ）（3.8 図）から，各周波数帯域のバンドレベルに対応する音の大きさ S_i を求める。
(3) 全帯域の音の大きさ S を次式により合成して求める。

$$S = S_m + F(\textstyle\sum S_i - S_m) \tag{3.5}$$

ここで　S_m：各バンドの音の大きさ S_i のうちの最大の sone 値

---

[5] Stevens, S.S.：Procedure for Calculating Loudness (J.A.S.A 33, 1961, p.1577〜1588)

$F=0.3$ （分析がオクターブバンドのとき）

$F=0.15$ （分析が1/3オクターブバンドのとき）

(4) sone と phon の関係を表わす (3.4) 式，または 3.8 図の右端のスケールから，その騒音の音の大きさのレベル（phon）を求める。

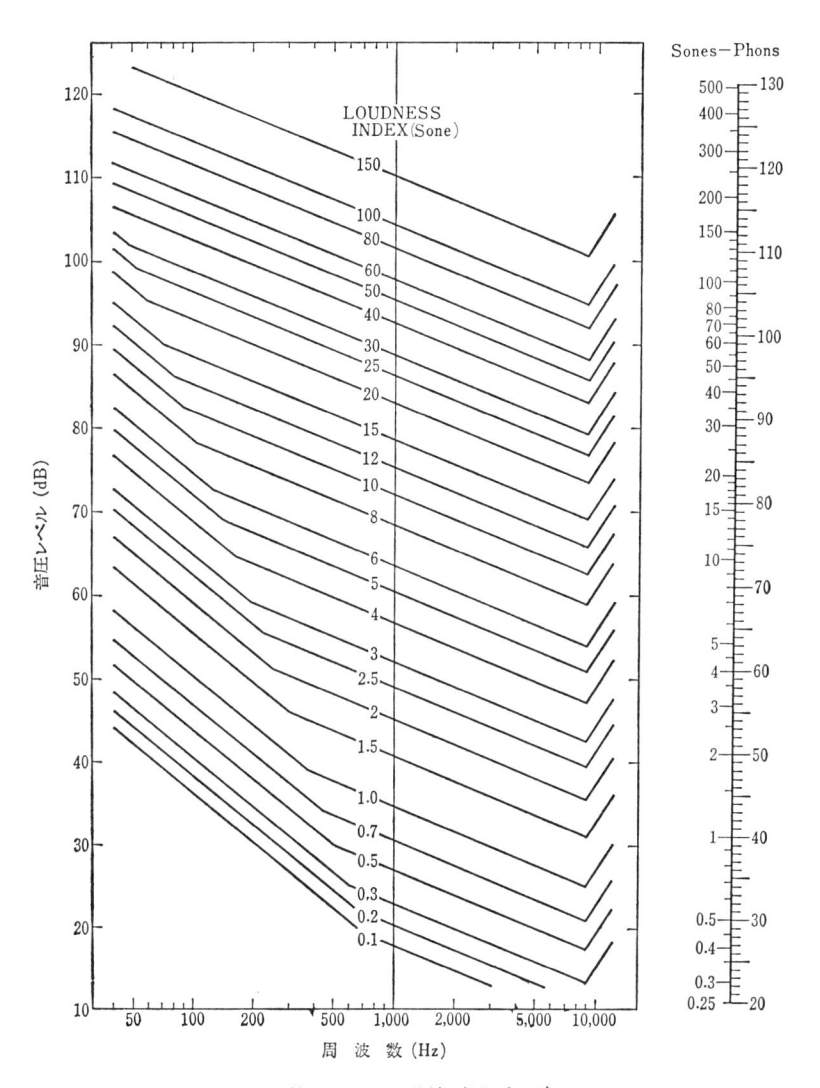

3.8 図　Stevens の等ラウドネス曲線（Mark Ⅵ）(ISO R 532, 1966年)

3.11 音のやかましさと PN-dB

人間が感ずる騒音のやかましさ (noisiness) は，大きさ (loudness) とは異なるものであるという観点から，Kryter によって，音のやかましさの主観的感覚量の単位 noy が提案され，2 noy の音は感覚的に 1 noy の 2 倍やかま

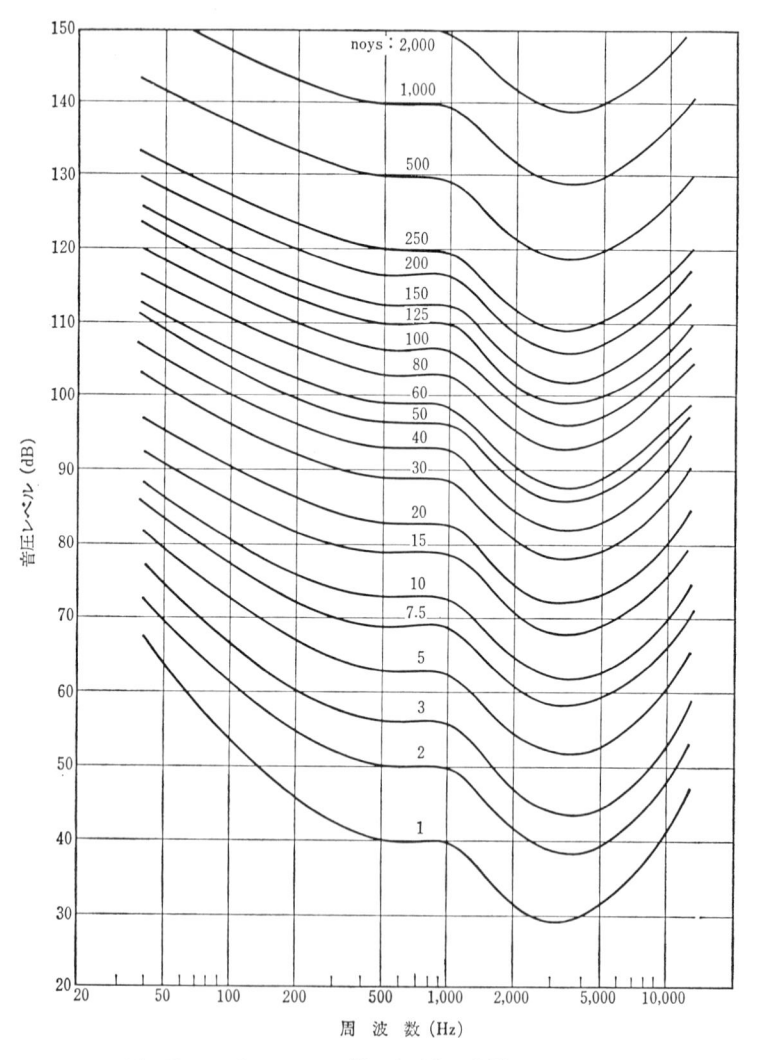

3.9 図　Kryter, Pearsons の等ノイジネス曲線 (ISO R 507, 1966年)

しいとして noy スケールが求められた。1 noy は，中心周波数 1,000 Hz のオクターブバンドノイズのバンドレベルが 40 dB の音のやかましさに相当する。

　ある音と同じやかましさに感ずる中心周波数 1,000 Hz のオクターブバンドノイズの音圧レベルを感覚騒音レベル PNL（Perceived Noise Level）と呼び，単位に PN-dB を用いる。PN-dB と noy の関係は，phon と sone の関係と同様に，(3.6) 式によって表わされる。

$$\mathrm{PNL} = \frac{10}{0.3} \log_{10} N + 40 \tag{3.6}$$

ここで　PNL：感覚騒音レベル（PN dB）
　　　　　N：音のやかましさ（noy）

広帯域騒音の感覚騒音レベルは，Kryter の等ノイジネス曲線（ISO R 507）[6] を用いて，次のような方法で計算することができる。

(1) 騒音を周波数分析してバンドレベルを求め，3.9図の等ノイジネス曲線から各バンドレベルに対応する音のやかましさ N_i（noy）をよみとる。

(2) その騒音の全帯域の音のやかましさ N（noy）を次式で求める。

$$N = N_m + F(\sum N_i - N_m) \tag{3.7}$$

ここで　N_m：N_i のうちの最もやかましい noy 数
　　　　　$F = 0.3$　（分析がオクターブバンドのとき）
　　　　　$F = 0.15$　（分析が 1/3 オクターブバンドのとき）

(3) (3.6) 式からその騒音の感覚騒音レベルを求める。

　PN-dB は，航空機騒音のやかましさを評価する基本量として広く用いられている。

---

6) Kryter, K. D. and Pearsons, K. S.：Some Effects of Spectral Content and Duration on Perceived Noise Level (J. A. S. A 35, 1963, p. 866〜883)

3.12 EPNL, ECPNL, WECPNL, L_{den}

空港周辺の地域における航空機騒音のうるささ (annoyance) は, PNL をベースとする場合, 航空機 1 機あたりの PNL (PN-dB) に純音成分と継続時間の補正を行なって EPNL (Effective PNL) を算出し, EPNL のエネルギ平均値に 1 日あたりの運航機数による補正を加えて ECPNL (Equivalent Continuous PNL) を求めることにより, 総合的に評価される。

ECPNL を求める基礎となる 1 機あたりの EPNL (実効感覚騒音レベル) を算出する方法には, 精密計算法 (ISO-R 507・1970 年) と近似計算法 (ICAO ANNEX 16・1971 年) がある。

精密計算法は, 計算機処理を前提としたもので, まず, 対象とする航空機騒音を0.5秒ごとにサンプリングして, 50〜10 kHz の 1/3 オクターブ帯域ごとに周波数分析し, 隣り合うバンドレベルの差によって3.10図から純音成分の補正量を求めて補正した後, 3.9図を用いて 0.5 秒ごとの瞬時 PNL (t) を求める。これは純音補正ずみの PNL であるから, 普通 PNLT (tone corrected PNL) と呼ばれる。次に継続時間補正量を (3.8) 式から求め, PNLT の最大値 PNLTM に加えて EPNL とする。

$$D = 10\log_{10}\left\{\frac{1}{T}\int_{t_1}^{t_2} \text{antilog}\left[\frac{\text{PNLT}(t)}{10}\right]dt\right\} - \text{PNLTM} \qquad (3.8)$$

ここで PNLT(t)：0.5 秒おきの瞬時 PNL (純音成分補正ずみ)

  t_1, t_2：PNLT(t) が最大値から 10 dB 減衰する範囲の時間

 PNLTM：PNLT(t) の最大値

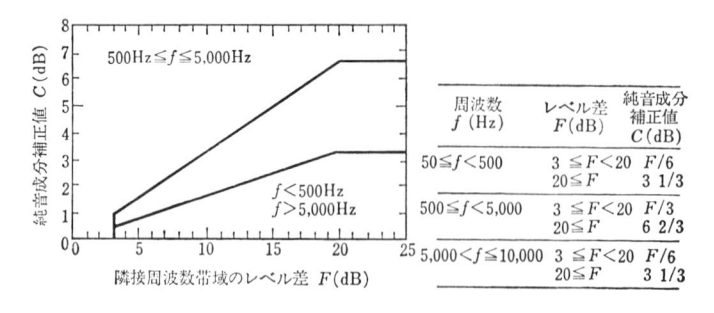

周波数 f (Hz)	レベル差 F(dB)	純音成分補正値 C(dB)
$50 \leq f < 500$	$3 \leq F < 20$	$F/6$
	$20 \leq F$	$3\ 1/3$
$500 \leq f < 5,000$	$3 \leq F < 20$	$F/3$
	$20 \leq F$	$6\ 2/3$
$5,000 < f \leq 10,000$	$3 \leq F < 20$	$F/6$
	$20 \leq F$	$3\ 1/3$

3.10 図 純音成分の補正値

$T=10$ sec

近似計算法は,騒音のオクターブ分析結果から各バンドのピークレベルについて PNL を求め,純音補正はターボファンエンジン機の着陸時のみ +2 dB とし,継続時間補正は $D=10\log\frac{t_2-t_1}{20}$ により行なう。また,さらに簡便な方法として,航空機のピーク騒音レベル dB(A) またはジェット機騒音の評価用に提案されている騒音計の聴感補正回路D特性により dB(D) を測定し,

$$\text{PNL}=\text{dB(A)}+13$$
$$\text{PNL}=\text{dB(D)}+7$$

として近似的に PNL を測定することが認められている。

3.11図 継続時間の考え方

ECPNL(等価感覚騒音レベル)は,観測された航空機騒音を1機ごとに EPNL で表示し,そのエネルギが平均 T 秒だけ継続したとし,運航機数が N 機であったとすれば,1日あたりの全騒音量がえられ,それを1日 (86,400秒)の期間で平均して求められる。すなわち,

$$\text{ECPNL}=\overline{\text{EPNL}}+10\log_{10}\frac{T\times N}{60\times 60\times 24}$$
$$=\overline{\text{EPNL}}+10\log_{10}N-39.4 \qquad (3.9)$$

ただし $\overline{\text{EPNL}}$ は EPNL のエネルギ平均値,$T=10$秒(3.11図参照)

WECPNL(Weighted ECPNL)は,1日の時間帯別で騒音のやかましさに差があるという考えから,時間帯を昼(7〜19時),夕方(19〜22時),夜(22〜7時)に分け,夕方の機には+5 dB,夜は+10 dB の重みづけをしたもので,各時間帯の運行機数を N_1, N_2, N_3 とすれば,次式により求められる。

$$\text{WECPNL}=\overline{\text{EPNL}}+10\log_{10}(N_1+3N_2+10N_3)-39.4$$
$$(3.10)$$

3.13 表 航空機騒音の環境基準

地域の類型	WECPNL	L_{den}	(注)
I	70 以下	57 以下	I:住居専用の地域
II	75 以下	62 以下	II:I以外の地域で通常の生活を保全する必要がある地域
環境省告示	(1973.12)	(2007.12)	

わが国では環境庁により，航空機騒音の環境基準が1973年に3.13表のように告示された。ただし，この場合のWECPNLは，

$$\overline{\mathrm{EPNL}} \fallingdotseq \overline{\mathrm{dB(A)}} + 13$$

とみなして，(3.11)式により算出することになっている。

$$\mathrm{WECPNL} \fallingdotseq \overline{\mathrm{dB(A)}} + 10\log_{10}(N_1 + 3N_2 + 10N_3) - 27 \quad (3.11)$$

世界各国の航空機騒音に対する評価指標は，カナダなどでは現在もPNLベースの評価量を用いているが，米国やEUではA特性の音圧レベルに基づくエネルギーベースの等価騒音レベルL_{Aeq}（dB(A)）を時間帯補正したL_{dn}やL_{den}を評価量として用いている。これは航空機騒音の純音成分の補正を行わない考え方であるが，(3.11)式のようなWECPNLの近似計算法も純音成分の補正は行われていない。そこでわが国でも2007年には，航空機騒音に対して，等価騒音レベルに基づいた評価を行うことになり，環境基準が3.13表のように改訂された。ここでL_{den}は，時間帯補正等価騒音レベルで，

$$L_{den} = 10\log_{10}\left(\frac{T_0}{T}\sum_i 10^{\frac{L_{AEi}}{10}}\right) \quad (3.12)$$

ここで　$T_0 = 1$秒，$T = 86,400$秒（1日の観測時間）

$\quad\quad L_{AE}$：単発騒音暴露レベル dB(A)

$$L_{AE} = 10\log_{10}\left(\frac{1}{T_0}\int_{t_1}^{t_2}\frac{p_A^2(t)}{p_0^2}\right)$$

t_1, t_2：航空機騒音が暗騒音レベルより10 dB以上大きい範囲の時間

$p_A(t)$：A特性音圧の瞬時値，p_0：基準音圧 $20\,\mu\mathrm{Pa}$

L_{AEi}：時間帯補正した単発騒音暴露レベル dB(A)

補正値：昼(7～19時)0 dB，夜(19～22時)+5 dB，夜中(22～7時)+10 dB

なお，WECPNLが70～75のとき，継続時間補正$10\log_{10}\dfrac{t_2-t_1}{20}$はおおむね0 dBとなり，$L_{den}\approx$(3.11)式のWECPNL－13の関係がほぼ成り立つ。

3.13 騒音の聴力に対する影響

激しい騒音を聞くと一時的に耳が聞こえなくなることがある。これを騒音暴露による聴力の一時的可聴域移動 TTS (Temporary Threshold Shift) という。一方，長時間騒音の激しい工場などで働いていると，永久的難聴になるおそれが多い。

聴力保護のための騒音の許容基準としては，日本産業衛生協会の勧告した 3.12 図があり，1 日の暴露時間が与えられたときの許容バンドレベル，または騒音のバンドレベルが与えられたときの許容暴露時間を求めることができる。この基準によると，1 日 8 時間の騒音暴露に対する許容騒音レベルは，ほぼ 90 dB(A) に相当する。

ISO 推奨規格 R 1999 (1971 年) では，1 週 40 時間の騒音暴露を受ける場合に，ある年数で聴力障害をおこす人の割合と，騒音暴露を受けない人が同じ年数で聴力障害をおこす割合との差を危険率（risk）と名づけ，3.14 表に示すように，等価騒音レベル L_{Aeq} が 90 dB(A) のとき，危険率は暴露年数 10 年で 10％，40 年で 21％，85 dB(A) のときは 10 年で 3％，40 年で 10％であるとしている。ここでは，聴力障害とは，500，1,000，2,000 Hz の平均聴力損失が 25 dB 以上の場合と定義し，L_{Aeq} は，作業者の耳の位置で 1 週間，騒音レベルの変動を測定し，5 dB(A) 間隔にクラスわけして，80 dB(A) 以上の騒音の持続時間を集計し，(3.13) 式で部分騒音暴露指数を 5 の

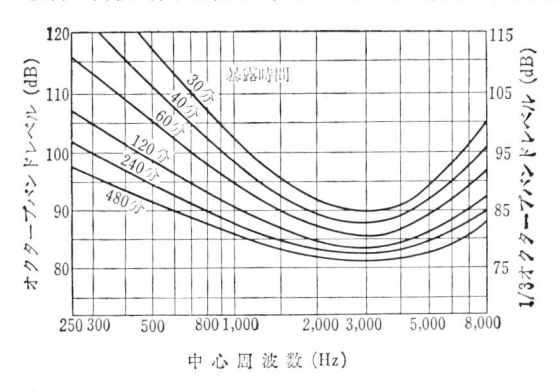

3.12 図　聴力保護のための騒音の許容基準 (日本産業衛生協会, 1969 年)

倍数で求めた後，(3.14)式で合成し，算出することになっている。

$$E_i = \frac{t_i}{40} 10^{(L_i - 70)/10} \tag{3.13}$$

$$L_{Aeq} = 70 + 10 \log_{10} \sum E_i \tag{3.14}$$

ここで　L_i：5 dB(A)ごとにクラスわけした騒音レベル（>80）

(dB(A))

t_i：各クラスの騒音レベルの1週間の持続時間　（h）

工場，作業場では，職業性難聴を防ぐため，このような聴力保護のための騒音の許容基準を厳守し，作業者に耳せんを強制的に使用させるなどの処置をとることが必要である。

3.14 表　騒音の暴露年数と危険率の関係 (ISO R 1999)

(a) 騒音暴露を受けたグループと騒音暴露を受けないグループとの聴力障害をおこす人の割合の差を危険率（risk）とよぶ。
(b) 騒音暴露を受けたグループで聴力障害をおこす人の割合

（騒音暴露年数＝年齢－18年）

等価騒音レベル dB(A)	危険率（%）または聴力障害をおこす人の割合（%）			騒音暴露年数（年）								
				0	5	10	15	20	25	30	35	40	45
≦80	(a)	危　険　率　%		0	0	0	0	0	0	0	0	0	0
	(b)	聴 力 障 害 %			1	2	3	5	7	10	14	21	33	50
85	(a)	危　険　率　%		0	1	3	5	6	7	8	9	10	7
	(b)	聴 力 障 害 %			1	3	6	10	13	17	22	30	43	57
90	(a)	危　険　率　%		0	4	10	14	16	16	18	20	21	15
	(b)	聴 力 障 害 %			1	6	13	19	23	26	32	41	54	65
95	(a)	危　険　率　%		0	7	17	24	28	29	31	32	29	23
	(b)	聴 力 障 害 %			1	9	20	29	35	39	45	53	62	73
100	(a)	危　険　率　%		0	12	29	37	42	43	44	44	41	33
	(b)	聴 力 障 害 %			1	14	32	42	49	53	58	65	74	83
105	(a)	危　険　率　%		0	18	42	53	58	60	62	61	54	41
	(b)	聴 力 障 害 %			1	20	45	58	65	70	76	82	87	91

4 騒音の伝搬

4.1 点音源からの距離減衰

騒音源の寸法にくらべて十分に離れた地点では,騒音源を一つの点とみなすことができる。あらゆる方向に一様に音のエネルギを放射する点音源から距離 r の点の音の強さは,2.4で述べたように $I=W/4\pi r^2$ となるから,その点の強さのレベルは,

$$IL_r = 10\log_{10}\frac{W}{4\pi r^2 I_0} = \text{PWL} + 10\log_{10}\frac{1}{4\pi r^2} \quad (\text{dB}) \qquad (4.1)$$

ここで $I_0 = 10^{-12}$ (Watt/m²)

PWL:音源のパワレベル(dB)

自由進行波では $p^2 = \rho c \cdot I$ であるから,その点の音圧レベルは,

$$\text{SPL}_r = 10\log_{10}\frac{\rho c W}{4\pi r^2 p_0^2} = \text{PWL} + 10\log_{10}\frac{1}{4\pi r^2}$$

$$= \text{PWL} - 20\log_{10}r - 11 \quad (\text{dB}) \qquad (4.2)$$

ここで $p_0 = 2\times 10^{-5}$ (N/m²),$\rho c \fallingdotseq 400$ (kg/m²·s),r:距離(m)となり,音源からの距離が倍になるごとに音圧レベルは 6 dB ずつ減衰する。

騒音源が,周囲の開けた地上のような一反射面上にあって,音のエネルギが半球状に放射されるとすれば,距離 r の点の音の強さは,$I=W/$半球の表面積 $(2\pi r^2)$,建物と地上の隅のように二反射面が直交するとき,その交線上の点音源から1/4球状に放射されるとすれば,$I=W/\pi r^2$ となるから,方向係数を Q とおけば,一般に,

$$\text{SPL}_r = \text{PWL} + 10\log_{10}\frac{Q}{4\pi r^2} \quad (\text{dB}) \qquad (4.3)$$

Q は,全立体角(4π)を音の放射される立体角で割った値になる(4.1図)。すなわち,全球面に音が広がる場合は $Q=1$,半球の場合は $Q=2$,1/4球の場合は $Q=4$,直交する反射面の隅にあって1/8球の場合は $Q=8$ である。

地上から少し上に騒音源があるような場合は4.2図のように反射音を考

え，反射面の吸音率を α として直接音レベルと合成すればよい。

$$\mathrm{SPL}_r = 10\log_{10}\{10^{\mathrm{SPL}r_0/10} + (1-\alpha)10^{\mathrm{SPL}r_1/10}\} \quad \text{(dB)} \tag{4.4}$$

ここで

$$\mathrm{SPL}_{r_0} = \mathrm{PWL} - 20\log r_0 - 11$$

$$\mathrm{SPL}_{r_1} = \mathrm{PWL} - 20\log r_1 - 11$$

直接音レベルと反射音レベルが等しければ，

$$\mathrm{SPL}_r = \mathrm{SPL}_{r_0} + 3 \quad \text{(dB)}$$

となり，(4.3)式で $Q=2$ と置いた場合と同じになる。

点音源から距離 r_1 の点の音圧レベルがわかっているとき，距離 r_2 の点の音圧レベルは，

$$\mathrm{SPL}_2 = \mathrm{SPL}_1 - 20\log_{10}\frac{r_2}{r_1} \quad \text{(dB)} \tag{4.5}$$

距離減衰量は，距離の比 (r_2/r_1) によって決まるので，音源から離れるに従って，同じ減衰量をうるのに長い距離が必要になる。

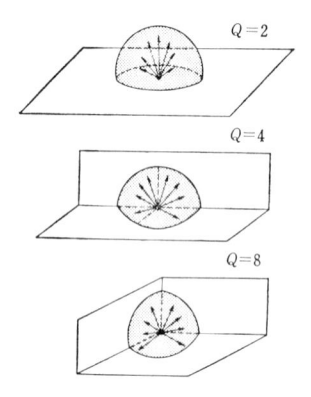

4.1 図　反射面の数と方向係数

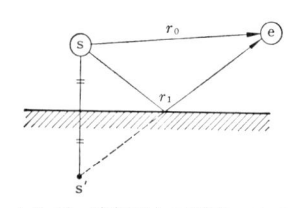

4.2 図　直接音と反射音の合成

4.2　線音源からの距離減衰

無指向性点音源が無数に連続した無限長の線音源があって，各点音源が位相のランダムな騒音を発生し，干渉などが無視できるとすれば，音波は線音源を軸として円筒状に広がるから，距離 r の点の音の強さは，

$$I_r = \frac{W_m}{2\pi r} \quad \text{(W/m}^2\text{)} \tag{4.6}$$

ここで　W_m：音源 1 m 当りの音響出力（W/m），r：音源からの距離(m)
その点の音の強さのレベルは，

$$IL_r = \mathrm{PWL}_m - 10\log_{10} r - 8 \quad \text{(dB)} \tag{4.7}$$

ここで　PWL_m：音源 1 m 当りのパワレベル（dB）
となり，音源からの距離が 2 倍になるごとに 3 dB ずつ減衰する。

したがって，音源から距離 r_1 の点の音圧レベルが与えられれば，距離 r_2 の点の音圧レベルは，

$$SPL_2 = SPL_1 - 10\log_{10}\frac{r_2}{r_1} \quad (\text{dB}) \tag{4.8}$$

から求められる。交通量の多い道路などは，一般にこのような線音源と考えることができる。

線音源の長さが有限の場合には，4.3 図において，無指向性点音源が x_1 から x_2 まで連続していると考え，単位長当りの音響出力を W_m とすれば，e 点の音響エネルギ密度は，

$$E = \int_{x_1}^{x_2}\frac{W_m dx}{4\pi(r^2+x^2)c}$$
$$= \frac{W_m}{4\pi cr}\left(\tan^{-1}\frac{x_2}{r} - \tan^{-1}\frac{x_1}{r}\right) \tag{4.9}$$

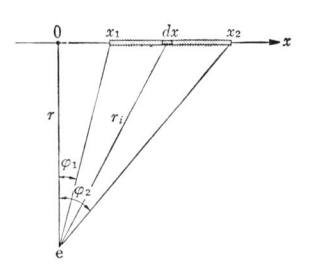

4.3 図　有限長線音源

その点の音圧レベルは $p^2 = \rho c^2 E$ から，

$$SPL_r = PWL_m - 11 + 10\log_{10}\frac{1}{r}\left(\tan^{-1}\frac{x_2}{r} - \tan^{-1}\frac{x_1}{r}\right)$$
$$= PWL_m - 11 + 10\log_{10}\frac{\varphi_2 - \varphi_1}{r} \quad (\text{dB}) \tag{4.10}$$

ここで線音源の長さを a，$x_1 = -x_2 = a/2$，垂直距離を r とすれば，

$$SPL_r = PWL_m - 8 + 10\log_{10}\frac{1}{r}\left(\tan^{-1}\frac{a}{2r}\right) \tag{4.11}$$

となり，このような有限長線音源からの距離減衰性状は，4.4 図のように示される。これをみると，線音源の中心からの距離が，音源の長さの 1/10 くらい（$r < a/10$）までは倍距離 3 dB（$-10\log r$）の無限長線音源，音源の長さと同じ距離以上（$r \geqq a$）では倍距離 6 dB（$-20\log r$）の点音源の特性に，それぞれよく近似していることがわかる。

なお，$-10\log r$ と $-20\log r$ の直線を延長すれば，$r = a/\pi$ で交わる。こ

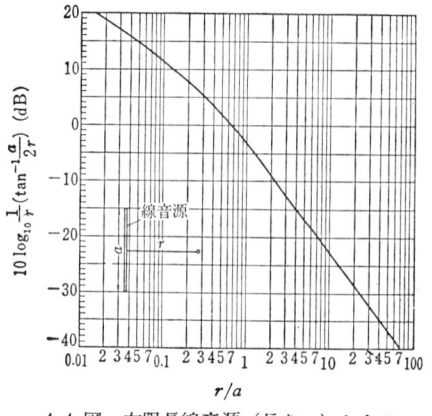

れは，(4.11) 式で $r \ll a$ のとき $\tan^{-1}(a/2r) \fallingdotseq \pi/2$ で

$$SPL_r = PWL_m - 8 + 10\log_{10}(\pi/2r)$$

$r \gg a$ のとき $\tan^{-1}(a/2r) \fallingdotseq a/2r$ で

$$SPL_r = PWL_m - 8 + 10\log_{10}(a/2r^2)$$

となるので，この二式を等しいとおけば両者の交点が $r = a/\pi$ のときに生ずるのは明らかである。

4.4 図　有限長線音源（長さ a）からの距離減衰

4.3　面音源からの距離減衰

工場の壁面全体から騒音が一様に放射されている場合のように，広がりを持った大きな騒音源は，点音源が無数に分布する面音源と考えることができる。各点音源が干渉などの無視できるランダムな騒音を半球状に放射しているとすれば，線音源の場合と同様に各点音源のエネルギを加算できるので，4.5図のような長方形面音源（$a \times b$）から垂直距離 r の受音点 e における音響エネルギ密度は，

$$E = \int_0^a \int_0^b \frac{W_{m^2} dx dy}{2\pi r_i^2 c} = \frac{W_{m^2}}{2\pi c} \int_0^a \int_0^b \frac{dx dy}{r^2 + x^2 + y^2} \quad (4.12)$$

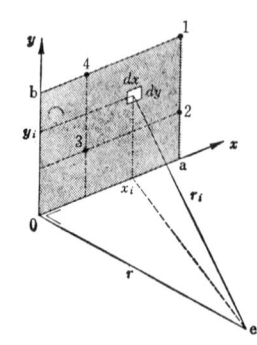

ここで，W_{m^2}：単位面積当りの音響出力 (W/m²)

その点の音圧レベルは，

$$SPL_r = PWL_{m^2} - 8 + 10\log_{10} U \text{ (dB)} \quad (4.13)$$

ここで

$$U = \int_0^{a/r} \int_0^{b/r} \frac{dXdY}{1 + X^2 + Y^2}$$

PWL_{m^2}：音源 1 m² 当りのパワレベル (dB)

ただし，$X = x/r$, $Y = y/r$

4.5 図　長方形面音源

dX, dY を 0.1 にとって $0.1 \leq (a/r, b/r) \leq 7.5$ の範囲で数値積分を行なった場合の U の計算結果を 4.6 図に示す。なお、一般にたとえば、4.5 図の 1, 2, 3, 4 で囲まれるような面音源があった場合には、$U = U_1 - U_2 + U_3 - U_4$ として U の近似値が求められる。$(2a \times 2b)$ の面音源があって $\overline{oe}$ をその中心軸とすれば $U = 4U_1$ となる。

4.5 図において、面音源からの距離 r が $(a+b)$ よりも大きいとき $(r > a+b)$[1]、実用的には $r > a/2$（ただし $a > b$）のときは、点音源と同様に考えて、

$$\text{SPL}_r = \text{PWL}_{m^2} + 10\log_{10} ab - 20\log r - 8 \quad (\text{dB}) \tag{4.14}$$

とすることができる。

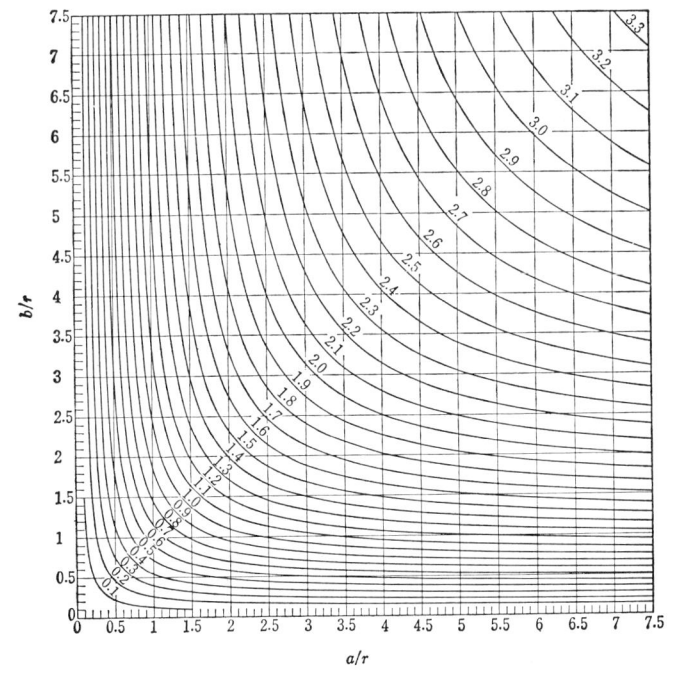

4.6 図　$U = \int_0^{a/r} \int_0^{b/r} \dfrac{d\left(\dfrac{x}{r}\right)\left(\dfrac{y}{r}\right)}{1 + \left(\dfrac{x}{r}\right)^2 + \left(\dfrac{y}{r}\right)^2}$ を求める図表

---

1) 久我新一：点音源の集合とみなしうる音源からの形態による騒音伝播性状の解析（日本建築学会論文報告集67号, 昭36年2月, p.97～104)

〔例題〕（1） 音源 abcd（72×24m）の単位面積パワレベルを 85 dB とするとき，図の A，B 点における音圧レベルを求めよ。ただし，音源は半空間放射，受音点の高さは 3 m とする。

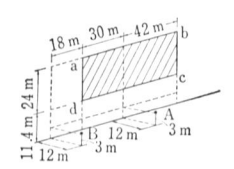

〔解〕 A 点は $U_A = U_1 + U_2 - U_3 - U_4$，B 点は $U_B = U_1 - U_2 - U_3 + U_4$ として，それぞれ U を求め (4.13) 式により計算する。

A 点　$r = 12$ m

$$\frac{x_1}{r} = \frac{30}{12} = 2.5, \quad \frac{y_1}{r} = \frac{32.4}{12} = 2.7, \quad 4.6 \text{図より} \quad U_1 = 1.76$$

同様にして

$$\frac{x_2}{r} = \frac{42}{12} = 3.5, \quad \frac{y_2}{r} = \frac{32.4}{12} = 2.7, \quad U_2 = 1.99$$

$$\frac{x_3}{r} = \frac{30}{12} = 2.5, \quad \frac{y_3}{r} = \frac{8.4}{12} = 0.7, \quad U_3 = 0.76$$

$$\frac{x_4}{r} = \frac{42}{12} = 3.5, \quad \frac{y_4}{r} = \frac{8.4}{12} = 0.7, \quad U_4 = 0.83$$

$$U_A = U_1 + U_2 - U_3 - U_4 = 1.76 + 1.99 - 0.76 - 0.83 = 2.16$$

(4.13)式より

$$\text{SPL}_A = 85 - 8 + 10 \log_{10} 2.16 = \underline{80.3 \text{ dB}}$$

B 点　$r = 12$ m

$$\frac{x_1}{r} = \frac{90}{12} = 7.5, \quad \frac{y_1}{r} = \frac{32.4}{12} = 2.7, \quad U_1 = 2.35$$

$$\frac{x_2}{r} = \frac{18}{12} = 1.5, \quad \frac{y_2}{r} = \frac{32.4}{12} = 2.7, \quad U_2 = 1.36$$

$$\frac{x_3}{r} = \frac{90}{12} = 7.5, \quad \frac{y_3}{r} = \frac{8.4}{12} = 0.7, \quad U_3 = 0.93$$

$$\frac{x_4}{r} = \frac{18}{12} = 1.5, \quad \frac{y_4}{r} = \frac{8.4}{12} = 0.7, \quad U_4 = 0.62$$

$$U_B = U_1 - U_2 - U_3 + U_4 = 2.35 - 1.36 - 0.93 + 0.62 = 0.68$$

$$\text{SPL}_B = 85 - 8 + 10 \log_{10} 0.68 = \underline{75.3 \text{ dB}}$$

（2） この音源の中心から 63 m 離れた点の音圧レベルを求めよ。

〔解〕 (4.14)式より

$$\text{SPL}_r = 85 + 10 \log_{10}(72 \times 24) - 20 \log_{10} 63 - 8 = 117.4 - 36 - 8 = \underline{73.4 \text{ dB}}$$

4.4 塀，建物などによる遮蔽

屋外では，騒音源から放射された騒音は，4.1〜4.3に示したように距離と共に減衰するが，そのような距離減衰の効果のみでは，本質的な騒音対策とはなりえない。騒音の伝搬経路に，防音用の塀を設けると，音波はその上を回折しながら伝搬するが，その影の部分では，塀の遮蔽効果により，波長の短い高周波数の音ほど大きな減衰値がえられる。

音源，受音点間の距離にくらべて十分長い塀があるときの塀による回折減衰値は，塀がある場合とない場合の伝搬経路の差（$\delta=r_1+r_2-r$）を半波長で割った値（$2\delta/\lambda$）から，4.7図によって求めることができる。4.7図のAは点音源に対する減衰値[2]，Bは線音源に対する減衰値[3]で，いずれも実験値である。また図中のB′は，線音源を多数の点音源の集合と考え，それぞれの点音源に対する減衰値を曲線Aから求めて，(4.15)式により計算した，線音源に対する減衰値の計算結果である。

$$\Delta SPL_f = 10\log_{10}\left\{\sum_{i=1}^{n} r_i^2 \cdot 10^{\Delta L_{fi}/10} \Big/ \sum_{i=1}^{n} r_i^2\right\} \text{ (dB)} \quad (4.15)$$

ここで　n：線音源上に仮定したパワの等しい点音源の数

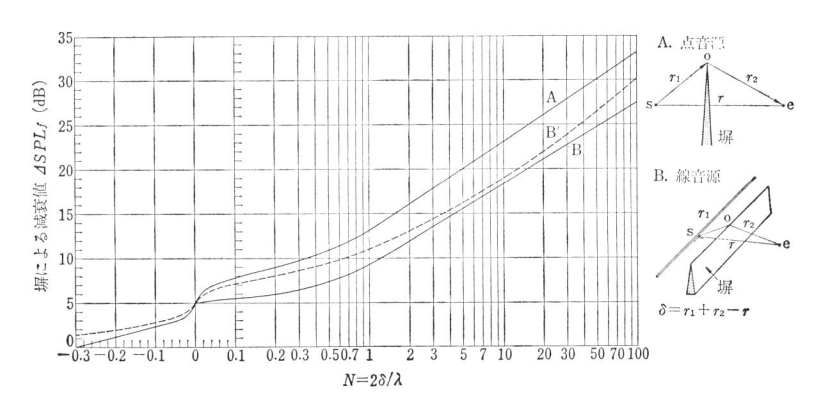

4.7 図　塀の遮蔽効果
（NはSからeが見通せないとき正，見通せるとき負の値になる。）
A：点音源に対する減衰値（前川）　B：線音源に対する減衰値（山下，子安）
B′：Aを使って計算した線音源に対する減衰値

---

2) 前川純一：障壁の遮音設計に関する実験的研究（日本音響学会誌 18, No.4, 昭37, p.187〜196）
3) 山下充康・子安勝：線状音源に対する障壁の遮音効果（日本音響学会誌 29, No.4, 昭48, p.207〜213）

r_i：各点音源から受音点までの直達距離

$\varDelta L_{f_i}$：各点音源に対する塀による減衰値 $(\delta_i=r_{1i}+r_{2i}-r_i)$

この図をみると，線音源の場合の方が，点音源よりも塀の効果は 4～5 dB 少ないことがわかる。また，塀あり，なしの経路差が 0 の場合の減衰値は，5 dB 程度である。

点音源の場合，音源，受音点間に行路差 δ が 1 m になるような塀を設置すると，各周波数帯域の騒音の減衰値は，125 Hz 12 dB, 250 Hz 15 dB, 500 Hz 18 dB, 1,000 Hz 21 dB, 2,000 Hz 24 dB, 4,000 Hz 27 dB となる。この場合，当然，塀自体からの透過音は十分小さく無視できることが必要である。

このような塀による遮蔽効果がある場合の受音点 e における音圧レベルは，

$$\mathrm{SPL}_e = \mathrm{SPL}_r - \varDelta \mathrm{SPL}_f \quad (\mathrm{dB}) \tag{4.16}$$

ここで　SPL_r：塀のない場合の e 点の音圧レベル (dB)

点音源の場合　$\mathrm{SPL}_r = \mathrm{PWL} + 10\log_{10}\dfrac{Q}{4\pi r^2}$

線音源の場合　$\mathrm{SPL}_r = \mathrm{PWL} + 10\log_{10}\dfrac{Q}{2\pi r}$

$\varDelta \mathrm{SPL}_f$：塀による減衰値 (4.7 図) (dB)

音源，受音点が地上から少し上にあるような場合には，4.8 図のように，地面からの反射音を考慮して，経路 $\overline{\mathrm{SOe}}$, $\overline{\mathrm{SOe'}}$, $\overline{\mathrm{S'Oe}}$, $\overline{\mathrm{S'Oe'}}$ に対するそれぞれの減衰値を求め，各経路のレベルを求めて合成する必要がある。

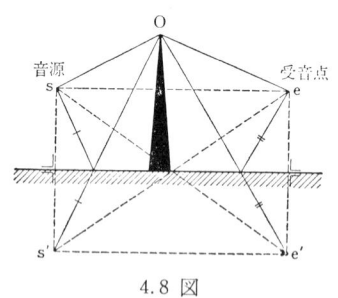

4.8 図

建物のように，高さや厚さが十分に大きい障害物があると，塀にくらべてかなり大きな遮蔽効果を得ることができる。たとえば，交通騒音の激しい道路に面して，高さ 30 m 位のビルが連続して建っている市街地で，その道路からの距離がいくらも離れていないビルの裏側に，ほとんど騒音が気にならない程度の静かな環境がえられている例を，いくつか見ることができるであろう。また，郊外団地では，幹線道路の

近くに騒音の被害があまり問題にならない建物を配置したり，騒音源に最も近い1棟目の長さと高さを十分にとって，遮音棟として計画するなど，騒音防止計画に際しては，配置計画の段階で，建物の遮蔽効果を十分に利用することが必要である。

建物のように厚みのある障壁の場合には，4.9図に示すX，Yの2点で回折減衰を生ずるが，それを加算して減衰値を求めるには，(4.17)式を用いるのが実用的である[4]。

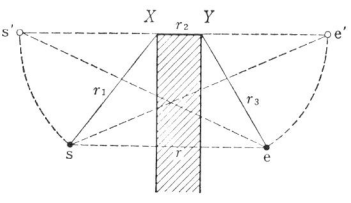

4.9図　建物などによる遮蔽効果

$$\Delta \mathrm{SPL}_{f'} = \Delta L_X + \Delta L_Y - 5 + 20\log_{10}\frac{r_1+r_2+r_3}{r} \quad (\mathrm{dB}) \qquad (4.17)$$

ここで　$\Delta \mathrm{SPL}_{f'}$：建物などの遮蔽による減衰値（dB）

ΔL_X：$\overline{\mathrm{SXe'}}$ の経路（$\delta = \overline{\mathrm{SXe'}} - \overline{\mathrm{Se'}}$）に対するX点の回折減衰値

ΔL_Y：$\overline{\mathrm{S'Ye}}$ の経路（$\delta = \overline{\mathrm{S'Ye}} - \overline{\mathrm{S'e}}$）に対するY点の回折減衰値

$\Delta L_X, \Delta L_Y$ は4.7図より求める。

$-5\,\mathrm{dB}$ は，X，Yの回折エッジがくさび形で，頂角が大きいことに対する補正値，最後の項は，S'XYe' の長さを距離減衰に用いることを意味する距離減衰の補正値である。

4.5　道路騒音の伝搬性状

1列等間隔の自動車の走行に伴う騒音レベルの時間的変動を計算してみると，4.10図で車頭間隔を $d(\mathrm{m})$ とすれば，受音点eにおいて P_n の自動車から受ける騒音のレベルは，

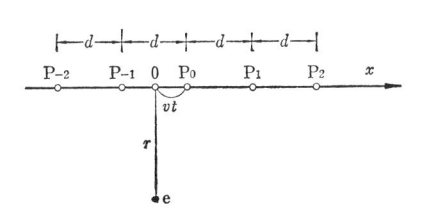

4.10図　1列等間隔走行モデル

$$L_{rn} = \mathrm{PWL} - 8 + 10\log_{10}\frac{1}{r^2+(vt+nd)^2}$$

したがって無限個の自動車からの騒音レベルは，

---

4) Kurze, U.J. : Noise Reduction by Barriers. (J. A. S. A 55, No. 3, 1974, p. 504〜518)

$$L_r = \text{PWL} - 8 + 10\log_{10} \sum_{n=-\infty}^{\infty} \frac{1}{r^2 + (vt+nd)^2}$$

$$= \text{PWL} - 8 + 10\log_{10}\left(\frac{2\pi}{d}\right)^2 \sum_{n=-\infty}^{\infty} \frac{1}{r^2\left(\frac{2\pi}{d}\right)^2 + \left(\frac{2\pi vt}{d}+2n\pi\right)^2}$$

$$= \text{PWL} - 8 + 10\log_{10}\left(\frac{2\pi}{d}\right)^2 \frac{\sinh(2\pi r/d)}{4\pi r/d\{\cosh(2\pi r/d) - \cos(2\pi vt/d)\}}$$

$$\left[\text{公式}\sum_{n=-\infty}^{\infty} \frac{1}{x^2+(a+2n\pi)^2} = \frac{\sinh x}{2x(\cosh x - \cos a)}\right]$$

これを書き直すと，

$$L_r = \text{PWL} - 8 - 20\log_{10} r + 10\log_{10}\left\{\pi\left(\frac{r}{d}\right)\frac{\sinh 2\pi\left(\frac{r}{d}\right)}{\cosh 2\pi\left(\frac{r}{d}\right) - \cos 2\pi\left(\frac{vt}{d}\right)}\right\}$$

(4.18)

となる。最後の項は，1台の自動車の走行によるピークレベルとの差を表わす。騒音レベルの時間変動の最大値は $vt=0$, 最小値は $vt=0.5d$, 中央値は $vt=0.25d$ に対応するので[5]，(4.18) 式に $vt/d=0.25$ を代入すれば，騒音レベルの中央値 L_{50} は，

$$L_{50} = \text{PWL} - 20\log_{10} r - 8 + 10\log_{10}\left(\pi\frac{r}{d}\cdot\tanh 2\pi\frac{r}{d}\right) \quad (\text{dB(A)})$$

(4.19)

ここで　PWL：1台の自動車から発生する平均パワレベル（dB(A)）
　　　　　r：道路中央（距離が近いときは各車線中央）から受音点までの距離（m）
　　　　　d：平均車頭間隔（m）

自動車の平均走行速度を v（km/h），交通量を N（台/h）とすれば，

$$d = 1000\,v/N \quad (\text{m})$$

となる。

$v=60$ km/h の場合について，道路からの距離 r をパラメータとして，交

---

[5] 庄司光・山本剛夫・中村隆一：街頭騒音とくに交通騒音に関する研究（日本音響学会誌 19, No.3, 昭38, p.97〜105）

通量による騒音レベルの変化を (4.19)式から計算すると，4.11図のようになる。

なお，$r/d \gg 1$ のときは，$\tanh(2\pi r/d) \to 1$ となるから，

$$L_{50} \fallingdotseq \text{PWL} - 3 + 10\log_{10}\frac{1}{rd} \quad (\text{dB}(\text{A})) \tag{4.20}$$

$r/d \ll 1$ のときは，$\tanh(2\pi r/d) \to 2\pi r/d$ となるから，

$$L_{50} \fallingdotseq \text{PWL} + 5 - 20\log_{10} d \quad (\text{dB}(\text{A})) \tag{4.21}$$

4.11 図　交通量による騒音レベルの変化

実用的には，$r/d > 1/4$ ならば，(4.20) 式を適用してよい。(4.20) 式に $d = 1,000\, v/N$ を代入すると，

$$L_{50} = \text{PWL} + 10\log\frac{N}{rv} - 33$$

定常走行状態では，自動車騒音のエネルギが速度のほぼ4乗に比例する[6]とすれば，

$$\text{PWL}(v) = \text{PWL}_{(60)} + 10\log_{10}(v/60)^4$$

$$L_{50} = \text{PWL}_{(60)} + 10\log_{10}(N/r) + 30\log_{10}(v/60) - 51$$

また，大型トラック，バスなどの走行音は，乗用車に比して 12 dB(A) 程度大きいので，大型車混入率 $a(\%)$ を導入すると，

$$\varDelta \text{PWL} = 10\log_{10}\frac{n_1 W_1 + n_2 W_2}{(n_1 + n_2) W_1} = 10\log_{10}\left(\frac{n_1}{N} + \frac{n_2}{N}\frac{W_2}{W_1}\right)$$

$$= 10\log_{10}\left\{1 + \frac{a}{100}\left(\frac{W_2}{W_1} - 1\right)\right\} \quad (\text{dB}(\text{A})) \tag{4.22}$$

ここで　n_1, W_1：乗用車の台数（台/h）とパワ（Watt）

n_2, W_2：大型車の台数（台/h）とパワ（Watt）

$N = n_1 + n_2$：総台数（台/h）

---

[6] 日本音響学会道路騒音調査研究委員会：道路騒音調査報告書（昭44年3月）

$$a = (n_2/N) \times 100 : 大型車混入率 (\%)$$

大型車と乗用車のパワ比を16（レベル差12dB），乗用車のパワレベルを $PWL_{(60)} = 96$ dB(A) とすれば，

$$L_{50} = 45 + 10\log_{10}N - 10\log_{10}r + 30\log_{10}\frac{v}{60} + 10\log_{10}(1+0.15a) \quad (\text{dB(A)})$$

(4.23)

となる。ただし $rN/v > 250$, $(r/d > 1/4)$ とする。この条件は，r が 10 m の地点では，$v = 60$ km/h の場合 $N > 1,500$ 台/h，$v = 40$ km/h の場合 $N > 1,000$ 台/h の交通量が必要であることを意味している。

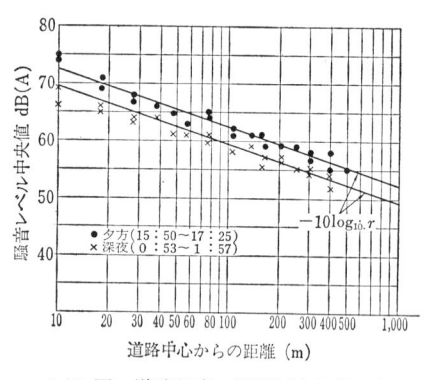

車道幅16mの国道に沿った平坦地で測定した道路騒音の距離減衰性状の例を4.12図に示す。測定地付近は数 km にわたって信号もなく，ほぼ直線状に車が流れており，夕方測定時の総交通量は $N = 2160$ 台/h（180台/5分），大型車混入率26％，平均車速57 km/hであった。これらの数値を（4.23）式に代入した計算値は，測定結果とよく一致している。このように，地面と同一レベルにある平坦な道路を走行する自動車による周辺地域の騒音レベル中央値は，（4.23）式（$r \cdot N/v < 250$ のときは(4.19)式）によって，ほぼ推定できるものと考えてよい。ただし，盛土，切土，高架，高欄，勾配など道路構造，道路条件が異なる場合には当然その補正が必要になる。また，今後，「自動車騒音の許容限度」(環境庁告示，昭和50年9月)がさらにきびしく改定され，大型車エンジンの機械音，排気音，タイヤ音等に対する音源対策が強力に進められれば，（4.19）式の PWL の数値を現状よりも大幅に下げることが可能になるであろう。

4.12 図　道路騒音の距離減衰性状の例（国道17号）

4.6　鉄道騒音の伝搬性状

鉄道騒音は，列車が軌道上を走行する際の車輪と軌道との摩擦，衝撃等の

相互作用によって主に発生し，台車付近から放射される。台車は1車両2個所であるからだいたい点音源と考えられ，列車通過時におけるピーク騒音レベル（dB(A)）の距離減衰状態はほぼ逆2乗則に従う。また，鉄道騒音エネルギのピーク値は，列車速度が100 km/h以上では速度の2乗に比例し，100 km/h以下では速度の3乗に比例すると考えてよい。4.13図

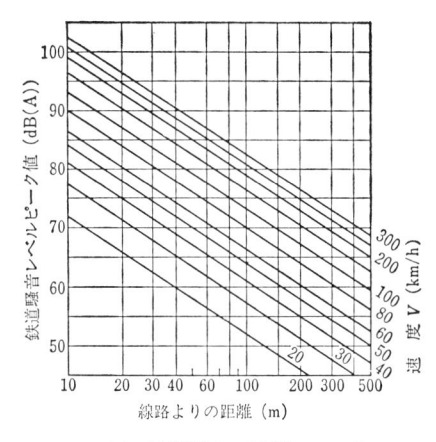

4.13 図　鉄道騒音の予測チャート
（日本建築学会）

は，これらの関係を整理して，多くのデータから鉄道騒音ピークレベルの予測チャートを作成したものである[7]。速度が同じであれば，新幹線と在来線の区別はほとんどない。なお，4.13図は，平坦な盛土区間に適用し，鉄橋では，無道床 +10 dB(A)，有道床 +5 dB(A) とする。また，堀割その他では当然，遮蔽効果を期待することができるが，高架の場合には，高架の振動による低音域の放射騒音が問題になるので，防音用の側壁は高架と縁を切るか，十分に重く剛につくることが必要である。200 km/hの高速で走る新幹線のピーク騒音レベルは，騒音対策を全く行なわない場合には，4.13図から予測されるように，線路から25mの地点において，盛土区間で約90 dB(A)，無道床鉄桁区間では約100 dB(A)に達する。1975年7月，環境庁から告示された新幹線騒音

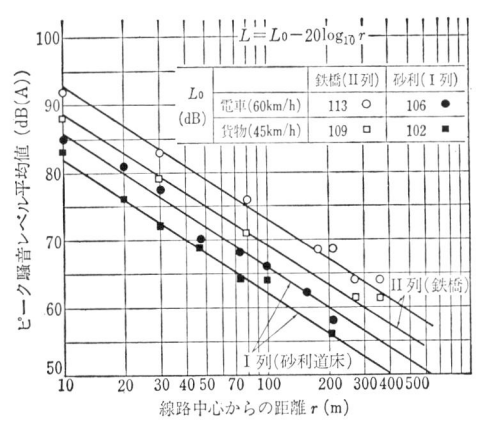

4.14 図　鉄道騒音の距離減衰性状

---

7) 日本建築学会編：実務的騒音対策指針（技報堂，昭50, p.90）

騒音の伝搬　　57

の環境基準は，住居専用地域において，戸外のピーク値を70 dB(A) 以下，その他の環境を保全すべき地域では 75 dB(A)以下とすることを定めており，ロングスカート，車体下部遮音板のとりつけ等による車輛の改造，高架の場合は，その重量化とバラストマット軌道の採用，逆L形その他の防音壁，シェルターを十分に防振して設置するなど，騒音発生源と伝搬経路における各種の騒音対策の実施が急がれている。

4.14図は，在来線に沿った平坦地で測定した国鉄電車（速度約60km/h）と貨物列車（速度約45km/h）のピーク騒音レベルの距離減衰性状である。これをみると，砂利道床，鉄橋部分ともほぼ逆2乗則に沿った距離減衰を示していることがわかる。

4.7 航空機騒音の伝搬性状

航空機は，近年，輸送機関として急速に発展し，ますます大型化，高速化の方向にあるが，とくに1960年代における大型ジェット機の導入と，旅客増に伴う運航回数の急激な増加は，空港周辺地域に深刻な騒音問題を引き起こしている。航空機の大型化，高速化によってエンジン推力が増大すれば，航空機騒音はますます増加する傾向にあるため，ICAO（国際民間航空機構）では，騒音証明制度をつくり，1969年1月以降の新型機については，重量別に4.15図のような離着陸騒音の限界を定め，その枠を越えないことを航空機メーカに義務づけている。

一方，騒音源対策としては，ジェットエンジンの改良が進められ，バイパス比の大きなターボファンエンジンの開発によって，かなりの成果がえられている。これは燃焼空気の5～6倍の吸入空気をバイパスさせ，噴出速度を減少させることにより，ジェットノイズを低下させるものである。なおこの

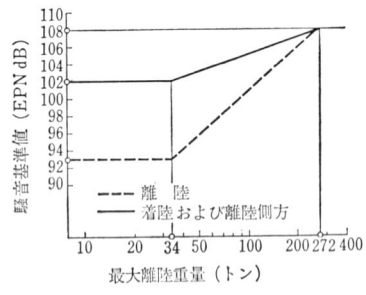

（測定点）
（着陸）滑走路端から 2,000 m の地点
（離陸側方）滑走路に平行に横方向に 650 m 離れた線上で離陸騒音最大の地点
（離陸）滑走路延長上離陸滑走開始地点より 6,500 m の地点

4.15 図　航空機騒音証明の限界値

場合，空気流の質量がバイパス空気の分だけ増すので，排出気流の速度が減少してもエンジンの推力は減少しない（エンジン推力（T）＝空気流の質量（m）×空気流の速度変化（Δv））。

　航空機は，自由空間を高速で移動する点音源と考えられるが，音響出力が大きく，広域にわたる長距離の伝搬までが問題になるので，受音点からの高度，仰角による指向性の変化，高音成分に対する空気の吸収，仰角が小さい場合の地形や地面の吸収などの影響を受け，単純に点音源の距離減衰性状（逆2乗則）を当てはめることはできない。しかしながら，各空港を離着陸する航空機は，ほぼ標準飛行経路に沿って飛行しており，ある地点における航空機騒音のレベルは，コースのずれや風向，風速などによって，ある程度の変動はするものの，機種の寄与度が圧倒的に大きく，機種別に航空機までの距離とピーク騒音レベル dB(A) または ENPL との関係を表わす基礎騒音データを整えておけば，相当によい精度でその地点の航空機騒音を予測することが可能である。現在，民間航空機については，4.16図のような機種別の基礎騒音データが FAA（米連邦航空局）によって発表されており，飛行方法，飛行コースを変化させた場合の騒音予測コンターの作成などに広く用いられている。また，4.17図は，航空自衛隊の F-4EJ, F-104J, F-86-F について，航空機までの距離とピーク騒音レベルとの関係を求めたものである。これらの図から，離着陸別に，航空機騒音の伝搬性状を知ることができるが，いずれも，航空機までの近接距離（slant distance）が増大するとともに騒音

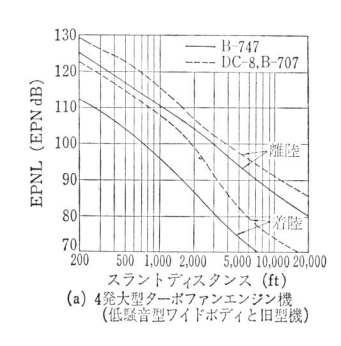

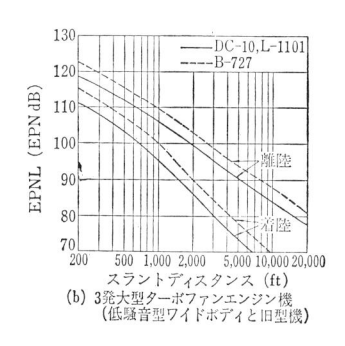

4.16 図　大型ジェット輸送機の基礎騒音データ

レベルは $-20\log r$ よりも急な割合で低下し，ほぼ二次曲線に近似した距離減衰性状を示している。また 4.18 図は，ピーク騒音レベルと騒音の継続時間との関係を表わす基礎騒音データである。

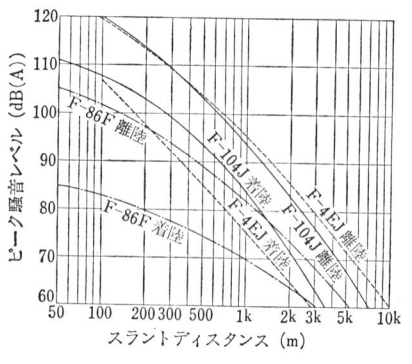

4.17 図　ピーク騒音レベルとスラントディスタンスの関係

4.18 図　ピーク騒音レベルとピークから 10 dB(A) 減衰する騒音の継続時間の関係

5 室内の音場

5.1 部屋の固有振動

屋外では,音源から出た音波は距離が離れるとともにエネルギがより広い空間に分散し,音の強さが距離とともに減少していくが,室というひとつの閉鎖空間内において音源から音を放射すると,室内には音源からの直接音と周壁からの一次,二次……多次反射音が重なり合って,その部屋固有の音場が形成される。また,発音を停止すると,室内の音響エネルギ密度は次第に減衰し,室内に残響(reverberation)とよばれる過渡現象を生ずる。

波動音響的に考えると,室は三次元の振動体であって,室の形状,寸法によって定まる無数の固有振動(normal mode of vibration)をもっている。音源が作用すると,室内の空気は音源の周波数で強制振動するが,その際,音源の周波数に近い部屋の固有振動が励振され,室内の定常状態の振動は,それらの励振された固有振動に対応する定在波によって定まり,それらの定在波の振幅に応じた音圧分布を示す。音源が停止すると,励振された固有振動は,それぞれの減衰率で相互に干渉しながら減衰する。この自由振動の減衰過程が残響である。

a. 固有振動の周波数と音圧分布

いま最も簡単な場合として,5.1図のように,周壁がすべて剛壁で,各辺の長さが L_x, L_y, L_z の直方体の室を考える。

x 軸方向に平行に伝搬する平面波の波動方程式は,(1.12)式に示したように,

$$\frac{\partial^2 p_x}{\partial t^2} = c^2 \frac{\partial^2 p_x}{\partial x^2}$$

5.1図 直方体室の座標

この式は一般に,$p_x = F_1\left(t - \dfrac{x}{c}\right) + F_2\left(t + \dfrac{x}{c}\right)$ によって満足され,正弦波音場の場合は,音圧を複素数表示すれば,

$$p_x = p_1 e^{j(\omega t - k_x x)} + p_2 e^{j(\omega t + k_x x)} \tag{5.1}$$

ここで第1項は x の正の方向, 第2項は負の方向に伝搬する音波を表わし, p_1, p_2 は境界条件によって定まる複素振幅である。

また,

$$k = \frac{\omega}{c} = \frac{2\pi f}{c}$$

(5.1) 式を変形して,

$$\begin{aligned}p_x &= (p_1 e^{-jk_x x} + p_2 e^{+jk_x x}) e^{j\omega t}\\ &= [(p_1+p_2)\cos k_x x - j(p_1-p_2)\sin k_x x] e^{j\omega t}\end{aligned} \tag{5.2}$$

同様にして粒子速度は,

$$u_x = [(u_1+u_2)\cos k_x x - j(u_1-u_2)\sin k_x x] e^{j\omega t}$$

$\frac{\partial u_x}{\partial t} = j\omega u_x$ であるから, (1.9) 式から,

$$\begin{aligned}u_x &= -\frac{1}{j\omega\rho}\frac{\partial p_x}{\partial x}\\ &= \frac{k}{j\omega\rho}[(p_1+p_2)\sin k_x x + j(p_1-p_2)\cos k_x x] e^{j\omega t}\end{aligned} \tag{5.3}$$

周壁がすべて剛壁の場合は, 壁面上で壁に垂直方向の粒子速度は0であるから境界条件は, $x=0$ および $x=L_x$ で $u_x=0$

(5.3) 式に $x=0$ を入れれば $(p_1-p_2)=0$, $x=L_x$ を入れれば $\sin k_x L_x = 0$ となるから,

$$k_x = \frac{n_x \pi}{L_x} \quad (n_x = 0, 1, 2, 3, \cdots\cdots\infty) \tag{5.4}$$

これらの条件を (5.2) 式に入れると音圧は,

$$p_x = (p_1+p_2)\cos\left(\frac{n_x \pi}{L_x}x\right) e^{j\omega t} \tag{5.5}$$

となり, 音圧実効値が x の位置によって定まるから, これは定在波であることがわかる。

この室の x 軸に平行な固有振動は, 波長定数 k_x が (5.4) 式を満足するものに限られるから, 固有振動の周波数は,

$$f_x = \frac{ck_x}{2\pi} = \frac{c}{2}\left(\frac{n_x}{L_x}\right) \quad (\text{Hz}) \tag{5.6}$$

となる。

この室内で,任意の方向に伝搬する平面波は,
$$p = A \cdot e^{j(\omega t - k_x x - k_y y - k_z z)} \tag{5.7}$$
これが,三次元の波動方程式
$$\frac{\partial^2 p}{\partial t^2} = c^2 \left(\frac{\partial^2 p}{\partial x^2} + \frac{\partial^2 p}{\partial y^2} + \frac{\partial^2 p}{\partial z^2} \right) \tag{5.8}$$
を満足するためには,
$$k = \sqrt{k_x^2 + k_y^2 + k_z^2} \tag{5.9}$$
k_x/k,k_y/k,k_z/k は,音圧が伝搬する方向の x,y,z 軸に関する方向余弦を表わす。

すべての壁面上で,壁に垂直方向の粒子速度が 0 になる境界条件を使って一次元の場合と同様にして解くと,
$$\left. \begin{aligned} k_x &= \frac{n_x \pi}{L_x} \quad n_x = 0, 1, 2, \cdots \\ k_y &= \frac{n_y \pi}{L_y} \quad n_y = 0, 1, 2, \cdots \\ k_z &= \frac{n_z \pi}{L_z} \quad n_z = 0, 1, 2, \cdots \end{aligned} \right\} \tag{5.10}$$
を得る。(5.10) 式を (5.9) 式に代入すれば,この室の固有振動の周波数は,
$$f_n = \frac{c}{2} \sqrt{\left(\frac{n_x}{L_x}\right)^2 + \left(\frac{n_y}{L_y}\right)^2 + \left(\frac{n_z}{L_z}\right)^2} \quad (\text{Hz}) \tag{5.11}$$
となることがわかる。

部屋の固有振動の周波数は,任意の正の整数 n_x,n_y,n_z の組合せに対応して,無数に存在する。$L_x > L_y$,L_z とすれば,(1, 0, 0) がその部屋の最低の固有振動数である。

n_x,n_y,n_z のうち 2 個が 0 となる固有振動は,ある軸に平行に 2 壁面間を伝搬する定在波であるから,軸波 (axial wave) とよばれる。3 個の n のうち 1 個が 0 となる固有振動は,一対の平行壁面に平行で,他の 4 壁面に斜めに入射する定在波であって,接線波 (tangential wave) とよばれる。また n_x,n_y,n_z のいずれも 0 でないものは,6 壁面間を伝搬する定在波で,斜め波

(oblique wave) とよばれる。

固有振動の音圧分布は, 一次元の場合の (5.5) 式に対応して,

$$p_{n_x n_y n_z} = p\cos\left(\frac{n_x \pi x}{L_x}\right)\cos\left(\frac{n_y \pi y}{L_y}\right)\cos\left(\frac{n_z \pi z}{L_z}\right)e^{j\omega t} \qquad (5.12)$$

この式から, n_x, n_y, n_z はそれぞれ x, y, z 軸に沿って音圧が 0 になる面の数を表わしていることがわかる。5.2 図は, 固有振動のモードが $(0,1,0)$, $(1,1,0)$, $(1,2,0)$ の場合の音圧分布で, 実線は z 軸に沿って, 床から天井まで等音圧面であることを示している。数字は相対音圧を表わす。

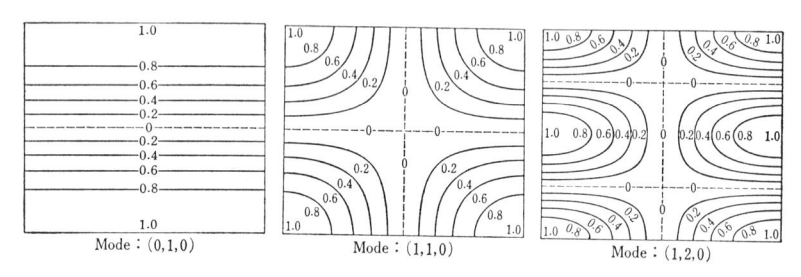

5.2 図　固有振動の音圧分布

b. 固有振動の数と周波数分布

固有振動の周波数は, $f_n = \sqrt{\left(\frac{n_x c}{2L_x}\right)^2 + \left(\frac{n_y c}{2L_y}\right)^2 + \left(\frac{n_z c}{2L_z}\right)^2}$ と書けるから, f_n は, 三次元の空間の直交座標が, $\left(\frac{n_x c}{2L_x}, \frac{n_y c}{2L_y}, \frac{n_z c}{2L_z}\right)$ の点と原点との距離に相当し, 固有振動の数は, 5.3 図のように直交成分が $c/2L_x, c/2L_y, c/2L_z$ の整数倍になる直交格子の節点の数で表わせることがわかる。

したがって, ある周波数 f より小さい固有振動の数は, f_x, f_y, f_z が正の象限で, 半径 f の球の中にある格子点の総数に等しい。いま, 各格子点には $(c/2L_x) \times (c/2L_y) \times (c/2L_z) = c^3/8V$ の直方体が付属していると考えると,

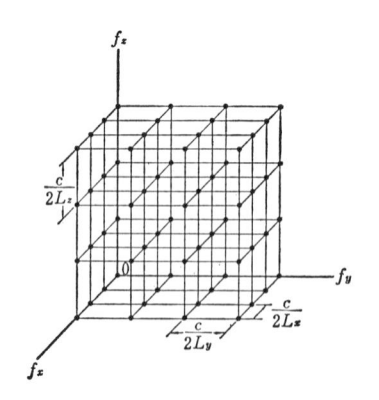

5.3 図　直方体室の固有振動の数

半径 f の球の第 1 象限の体積 $\pi f^3/6$ を $c^3/8V$ で割れば，周波数が f 以下の格子点の数の近似値が求められる。

すなわち,

$$N \fallingdotseq \frac{4\pi V}{3c^3} f^3 \tag{5.13}$$

ここで　$V = L_x \times L_y \times L_z$：室容積

この式から，部屋の固有振動の数は，周波数の 3 乗に比例して増加し，ある周波数までの固有振動の総数は，室容積に比例して多くなることがわかる。

また，ある周波数 f を中心として Δf の周波数域にある固有振動の数は，(5.13) 式から，

$$\Delta N \fallingdotseq \frac{4\pi V}{c^3} f^2 \Delta f \tag{5.14}$$

この式から，固有振動の分布密度は，周波数の 2 乗に比例して増大することがわかる。固有振動の分布密度が増すということは，音源が作用したとき励振される固有振動によって生ずる定在波の数が増し，定在波の振動方向の無秩序さが増加することを意味している。したがって，Δf の周波数域における固有振動の数が増せば，それだけ定在波の影響が平均化されて，室内音圧分布は一様になってくる。

部屋の寸法比 $L_x:L_y:L_z$ が，たとえば 1:1:1 の立方体では，n_x, n_y, n_z の異なる固有振動が，同じ周波数に集まってしまう現象が生ずる。これを固有振動が縮退するという。このような室では，固有振動の周波数分布のむらが大きくなり，ある周波数の音のみが強められたり，とくに低音域では，固有周波数の数が少なくなって，音圧分布がさらに不均一になる。固有振動ができるだけ縮退しないようにするには，部屋の寸法比が 1:1:1 とか，1:2:4 のような簡単な整数倍比にならないように注意することが必要である。

5.2 拡散音場

（1）室内全体に音のエネルギが一様に分布しており，（2）室内のすべ

ての点で，音のエネルギがあらゆる方向に一様に伝搬している状態を，音が完全に拡散しているといい，そのような室内の音場を拡散音場 (diffuse sound field) とよぶ。

　室の寸法が大きくなると，固有振動の数は室容積に比例して増加し，室容積の大きな，音響的に不規則な形状の空間では，その数は非常に多くなるので，音源の周波数がたとえ狭帯域に集中している場合でも，音源によって励振されて室内に生ずる定在波は，各壁面にほとんどあらゆる方向から入射し，室内のどの点においてもあらゆる方向に伝搬している状態になる。また，室内の音圧分布はその複合されたものになるので，音圧の山谷が狭く，空間的にほとんど一様とみなされるようになる。このような状態では，室内の音場を拡散音場とみなすことができる。

　拡散音場のもとでは，音の波動性を無視して，音の伝搬を音線 (sound ray) に置きかえ，幾何音響的に取り扱うことができる。すなわち，(1) 均質な媒質中では音は直線となって伝搬し，(2) 二つの音線が交わった場合にも，各音線はそのまま別々の場合と同様に伝搬し，(3) 平面で反射するときの入射角と反射角は等しい。

　室内音場を拡散音場に近づけるためには，室の寸法が波長に比して十分大きく，壁面が波長と同程度の寸法の不規則性（凹凸，傾斜，折れ曲がり，不整形，不均一な吸音性など）をもつことが必要である。

5.3　拡散音場の壁面入射エネルギ

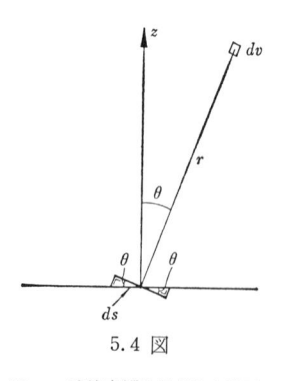

　拡散音場において，室内に一様なエネルギ密度 E があるとき，壁面上の微小面積 ds から距離 r の点に微小容積 dv を考えると，dv 内の音のエネルギは Edv，5.4 図において，dv からみた ds の実効面積は $ds\cos\theta$ であるから，ds に毎秒入射する音のエネルギは，

$$\varDelta Ids = \frac{Edv}{4\pi r^2} ds\cos\theta$$

5.4 図

となる。5.5 図において，

$$dv = dr \cdot rd\theta \cdot r\sin\theta d\varphi$$

となるから，

$$\Delta Ids = \frac{Eds}{4\pi}\cos\theta \sin\theta \, d\theta \, d\varphi \, dr$$

1 秒間に ds に入射する全エネルギを求めるには，ds を中心として音が 1 秒間に伝搬する距離 c を半径とする半球内にあるすべての dv について積分すればよい。

$$Ids = \frac{Eds}{4\pi}\int_0^{\pi/2}\cos\theta\sin\theta d\theta \int_0^{2\pi} d\varphi \int_0^c dr$$

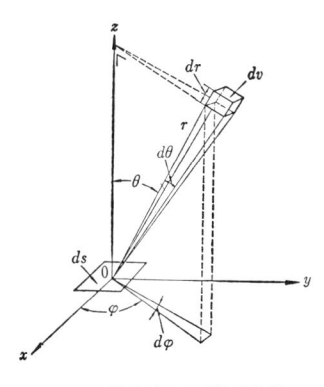

5.5 図　拡散音場の壁面入射エネルギ

$$= \frac{c}{4}E\,ds \tag{5.15}$$

すなわち，拡散音場において単位面積の壁面に毎秒入射する音のエネルギは，

$$I = \frac{cE}{4} \quad (\text{Watt}/\text{m}^2) \tag{5.16}$$

ここで　c：音の伝搬速度（m/s）

となる。

5.4　室内の吸音力（等価吸音面積）と平均吸音率

壁面に入射した音のエネルギと反射音のエネルギの比を反射率，（1－反射率）を吸音率（sound absorption coefficient）という。すなわち，吸音率 $\alpha = 1 - (I_r/I_i)$。入射音エネルギの60％が反射してこなかったとすれば，その壁面の吸音率は 0.6 である。

ある壁面の吸音率にその壁面の面積 $S_t(\text{m}^2)$ をかけたものを吸音力（sound absorption power）とよび，単位は面積と同じ m² で表わす。すなわち，吸音力 $a_t = \alpha_t s_t (\text{m}^2)$。吸音率 0.6 の壁面が 100 m² あればその吸音力は 60 m² である。室内各部の吸音率を α_1，α_2，α_3，……α_m，その面積を s_1，s_2，s_3，…… s_m とすれば，壁面（床，天井もすべて壁面とよぶ）全体の吸音力は，

室内の音場

$$A_w = \alpha_1 s_1 + \alpha_2 s_2 + \alpha_3 s_3 + \cdots\cdots + \alpha_m s_m = \sum_{i=1}^{m} \alpha_i s_i \quad (\mathrm{m}^2)$$

また室内に，人間，机，椅子などが存在する場合には，人間1人当りまたは物体1個当りの吸音力に，その人数，個数をかけて吸音力を表わす。人間1人当りの吸音力を $0.4\,\mathrm{m}^2$ とすれば100名在室する場合の人間の吸音力は $40\,\mathrm{m}^2$ である。室内の全吸音力は，壁面の吸音力に人，物体の吸音力を加えて，

$$A = \sum \alpha_i s_i + \sum n_j a_j \quad (\mathrm{m}^2) \tag{5.17}$$

ここで　A：室の全吸音力（m^2）

　　　　α_i：壁面各部の吸音率，s_i：その部分の面積（m^2）

　　　　a_j：人間，物体の1人当りまたは1個当りの吸音力（m^2）

　　　　n_j：その人数または個数

となる。$\sum s_i$ は室内壁面の総表面積で，壁面以外の吸音力（人，物体など）は，普通，表面積の増減に関係なく，単に吸音力が付加されたものとして取り扱う。

室内の全吸音力を室内壁面の総表面積で割ったものを平均吸音率と定義する。

$$\bar{\alpha} = \frac{A}{S} = \frac{\sum \alpha_i s_i + \sum n_j a_j}{\sum s_i} \tag{5.18}$$

ここで　S：壁面の総表面積（m^2）

すなわち，これは壁面全体の吸音力に人などの吸音力を加え，それを壁面全体に平均してわりふった吸音率である。拡散音場では，全壁面が平均吸音率 $\bar{\alpha}$ をもつものとして室内音場の計算を行なう場合が多い。

5.5　定常状態の室内平均音圧レベル

拡散音場において，室内に音のエネルギを供給し続けると，室内の音響エネルギ密度 E が次第に上昇して定常状態に達する。このとき室内壁面の単位面積に毎秒入射する音のエネルギは $cE/4$ であるから，全表面積に入射するエネルギは $cES/4$，壁面の平均吸音率を $\bar{\alpha}$ とすれば，全壁面で失われるエネルギは $cES\bar{\alpha}/4$（Watt）となる。

室内に供給されるエネルギを $W(\text{Watt})$ とすれば，定常状態においては，室内に供給されるエネルギと失われるエネルギが等しくなったことを意味するから，

$$W = \frac{cES\bar{\alpha}}{4}$$

したがって，室内の音響エネルギ密度 E は，

$$E = \frac{4W}{cS\bar{\alpha}} = \frac{4W}{cA} \quad \left(\frac{\text{Watt} \cdot \text{s}}{\text{m}^3}\right) \tag{5.19}$$

となる。

すなわち，定常状態における室内の平均音響エネルギ密度は，音源出力に比例し，室内の全吸音力に逆比例する。

このとき，室内の平均音圧レベルは，$p^2 = \rho c^2 E$ とおけば，

$$\text{SPL} = 10\log_{10}\frac{\rho c^2 E}{p_0^2} = 10\log_{10}\frac{4\rho c W}{A p_0^2}$$

$$= 10\log_{10}\frac{W}{A} + 126 \quad (\text{dB}) \tag{5.20}$$

ここで W：音源の音響出力 (Watt)

A：室内の全吸音力 (m^2)

$\rho c \fallingdotseq 400$ ($\text{kg/m}^2 \cdot \text{s}$)

$p_0 = 2 \times 10^{-5}$ (N/m^2)

となる。音響出力をパワレベルで表わすと，

$$\text{SPL} = \text{PWL} + 10\log_{10}\frac{4}{A} \quad (\text{dB}) \tag{5.21}$$

この式は，拡散音場において，室内平均音圧レベルから音源のパワレベルを求める場合などにも用いられる。

5.6 平均自由路

拡散音場において，音源から放射された音波が，統計的に，壁面で1回反射してから次の反射をするまでに進む平均距離を平均自由路(mean free path)という。いま，室の平均自由路を $d(\text{m})$ とすれば，音波が1平均自由路を進むのに要する時間は d/c (c：音速) となるから，室内の音波は，d/c 秒ごと

室内の音場　　69

に反射をくり返すことになる。

室内に W(Watt) のエネルギが供給されているとき，現在から過去にさかのぼって d/c 秒間に出た音のエネルギ $W\cdot d/c$(Watt・s) は，まだ1回も反射していないことになり，その前の d/c 秒間に出た音のエネルギは壁面で1回反射していると考えられるので，壁面の平均吸音率を $\bar{\alpha}$ とすれば $W(1-\bar{\alpha})$ d/c(Watt・s)のエネルギを持っている。

5.6 図

またその前の d/c 秒間に出た音のエネルギは $W(1-\bar{\alpha})^2 d/c$ (Watt・s) となる (5.6 図)。室内の音響エネルギ密度は，すでに無限回の反射をしたものまで，すべての音のエネルギを含むから，$1-\bar{\alpha}=\bar{r}$ とおくと，

$$E = W \cdot \frac{d}{c}(1+\bar{r}+\bar{r}^2+\cdots\cdots+\bar{r}^n+\cdots)\frac{1}{V} \quad \text{(Watt・s/m}^3\text{)}$$

（ ）内は $0<\bar{r}\leq 1$ なので無限等比級数となり，

$$1+\bar{r}+\bar{r}^2+\cdots\cdots=1/(1-\bar{r})=1/\bar{\alpha}$$

したがって $E=Wd/(c\bar{\alpha}V)$

また，(5.19) 式より，$E=4W/(cS\bar{\alpha})$ であるから，

$$W\cdot d/(c\bar{\alpha}\cdot V)=4W/(cS\bar{\alpha})$$

$$d=\frac{4V}{S} \quad \text{(m)} \tag{5.22}$$

ここで V：室容積 (m³)，S：室内壁面総表面積 (m²)

となる。

すなわち，拡散音場においては，平均自由路は V/S に比例し，室の形状や音源の位置には関係しない。

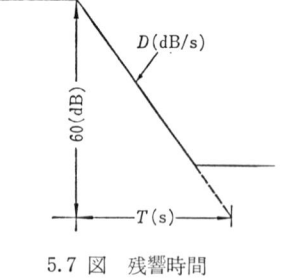

5.7 残響時間

拡散音場において，音源を停止した後，定常状態の室内音圧レベルが，ある平均減衰率 (dB/s) で 60 dB 減衰するのに要する時間を残響時間 (reverberation time) と定義する (5.7図)。

5.7 図 残響時間

$$T = \frac{60}{D} \quad \text{(s)} \tag{5.23}$$

ここで D：平均減衰率 (dB/s)

いいかえると，残響時間とは，拡散音場において，音源停止後，室内の平均音響エネルギ密度が 10^{-6}，音圧が 10^{-3} になるのに要する時間である。

5.6で考えたように，室内の音波は d/c 秒で1回反射するとすれば，t 秒間の反射回数は tc/d，したがって定常状態の音響エネルギ密度を E_0 とすれば，音源停止 t 秒後のエネルギ密度は，

$$E_t = E_0(1-\bar{\alpha})^{(c/d)t} = E_0(1-\bar{\alpha})^{(cS/4V)t}$$

ここで $d = 4V/S$：平均自由路

また，$1-\bar{\alpha} = e^{\log_e(1-\bar{\alpha})}$ とおけば

$$E_t = E_0 \cdot e^{-(cS/4V)\{-\log_e(1-\bar{\alpha})\}t} \tag{5.24}$$

となる。

したがって音源停止 t 秒後の音圧レベルは，

$$\text{SPL}_t = 10\log_{10}\frac{\rho c^2 E_0 e^{-(cS/4V)\{-\log_e(1-\bar{\alpha})\}t}}{p_0^2}$$

$$= \text{SPL}_0 - \frac{cS}{4V}\{-\log_e(1-\bar{\alpha})\}t \cdot 10\log_{10}e$$

t 秒間の音圧レベルの減少は，

$$\text{SPL}_0 - \text{SPL}_t = \frac{1.085\,cS}{V}\{-\log_e(1-\bar{\alpha})\}t \quad \text{(dB)} \tag{5.25}$$

ここで SPL_0 は定常状態の音圧レベルである。

また平均減衰率は，(5.25) 式から，

$$D = \frac{1.085\,cS}{V}\{-\log_e(1-\bar{\alpha})\} \quad \text{(dB/s)} \tag{5.26}$$

となる。

これを (5.23) 式に代入すれば，残響時間は，

$$T = \frac{60V}{1.085\,cS\{-\log_e(1-\bar{\alpha})\}} = \frac{55.3}{c} \cdot \frac{V}{S\{-\log_e(1-\bar{\alpha})\}} \tag{5.27}$$

音速 c として1気圧，20°Cの値 343 m/s を用いると，

$$T = \frac{0.161\,V}{S\{-\log_e(1-\bar{\alpha})\}} \quad \text{(s)} \tag{5.28}$$

ここで　V：室容積　(m^3)
　　　　S：室内壁面総表面積　(m^2)
　　　　$\bar{\alpha}$：室内平均吸音率

(5.28) 式を Eyring の残響式という。$\bar{\alpha}$ から $-\log_e(1-\bar{\alpha})$ を求めるには，5.8 図を用いればよい。

5.8 図　$\bar{\alpha}$ と $-\log_e(1-\bar{\alpha})$ の関係

$0<\bar{\alpha}<1$ であるから，

$$-\log_e(1-\bar{\alpha})=\bar{\alpha}+\frac{\bar{\alpha}^2}{2}+\frac{\bar{\alpha}^3}{3}+\cdots\cdots$$

$\bar{\alpha}<0.1$ のときは，$-\log_e(1-\bar{\alpha})\fallingdotseq\bar{\alpha}$ とおくことができる。

その場合，(5.28) 式は，

$$T=\frac{0.161V}{S\bar{\alpha}}=\frac{0.161V}{A} \quad (s) \tag{5.29}$$

これを Sabine の残響式といい，W.C. Sabine (1868〜1919) が 1900 年に導いた実験式と一致する。

(5.24) 式は，室内の音響エネルギ密度が指数関数的に減衰することを示しているが，$E_t=E_0 e^{-\delta t}$ とおけば，

$$\delta=\frac{cS}{4V}\{-\log_e(1-\bar{\alpha})\}$$

(5.27) 式から，

$$\delta=\frac{60}{4(1.085T)}=\frac{13.8}{T} \quad (1/s) \tag{5.30}$$

すなわち，室内の音圧レベルが時間と共に直線的に減衰するとき，音響エネルギ密度は指数的に減衰し，その減衰率は $13.8/T$ に等しいことがわかる。

大きな部屋では，音波が壁面に反射するときの吸収だけでなく，空気中を伝搬する際の空気自身による吸収を考慮する必要がある。音波が1平均自由路進行する間に，音響エネルギ密度は，空気の吸収により次のように減衰する。

$$E_{t'} = E_0 \cdot e^{-md} \tag{5.31}$$

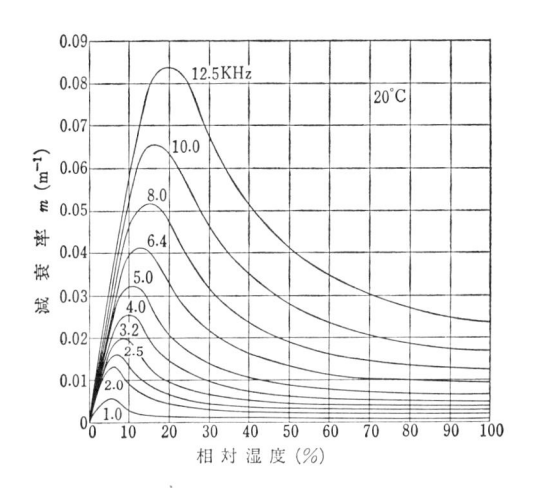

5.9 図 空気の吸収による音の減衰率 (C.M.Harris)[1]

ここで m は，1m当りのエネルギ減衰率である。この減衰を考慮すれば，音源停止 t 秒後の音響エネルギ密度は，(5.24) 式から，

$$E_t = E_0 \cdot e^{-(cS/4V)\{-\log_e(1-\bar{\alpha})+(4V/S)m\}t}$$

残響時間の計算式は，前と同様にして導けば，

$$T = \frac{0.161V}{S\{-\log_e(1-\bar{\alpha})\}+4mV} \tag{5.32}$$

室温20℃のときの空気の吸収による減衰率 m は5.9図のようになる。500Hz以下の周波数に対しては，大きな部屋でも m を考慮する必要はない。

5.8　室内における直接音レベルと反射音レベル

拡散音場における定常状態の平均音響エネルギ密度は，(5.19) 式に示し

---

1) Harris, C.M. : Absorption of Sound in Air in the Audio Frequency Range (J.A.S.A 35, No.1, 1963, p.11〜17)

たように，$E = 4W/(cS\bar{\alpha})$ となるが，これは，音源からの直接音と，壁面からの無限回までの反射音のエネルギをすべて加え合わせて，その総エネルギが室内全体に一様に分布するとして求めたもので，実際には，拡散音場においても，音源の近くでは，直接音の影響を分離して考えた方がよい場合がある。

5.6 で述べたように，定常状態において，音源から出てまだ1回も反射していない音のエネルギの総量は $W \cdot d/c$ (Watt・s) であるから，これを全体から分離すると，壁面で1回以上反射した反射音のエネルギの総量は，

$$EV - \frac{Wd}{c} = \frac{4WV}{cS\bar{\alpha}} - \frac{4WV}{cS} = \frac{4WV(1-\bar{\alpha})}{cS\bar{\alpha}} \quad (\text{Watt・s})$$

この反射音の総エネルギが，室内に一様に分布すると仮定すれば，反射音のエネルギ密度は，

$$E_R = \frac{4W(1-\bar{\alpha})}{cS\bar{\alpha}} \quad \left(\frac{\text{Watt・s}}{\text{m}^3}\right) \tag{5.33}$$

一方，直接音のエネルギ密度は，平面進行波においては $I = cE$ であるから，無指向性点音源を考えれば，

$$E_D = \frac{W}{4\pi r^2 \cdot c} \quad \left(\frac{\text{Watt・s}}{\text{m}^3}\right) \tag{5.34}$$

したがって，

$$E = E_D + E_R = \frac{W}{c}\left(\frac{1}{4\pi r^2} + \frac{4(1-\bar{\alpha})}{S\bar{\alpha}}\right) \quad \left(\frac{\text{Watt・s}}{\text{m}^3}\right) \tag{5.35}$$

直接音の寄与を分離して考えた室内の音圧レベルは，

$$\text{SPL}_r = \text{PWL} + 10\log_{10}\left(\frac{1}{4\pi r^2} + \frac{4}{R}\right) \quad (\text{dB}) \tag{5.36}$$

ここで　PWL：音源のパワレベル　（dB）

　　　　　r：音源からの距離　（m）

$$R = \frac{S\bar{\alpha}}{1-\bar{\alpha}} : 室定数　（\text{m}^2）$$

音源からの距離 r と，吸音力に比例する室定数 R とを変えた場合の (5.36) 式第2項を計算して 5.10 図に示す。一般に，音源からの距離 r が大きくなると，直接音エネルギの寄与が少なくなるが，室定数 R が小さいほど反射音

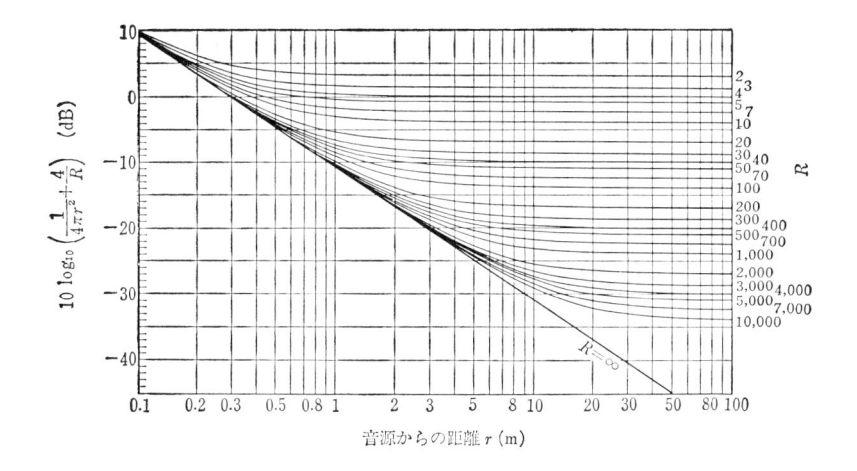

5.10 図　$10\log_{10}\left(\dfrac{1}{4\pi r^2}+\dfrac{4}{R}\right)$

エネルギが大きいので，音源からの距離が少し離れただけで，レベルがほとんど変化しなくなることがわかる。

(5.34), (5.33) 式から，直接音のみのレベルと，反射音のみのレベルを別々に求めると，直接音レベルは $p_D{}^2=\rho c^2 E_D$ から，

$$\mathrm{SPL}_D=10\log_{10}\frac{p_D{}^2}{p_0{}^2}=\mathrm{PWL}-20\log_{10}r-11\ (\mathrm{dB}) \qquad (5.37)$$

反射音レベルは，$p_R{}^2=\rho c^2 E_R$ から

$$\mathrm{SPL}_R=10\log_{10}\frac{p_R{}^2}{p_0{}^2}=\mathrm{PWL}+10\log_{10}\frac{4}{R}\ (\mathrm{dB}) \qquad (5.38)$$

となる。室内のある点の音圧レベルは，その両者のエネルギを合成して，

$$\mathrm{SPL}_r=10\log_{10}(10^{\mathrm{SPL}_D/10}+10^{\mathrm{SPL}_R/10})\ (\mathrm{dB}) \qquad (5.39)$$

室内に騒音源がある場合，(5.37) 式と (5.38) 式から，直接音レベルと反射音レベルがそれぞれ何 dB になるかを別々に求めておけば，各成分の寄与を知ることができ，騒音対策上有用である。

たとえば，工場などで壁，天井を吸音処理して室内騒音レベルを下げようとするとき，室内吸音力が増加することによって減少するのは反射音レベルのみであって，直接音レベルは全く変化しない。したがって，騒音源のすぐ

近くで，直接音成分の寄与が大きい地点のレベルは，壁面を吸音処理することによる影響をほとんど受けないことになる。ただし反射音レベルが減少すれば直接音レベルの距離減衰の効果が吸音処理以前よりもはっきりと表われ，騒音源から離れるに従って全体のレベルが低下する傾向がみられるようになる。また騒音に囲まれた感じがなくなるので，実際にレベルは低下しなくても，心理的な効果は無視できないであろう。

5.9 室内吸音処理による騒音の防止

拡散音場における室内の平均音圧レベルは，
$$SPL = PWL + 10\log_{10}(4/A) \quad (dB)$$

ここで PWL は，室内に置かれた騒音源のパワレベル，または屋外，隣室などから室内に侵入する騒音の室内に入射するパワレベルである。これらのパワレベルが一定であるとすれば，室内平均音圧レベルは室内の全吸音力 A によって定まる。いま，室内吸音処理によって，吸音力を $A_1 (m^2)$ から $A_2 (m^2)$ に増加すると，室内平均音圧レベルの減少量は，

$$SPL_1 - SPL_2 = 10 \log_{10} \frac{A_2}{A_1} \quad (dB) \tag{5.40}$$

すなわち，室内のレベルは吸音力を2倍にすれば3 dB，10倍にすれば10 dB 小さくなる。しかしながら，非常に反射性の部屋でも，室内平均吸音率は0.05くらいはあり，工場などで機械や製品，各種材料などが置いてあると，0.10程度にはなっているので，壁や天井全面に吸音処理をしても，室内のレベルはそれほど大きく低下するわけではない。無響室のような特殊な部屋は別にして，普通，床面の吸音率はあまり大きくできないから，非常に吸音性の部屋でも，室内平均吸音率は0.50くらいが限度であり，室内吸音力は，はじめが非常に反射性の部屋でも10倍にするのがやっとであろう。このように，吸音による騒音の防止は，あくまでも補助的な手段にしかならないことを十分に理解しておくことが必要である。

なお，吸音力を等価吸音面積 (equivalent sound absorption area) ともいう。

6 遮音と遮音構造

6.1 透過率と透過損失

空気中を伝搬する音波を壁などで遮断し,反対側へ音のエネルギができるだけ透過しないようにすることを遮音（sound insulation）という。遮音は騒音防止計画の中心的な役割を果たすものであるから,その原理を十分に理解し,適切な遮音構造を正しく用いるようにつとめなければならない。

ある壁面に入射する音の強さ I_i と,反対側へ透過する音の強さ I_t との比を透過率 τ という。

$$\tau = \frac{I_t}{I_i} \tag{6.1}$$

壁体の遮音性能を表わすには,この透過率の逆数を対数表示した透過損失（transmission loss）を用いる。

$$\mathrm{TL} = 10\log_{10}\frac{1}{\tau} \quad (\mathrm{dB}) \tag{6.2}$$

ここで　TL：透過損失　（dB）

　　　　τ：透過率

(6.1) 式から, $\mathrm{TL} = 10\log_{10}\dfrac{I_i}{I_t} = L_i - L_t$ （dB）

すなわち透過損失は,入射音の強さのレベルと透過音の強さのレベルとの差になる。いま壁面に 80 dB の音が入射し,反対側へ 50 dB の音が透過したとすれば,その壁の透過損失は 30 dB である。

〔例題〕　透過損失が 30 dB のときの透過率はいくらか。

〔解〕　　$\mathrm{TL} = 30 = 10\log_{10}10^3$

　　　　(6.2) 式から,$\tau = 1/10^3 = 0.001$

透過率は 0.001 になる。これは,透過音のエネルギが入射音エネルギの 1/1,000 になることを意味する。すなわち,30 dB の TL をうるには,入射エネルギの 99.9％を遮断しなければならない。

6.2 遮音と吸音

遮音をよくするには，透過音エネルギをできるだけ小さくすることが必要である。壁面に入射した音のエネルギ (I) は，6.1図に示すように，反射音エネルギ (R)，吸音その他で失われるエネルギ (A)，透過音エネルギ (T) に大別される。

透過音エネルギ (T) を小さくするには，R と A を大きくすればよいのであるが，普通，壁厚は 10～30 cm 程度であるから，それだけの厚さで吸音によって減衰しうるエネルギには限度があり，実際には，音波によって振動しにくい，重いがっしりとした壁を造り，入射音エネルギの大部分を入射側へ反射してしまうのが，よい遮音をうる最も効果的な方法である。すなわち，壁の質量を増すことと，孔や隙間をふさぐことによって，6.1図の (T) を小さくするのが，遮音をよくするのに必要な基本的条件であるといえよう。

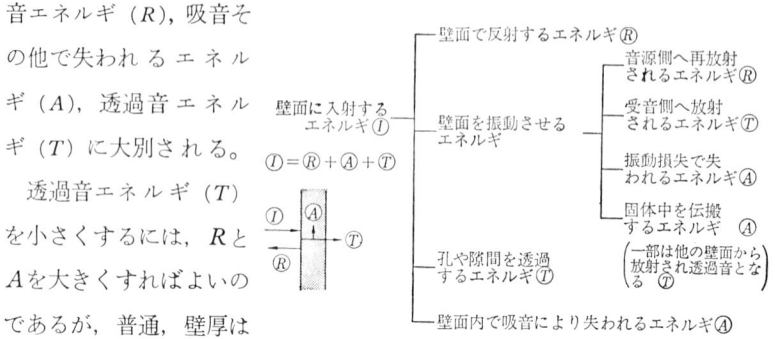

6.1 図　入射音・反射音・透過音の関係

たとえば 20 cm 厚のコンクリート壁 (m=460kg/m²) は，500 Hz で約 50 dB の透過損失を得ることができる。これは τ=0.00001 で，透過音エネルギが入射音エネルギの 1/100,000 となり，入射音エネルギの 99.999% が遮断されることを意味する。一方，ロックウールやグラスウールのような吸音材のみで 20 cm 厚の壁をつくっても，せいぜい70％から90％のエネルギが吸音により失われる程度であり，薄い気密なベニヤ板1枚にも劣る 5～10 dB の透過損失しかえられない。すなわち吸音材は，それのみでは遮音には全く役立たないといってよい。

これは，コンクリートのような遮音材が，それのみでは吸音に役立たないのと同じことで，遮音と吸音は異なるものであることを忘れてはならない。

しかしながら，吸音材を遮音材と組み合わせて用いれば，壁の透過損失を

増すのに効果的な場合が多く，また，遮音材の受音室側に表面仕上げ材として吸音材を用いれば，室内吸音力の増大により，2室間または屋外から室内への実効的な遮音性能を増すことができる。このように，遮音を考える場合にも，吸音材の間接的な効果を無視することはできない。要は両者の機能を混同しないようにすることが肝要であるといえよう。

6.3 総合透過損失

ある壁面が透過損失の異なる部分で構成されているとき，その壁面全体の総合透過損失は次のようにして求められる。

$$\overline{\mathrm{TL}} = 10\log_{10}\frac{1}{\bar{\tau}} = 10\log_{10}\frac{S_w}{\sum_i \tau_i S_i} \quad (\mathrm{dB}) \tag{6.3}$$

ここで $\bar{\tau} = \dfrac{\tau_1 S_1 + \tau_2 S_2 + \tau_3 S_3 + \cdots}{S_1 + S_2 + S_3 + \cdots} = \dfrac{\sum_i \tau_i S_i}{S_w}$

〔例題〕 6.2図のような壁面の総合透過損失を求めよ。

〔解〕

	TL	τ	S	τS
マド	20 dB	0.01	3	0.03
カベ	40 dB	0.0001	27	0.0027
				$\sum \tau S = 0.0327$

6.2 図

$\bar{\tau} = \dfrac{0.0327}{30} = 0.00109$

$\overline{\mathrm{TL}} = 10\log_{10}\dfrac{1}{0.00109} \fallingdotseq \underline{30\ \mathrm{dB}}$

この例題からもわかるように，総合透過損失に影響するのは各部の透過率 τ とその面積 S の積であるから，全体の $\overline{\mathrm{TL}}$ を大きくするには，τS の大きいものから順次改良していくことが必要である。この例題の場合は，マドの τS の方がカベの τS より1桁大きいから，まずマドの TL を大きくするかその面積を小さくする必要がある。マドの TL をこのままにしておいてカベの TL をいくら増しても全く無意味で，総合透過損失は 30 dB 以上にはならない。一般に，二つの部分の透過損失の差が大きいほど，遮音性能の弱い部分の小さな面積により，総合透過損失は大きく低下する。

遮音と遮音構造

6.4　2室間の遮音

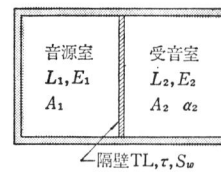

いま 6.3 図のように透過損失 TL（透過率 τ）の隔壁で仕切られた2室があって，両室内は拡散音場であると仮定し，音源室の平均エネルギ密度を E_1 とすれば，毎秒，隔壁に入射するエネルギは $(cE_1 S_w)/4$，透過音のエネルギは $(cE_1 S_w \tau)/4$ となる。また受音室の平均音響エネルギ密度を E_2 とすれば，毎秒，受音室の全壁面に入射するエネルギは $(cE_2 S_2)/4$，室内平均吸音率を $\bar{\alpha}_2$ とすれば吸音されるエネルギは $(cE_2 S_2 \bar{\alpha}_2)/4$ となる。受音室へ透過するエネルギと受音室内で吸音されるエネルギとが釣り合った状態で受音室における定常状態の室内平均音響エネルギ密度 E_2 が定まるから，隔壁以外からの迂回路伝達音を無視すれば，

$$\frac{c}{4} E_1 S_w \tau = \frac{c}{4} E_2 S_2 \bar{\alpha}_2$$

$$\frac{E_1}{E_2} = \frac{S_2 \bar{\alpha}_2}{\tau S_w} \tag{6.4}$$

音源室，受音室の室内平均音圧レベルを L_1(dB)，L_2(dB) とすれば，室間平均音圧レベル差は，

$$L_1 - L_2 = 10 \log_{10} \frac{1}{\tau} + 10 \log_{10} \frac{S_2 \bar{\alpha}_2}{S_w}$$

$$= \text{TL} + 10 \log_{10} \frac{A_2}{S_w} \tag{6.5}$$

ここで　TL：隔壁の透過損失　(dB)
　　　　A_2：受音室の全吸音力　(m²)
　　　　S_w：隔壁の面積　(m²)

となる。

また音源室内の平均音圧レベルは，

$$L_1 = \text{PWL} + 10 \log_{10} \frac{4}{A_1}$$

となるから，音源室の吸音力 A_1 を増して音源側のレベルを下げれば，当然受音室内の音圧レベルはそれだけ低下する。

隔壁の透過損失が 6.2 図のように各部分で異なる場合には，隔壁の総合透

過損失が (6.3) 式で与えられるから，これを (6.5) 式に代入すれば，

$$L_1 - L_2 = 10 \log_{10} \frac{S_w}{\sum \tau_i S_i} + 10 \log_{10} \frac{A_2}{S_w}$$
$$= 10 \log_{10} \frac{A_2}{\sum \tau_i S_i} \quad \text{(dB)} \tag{6.6}$$

となる。

なお，隔壁の各部分の透過損失を TL_j，その部分の面積を S_{wj} とすれば，隔壁各部の透過音による受音室内のレベルは，

$$L_{2j} = L_1 - \left(TL_j + 10 \log_{10} \frac{A_2}{S_{wj}} \right) \quad \text{(dB)} \tag{6.7}$$

となるから，そのエネルギを合成して，

$$L_2 = 10 \log_{10} \left(\sum 10^{\frac{L_{2j}}{10}} \right) \quad \text{(dB)} \tag{6.8}$$

から室内平均音圧レベル L_2 を求めてもよい。

壁構造の透過損失を実験室で測定するには，6.4図のように構造的に絶縁された二つの残響室（測定周波数範囲内でほぼ拡散音場とみなされる実験室）間の開口部（面積約10m², 2.5×4 m程度の寸法比）に試験体を実際の壁構造と同じように取り付け，帯域雑音または震音を用いて1/3オクターブ帯域ごとに音源室，受音室内の平均音圧レベル L_1, L_2 を測定すれば，(6.5) 式から，

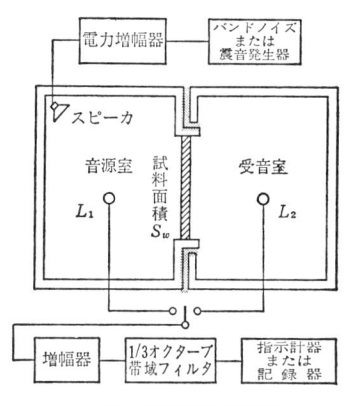

6.4 図　透過損失の測定

$$TL = L_1 - L_2 + 10 \log_{10} \frac{S_w}{A_2} \quad \text{(dB)} \tag{6.9}$$

によって，拡散入射波に対する透過損失を求めることができる。受音室の吸音力は，受音室の残響時間を測定して，

$$A_2 = \frac{55.3}{c} \cdot \frac{V}{T}$$

により計算する。なお，測定方法の詳細は JIS A 1416 に規定されている。

6.5 室内と屋外との間の遮音

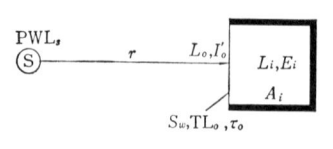

a. 屋外から室内への騒音の伝搬

6.5 図

屋外の騒音源から十分離れたところにある室内への騒音の伝搬を考えると，壁面への入射は平面波となるから，音源に面した壁面外部における音の強さを I_0' とすれば，その壁面（面積 S_w）に毎秒入射するエネルギは，$I_0'S_w$，透過音エネルギは $I_0'S_w\tau_0$ となる。室内においては 6.4 と同様に拡散音場を仮定すれば，毎秒吸音されるエネルギは $(cE_tS_t\bar{\alpha}_t)/4$，透過音エネルギと釣り合うところで室内の音響エネルギ密度 E_t が定まるから，

$$I_0'S_w\tau_0 = \frac{c}{4}E_tS_t\bar{\alpha}_t$$

$$\frac{I_0'}{cE_t} = \frac{S_t\bar{\alpha}_t}{4\tau_0 S_w} \tag{6.10}$$

壁面外部音圧レベルを L_0(dB)，室内平均音圧レベルを L_t(dB) とすれば室内外の音圧レベルの差は，

$$L_0 - L_t = \mathrm{TL}_0 + 10\log_{10}\frac{A_t}{S_w} - 6 \tag{6.11}$$

ここで $A_t = S_t\bar{\alpha}_t$：室内の全吸音力 （m²）
　　　　　　S_w：透過壁面の面積 （m²）

ただし TL_0 はある入射角（6.5 図の場合は垂直入射）に対する透過損失を用いることになる。このように平面波入射の場合は，(6.5) 式のような拡散音が入射する場合に比して室内のレベルは 6 dB 増加するが，垂直入射の透過損失は 6.7 に述べるように拡散入射の値より大きくなるので，実際には入射条件による差はそれほど大きくはない。

外部音圧レベル L_0 は，騒音源の PWL がわかっているときは，

$$L_0 = \mathrm{PWL} + 10\log_{10}\frac{Q}{4\pi r^2} \quad (\mathrm{dB})$$

騒音源から距離 r_1 の点の音圧レベル L_1 がわかっているときは，

$$L_0 = L_1 - 20 \log_{10} \frac{r}{r_1} \quad \text{(dB)}$$

から求められる。すなわち,

$$L_1 - L_t = \mathrm{TL}_0 + 20 \log_{10} \frac{r}{r_1} + 10 \log_{10} \frac{A_t}{4S_w} \quad \text{(dB)} \tag{6.12}$$

また一般に騒音源からの平面波が入射角 θ で入射する場合は,音源方向に対する壁面の実効面積が $S_w \cos\theta$ なので,

$$L_0 - L_t = \mathrm{TL}_\theta + 10 \log_{10} \frac{A_2}{4S_w \cos\theta} \tag{6.13}$$

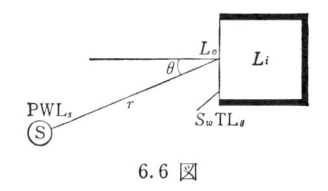

となる(6.6 図)。

6.6 図

建物から比較的近いところに騒音源があって,各壁面への入射音レベルが不均一な場合は,実務的な略算法として,6.7 図のように各壁面の中央に代表点をとり,塀と同様な回折による減衰効果を考えると,各壁面外部の音圧レベルは,

$$L_{oj} = \mathrm{PWL}_s + 10 \log_{10} \frac{Q}{4\pi r_j^2} - \varDelta \mathrm{SPL}_f \tag{6.14}$$

ここで $\varDelta \mathrm{SPL}_f$:塀の回折減衰値 (dB)
4.7 図より求める。

各壁面内近傍の透過音レベルは,各壁面の透過損失を TL_j とすれば,

$$L_{tj} = L_{oj} - \mathrm{TL}_j \tag{6.15}$$

ただし TL_j は安全側のためランダム入射透過損失を用いる。

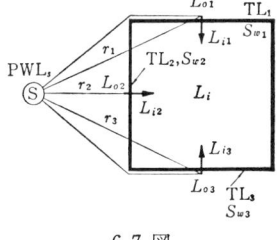

6.7 図

各壁面から室内に入射するパワレベルは,各壁面の面積を S_{wj} として,

$$\mathrm{PWL}_{tj} = L_{tj} + 10 \log_{10} S_{wj} \tag{6.16}$$

全壁面から室内に入射するパワレベルは,各壁面からの入射パワを合成して,

$$\mathrm{PWL}_t = 10 \log_{10} \left(\sum 10^{\frac{\mathrm{PWL}_{tj}}{10}} \right) \tag{6.17}$$

室内を拡散音場とすれば,室内平均音圧レベルは,

遮音と遮音構造

$$L_i = \text{PWL}_i + 10\log_{10}\frac{4}{A_i} \tag{6.18}$$

となる。

一方，騒音があらゆる方向から到達し，外部音場が均一でランダム入射とみなされる場合には（6.5）式と同様に，

$$L_0 - L_i = \text{TL} + 10\log_{10}\frac{A_i}{\sum S_{wj}} \tag{6.19}$$

透過壁面の透過損失が各部分によって異なる場合には，

$$\text{TL} = 10\log_{10}\frac{\sum S_{wj}}{\sum \tau_j S_{wj}}$$

であるから，（6.6）式と同様に，

$$L_0 - L_i = 10\log_{10}\frac{A_i}{\sum \tau_j S_{wj}} \tag{6.20}$$

となる。

b．室内から屋外への騒音の伝搬

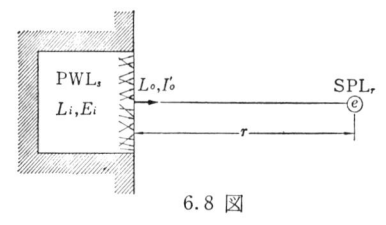

室内に騒音源があって，6.8図のように面積 S_w の外壁から屋外へ騒音が放射されている場合を考えると，室内を拡散音場と仮定すれば，外壁に毎秒入射するエネルギは $(cE_iS_w)/4$，透過音エネルギは $(cE_iS_w\tau)/4$ となり，一方，外壁から毎秒放射されるエネルギは放射音の強さを I_0' とすれば $I_0'S_w$ となるから，

$$I_0'S_w = \frac{c}{4}E_iS_w\tau$$

$$\frac{cE_i}{I_0'} = \frac{4}{\tau} \tag{6.21}$$

6.8 図

室内平均音圧レベルを L_i(dB)，壁面外部近傍音圧レベルを L_0(dB) とすれば，室内外の音圧レベル差は，

$$L_i - L_0 = \text{TL} + 6 \quad (\text{dB}) \tag{6.22}$$

となる。

外壁面から距離 r の点の音圧レベルは，他の壁面からの放射音が無視できるものとして，この壁面からの放射パワレベルを PWL_0 とすれば，

$$\mathrm{SPL}_r = \mathrm{PWL}_0 + \Delta \mathrm{SPL}_r \quad (\mathrm{dB}) \tag{6.23}$$

ここで $\Delta \mathrm{SPL}_r$ は距離減衰量で,

壁面が点音源とみなされる場合は (4.3) 式から, $10 \log_{10} \dfrac{Q}{4\pi r^2}$

壁面が線音源とみなされる場合は (4.7) 式から, $10 \log_{10} \dfrac{Q}{2\pi r \cdot a}$

ただし a は壁面の長さ

壁面が面音源とみなされる場合は (4.13) 式から, $10 \log_{10} \dfrac{Q \cdot U}{4\pi \cdot S_w}$

ただし U は (4.13) 式で表わされ,4.6 図から求める。

また Q は方向係数であるが,一般には半空間放射の場合が多いので,$Q=2$ となる。

壁面からの放射パワーは $(cE_1 S_w \tau)/4$, また $E_1 = (4W_s)/(cA_t)$ であるから,放射パワレベル PWL_0 は,

$$\mathrm{PWL}_0 = \mathrm{PWL}_s + 10 \log_{10} \dfrac{S_w}{A_t} - \mathrm{TL} \tag{6.24}$$

ここで PWL_s:室内にある騒音源のパワレベル (dB)

A_t:室内全吸音力 (m²)

室内平均音圧レベルがわかっているときは $L_t = \mathrm{PWL}_s + 10 \log_{10}(4/A_t)$ を (6.24) 式に代入すれば,

$$\mathrm{PWL}_0 = L_t + 10 \log_{10} S_w - \mathrm{TL} - 6 \quad (\mathrm{dB}) \tag{6.25}$$

壁面外部近傍音圧レベルからは,

$$\mathrm{PWL}_0 = L_0 + 10 \log_{10} S_w \quad (\mathrm{dB}) \tag{6.26}$$

により求めることができる。

すなわち,壁面からの距離 r の点の音圧レベルは,r が壁面の寸法に比して十分大きい場合には,

$$\begin{aligned}
\mathrm{SPL}_r &= \left(\mathrm{PWL}_s + 10 \log_{10} \dfrac{S_w}{A_t} - \mathrm{TL}\right) - 20 \log_{10} r - 8 \\
&= (L_t + 10 \log_{10} S_w - \mathrm{TL} - 6) - 20 \log_{10} r - 8 \\
&= (L_0 + 10 \log_{10} S_w) - 20 \log_{10} r - 8
\end{aligned} \tag{6.27}$$

となる。

比較的小さい建物から十分離れた外部に対しては，6.9図のように室全体を点音源と考えて，各壁面からの放射パワレベルを合成し，建物中心から受音点までの距離 r を用いて距離減衰量を求めることができる。

すなわち，

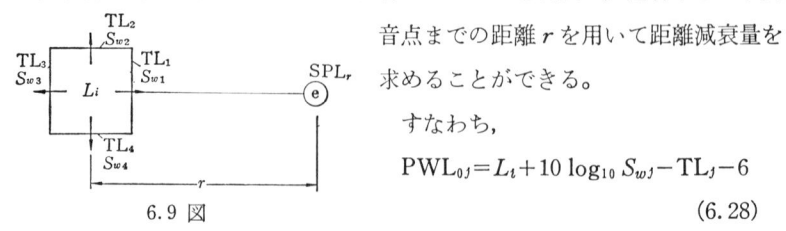

$$\mathrm{PWL}_{0j} = L_t + 10 \log_{10} S_{wj} - \mathrm{TL}_j - 6 \tag{6.28}$$

6.9 図

ここで　L_t：室内平均音圧レベル　(dB)

　PWL_{0j}：各壁面の放射パワレベル　(dB)

　S_{wj}：各壁面の面積　(m²)

　TL_j：各壁面の透過損失　(dB)

$$\mathrm{PWL}_0 = 10 \log_{10} \left(\sum 10^{\frac{\mathrm{PWL}_{0j}}{10}} \right) \tag{6.29}$$

ここで　PWL_0：建物全体からの放射パワレベル

$$\mathrm{SPL}_r = \mathrm{PWL}_0 - 20 \log_{10} r - 8 \tag{6.30}$$

騒音源が室内に偏在し，透過壁面に対する直接音成分を分離して考えた方がよい場合には，騒音源から壁面中心までの距離を r_j とすれば，その壁面（面積 S_{wj}）に入射するパワは，

$$\begin{aligned} W_{tj} &= \frac{QW_s}{4\pi r_j^2} S_{wj} \cos\theta + \frac{c}{4}\left(\frac{4W_s}{cR}\right) S_{wj} \\ &= W_s \left(\frac{Q\cos\theta}{4\pi r_j^2} + \frac{1}{R} \right) S_{wj} \quad (\mathrm{Watt}) \end{aligned} \tag{6.31}$$

ここで　$R = \dfrac{A_t}{1 - \bar{\alpha}_t}$

6.10 図　　W_s：騒音源の出力　(Watt)

　Q：音源の方向係数

したがってその壁面への入射パワレベルは，

$$\mathrm{PWL}_{tj} = \mathrm{PWL}_s + 10 \log_{10}\left(\frac{Q\cos\theta}{4\pi r_j^2} + \frac{1}{R} \right) + 10 \log_{10} S_{wj} \quad (\mathrm{dB}) \tag{6.32}$$

その壁面からのパワレベルは，

$$\mathrm{PWL}_{0j} = \mathrm{PWL}_{tj} - \mathrm{TL}_j \tag{6.33}$$

となる。

6.6 側路伝搬の影響と遮音計画

隣接する2室間の音の伝搬を考える場合に，6.4では隔壁以外からの迂回路伝達音を無視したが，実際には種々の経路について側路伝搬（flanking transmission）の影響をチェックしながら遮音計画をすすめることが必要である。とくに天井裏や室間を連絡するダクト，配管類を通しての音の伝搬，外壁や廊下の窓，扉などを経る側路伝搬には十分に注意しなければならない。また音源室では，その音圧によって，隔壁以外の側壁，天井，床なども振動し，その振動が受音室に伝搬して音を放射するので，隔壁の透過損失が十分に大きく，受音室と音源室が同一構造の側壁を共有しているような場合には，そのような側壁を通しての側路固体伝搬音（6.11図の経路 b）が問題になることもある。

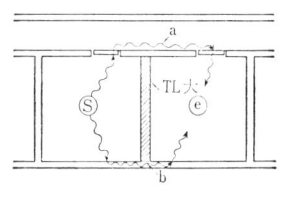

6.11 図　側路伝搬

a．天井裏を通しての側路伝搬

いま6.12図のように天井裏を共有する2室があって，音源室，天井裏空間，受音室に拡散音場を仮定すると，天井裏のエネルギ密度 E_c は (6.4) 式と同様にして，

$$E_c = E_1 \frac{S_{c1} \cdot \tau_{c1}}{S_c \, \bar{\alpha}_c} \tag{6.34}$$

6.12 図　天井裏からの側路伝搬

天井裏からの透過音による受音室のエネルギ密度 E_{c2} は，

$$E_{c2} = E_c \frac{S_{c2} \cdot \tau_{c2}}{S_2 \, \bar{\alpha}_2} \tag{6.35}$$

(6.34) 式を (6.35) 式に代入すれば，

$$E_{c2} = E_1 \frac{S_{c1} \, \tau_{c1} \cdot S_{c2} \, \tau_{c2}}{S_c \, \bar{\alpha}_c \cdot S_2 \, \bar{\alpha}_2} \tag{6.36}$$

ここで　S_{c1}：音源室の天井面積(m²)　　S_{c2}：受音室の天井面積(m²)

τ_{c1}：音源室天井の透過率　　　τ_{c2}：受音室天井の透過率

$S_c\bar{\alpha}_c = A_c$：天井裏空間の吸音力 (m^2)

$S_2\bar{\alpha}_2 = A_2$：受音室の吸音力 (m^2)

したがって，天井裏からの透過音による受音室の音圧レベルは，

$$L_{c2} = L_1 - \left(\mathrm{TL}_{c1} + \mathrm{TL}_{c2} + 10\log_{10}\frac{A_c \cdot A_2}{S_{c1} \cdot S_{c2}}\right) \tag{6.37}$$

一方，隔壁からの透過音による受音室のエネルギ密度と音圧レベルは，

$$E_{w2} = E_1 \frac{\tau_w S_w}{S_2\bar{\alpha}_2} \tag{6.38}$$

$$L_{w2} = L_1 - \left(\mathrm{TL}_w + 10\log_{10}\frac{A_2}{S_w}\right) \tag{6.39}$$

ここで　τ_w，TL_w：隔壁の透過率と透過損失　(dB)

　　　　S_w：隔壁の面積　(m^2)

受音室の音圧レベルは，この両者の音圧レベルを合成したものになる。すなわち，

$$E_2 = E_{c2} + E_{w2}$$

$$L_2 = 10\log_{10}(10^{\frac{L_{c1}}{10}} + 10^{\frac{L_{w2}}{10}}) \quad \text{(dB)} \tag{6.40}$$

このように，間仕切壁を天井下までしか造らない場合は，隔壁からの透過音と天井裏からの透過音がほぼ等しくなり，しかも L_2 が許容値以下になるように隔壁と天井の遮音構造を定めることが必要である。

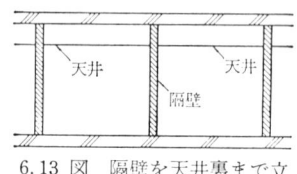

6.13 図　隔壁を天井裏まで立ち上げる

しかしながら実際には，天井を遮音構造にするよりも，6.13図のように隔壁を天井裏のスラブ下端まで立ち上げて，隔壁のみの遮音を考えればよいようにした方が簡単であり，また実用的な場合が多い。とくに共同住宅の界壁の遮音構造は建築基準法施行令で「遮音上有害な空隙のない構造とし，小屋裏または天井裏に達せしめなければならない」ことが規定されており，必ず6.13図のようにすることが必要である。ホテルや旅館の客室が和室の場合には一般に天井の遮音性能が悪いので，客室間仕切壁が天井裏に立ち上っていないと，隣室のみでなく，数室離れた部屋の話し声までが

つつぬけになり，問題をおこしている例が多い。

遮音計画にあたっては，側路伝搬のうち，まず天井裏の遮音に注意すべきであろう。

b．窓からの側路伝搬

隔壁で仕切られた2室の窓または開口部が，6.14図のように屋外に向って並んでいる場合には，音源室内から窓・外部・窓・受音室内という経路の側路伝搬音の影響を検討しなければならない。

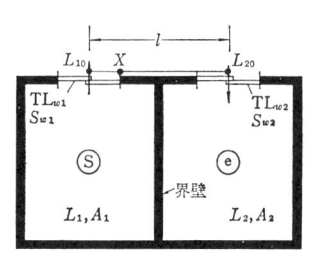

いま両室内に拡散音場を仮定すれば，音源室窓外の音圧レベル L_{10} は，(6.22)式と同様にして，

$$L_{10} = L_1 - \mathrm{TL}_{w1} - 6 \quad (\mathrm{dB}) \tag{6.41}$$

6.14 図

ここで　L_1：音源室内の平均音圧レベル $\left(L_1 = \mathrm{PWL}_s + 10\log_{10}\dfrac{4}{A_1}\right)$

　　　　TL_{w1}：音源室窓の透過損失

受音室窓外の音圧レベル L_{20} は，実務的な略算法として窓中心間の距離を l としたときの距離減衰量と，X点の回折減衰値とから，

$$L_{20} = L_{10} + 10\log_{10} S_{w1} - 20\log_{10} l - 8 - \varDelta \mathrm{SPL}_f \tag{6.42}$$

ここで　S_{w1}：音源室窓の面積

　　　　$\varDelta \mathrm{SPL}_f$：回折減衰値(4.7図)。窓枠などの出っぱりがない場合（経路差 $\delta=0$）も

　　　　$\varDelta \mathrm{SPL}_f = 5\mathrm{dB}$ とする。

ただし窓の前方には反射壁がないものとする。

窓からの側路伝搬音に対する受音室内の平均音圧レベル L_2' は（6.11）式と同様にして，

$$L_2' = L_{20} + 10\log_{10} S_{w2} - \mathrm{TL}_{w2} + 10\log_{10}\dfrac{4}{A_2} \tag{6.43}$$

となる。

したがって，この場合の室間音圧レベル差は，

$$L_1 - L_2' = \mathrm{TL}_{w1} + \mathrm{TL}_{w2} + 10 \log_{10} \frac{A_2}{S_{w1} \cdot S_{w2}} + 20 \log_{10} l + 8 + \Delta \mathrm{SPL}_f$$

(6.44)

受音室内の音圧レベルは，この迂回路伝達音のレベルと，隣壁からの透過音のレベルを合成することによって求められる。

集合住宅などでは隣戸間界壁の透過損失を十分に大きくとることが必要であるが，その際 (6.44) 式によって求められる窓からの側路伝搬音が，界壁からの透過音に比して小さくなるように，窓の遮音性能や隣戸との窓間隔を検討しなければならない。

6.7 隙間の影響

6.3 で述べたように，一壁面に透過損失の異なる部分がある場合の総合透過損失は，透過率と面積の積 τS が大きい部分の影響を最も大きく受けるから，透過損失が 0 dB（透過率 τ が 1）とみなされる開口や隙間，貫通孔などがあると，面積が小さくても遮音性能は著しく悪化する。

壁面がたとえば隙間（TL_2, τ_2, 面積 S_2）とそれ以外の部分（TL_1, τ_1, 面積 S_1）とから成っているとすれば，総合透過損失は，

$$\overline{\mathrm{TL}} = 10 \log_{10} \frac{S_1 + S_2}{\tau_1 S_1 + \tau_2 S_2}$$

$$= \mathrm{TL}_1 + 10 \log_{10} \frac{1 + \dfrac{S_2}{S_1}}{1 + \dfrac{\tau_2 S_2}{\tau_1 S_1}}$$

$$\mathrm{TL}_1 - \overline{\mathrm{TL}} = 10 \log_{10} \frac{1 + \dfrac{\tau_2 S_2}{\tau_1 S_1}}{1 + \dfrac{S_2}{S_1}} \quad (6.45)$$

隙間による透過損失の低下（$\mathrm{TL}_1 - \overline{\mathrm{TL}}$）を 1 dB 以内に抑えるには，

$$\frac{1 + \dfrac{\tau_2}{\tau_1}\left(\dfrac{S_2}{S_1}\right)}{1 + \left(\dfrac{S_2}{S_1}\right)} < 1.25$$

隙間の面積率は，

$$\left(\frac{S_2}{S_1}\right) < \frac{0.25}{\left(\frac{\tau_2}{\tau_1}\right) - 1.25} \tag{6.46}$$

ただし $\tau_2/\tau_1 > 1.25$ ($TL_1 - TL_2 > 1$)

$TL_1 - \overline{TL} < 5$ dB とするには,

$$\left(\frac{S_2}{S_1}\right) < \frac{2.2}{\left(\frac{\tau_2}{\tau_1}\right) - 3.2} \tag{6.47}$$

ただし $\tau_2/\tau_1 > 3.2$ ($TL_1 - TL_2 > 5$)

となる。

いま隙間の透過率 τ_2 を 1 ($TL_2 = 0$ dB) として, ある総合透過損失値をうるために, 面積 2 m² の窓サッシまたは扉の周囲 (周長 6 m) に許容しうる隙間面積率または隙間幅の目安を求めてみると 6.1 表のようになる。すなわち $TL_1 = 35$ dB の材料を用いた建具の総合透過損失 $\overline{TL}$ を 30 dB にするための隙間面積率は 0.0007, 建具周囲の隙間の許容幅は 0.2 mm である。

6.1 表 窓サッシまたは扉の周囲に許容しうる隙間幅の目安 (建具面積 $S_2 = 2m^2$)

建具のみの TL_1	建具と隙間の総合 TL	隙間面積率 (S_2/S_1) の目安	建具4周の許容隙間幅の目安	適 用 例
45 dB	40 dB	0.00007	0.02 mm	圧密閉鎖型
40	35	0.0002	0.07	防 音 扉
30	29	0.00025	0.08	圧密閉鎖型
35	30	0.0007	0.2	エアタイト片引きサッシ
30	25	0.002	0.7	簡易隙間処理型
25	20	0.007	2.0	引違いまたは上げ下げサッシ

なお実際には, このような隙間の場合, 隙間幅 (または貫通孔の径), 壁厚, 波長の関係で決まる共鳴透過により, 共鳴周波数では $\tau > 1$ となるから, $\tau = 1$ として求めた 6.1 表の許容隙間幅は一般に危険側であり, 小さい隙間や貫通孔は実際の面積以上に作用すると考えなければならない。したがって, 乾式の壁構造の目地や窓, 扉の隙間は, 所要透過損失が大きくなるほど, 十分気密になるように注意して設計, 施工することが必要である。とく

にサッシや扉で 30 dB 以上の TL をうるには，建具を枠に引きつける機構の締金具を用いて，接触部に取り付けたゴム等の気密材料を押しつけ，隙間を圧密して閉鎖できるようにしなければならない。また高層ホテルの客室間仕切壁のように構造的に縁を切る必要から隙間のさけられない場合には，吸音材を十分に充填し，表面をコーキング材でふさぐなどの処置により透過損失の低下を防がなければならない。

Gomperts によれば[1),2)]，厚さ l の壁に半径 a の円孔または幅 b のスリット状の隙間がある場合，これらの隙間に平面正弦波が入射したときの音響エネルギ透過率は，円孔については，

$$\tau_a = \frac{mK^2\cos^2 Ke}{n^2\left\{\dfrac{\sin^2 K(L+2e)}{\cos^2 Ke} + \dfrac{2K^4}{n^2}[1+\cos K(L+2e)\cos KL]\right\}} \quad (6.48)$$

ここで垂直入射のときは $m=8$, $n=2$

ランダム入射のときは $m=16$, 孔の位置によって $n=2$ (壁中央)

$\qquad\qquad\qquad\qquad n=1$ (壁端部), $n=1/2$ (壁隅部)

$$K = ka = \frac{2\pi}{\lambda}a, \quad L = \frac{l}{a}, \quad e = \frac{\delta}{a}$$

δ は円孔の端部補正値で 6.15 図による。

スリットについては，

$$\tau_b = \frac{mK\cos^2 Ke}{2n^2\left\{\dfrac{\sin^2 K(L+2e)}{\cos^2 Ke} + \dfrac{K^2}{2n^2}[1+\cos K(L+2e)\cos KL]\right\}} \quad (6.49)$$

ここで垂直入射のときは $m=4$, $n=1$

ランダム入射のときは $m=8$, $n=1$ (スリットが壁中央)

$\qquad\qquad\qquad\qquad n=1/2$ (スリットが壁端部)

$$K = kb = \frac{2\pi}{\lambda}b, \quad L = \frac{l}{b}, \quad e = \frac{\delta}{b}$$

δ はスリットの端部補正値で，$\delta = \dfrac{1}{\pi}\left(\log_e \dfrac{8}{K} - \gamma\right)$

---

1) Gomperts, M.C. : The Sound Insulation of Circular and Slit-shaped Apertures (Acustica 14, 1964, p.1〜16)
2) Gomperts, M.C. and Kihlman, T. : The Sound Transmission Loss of Circular and Slit-shaped Apertures in Walls (Acustica 18, 1967, p.144〜150)

$\gamma=0.57722$……オイラー常数

で表わされる．ただしこれらの式は $K<1.5$ の場合に適用できる．$K>1.5$ のときは $\tau=1$ (TL＝0 dB) とみなしてよい．

共鳴透過は $l+2\delta=n\lambda/2$ ($n=1,2,3$……) の周波数で生じ，共鳴時の最大透過率は円孔では，

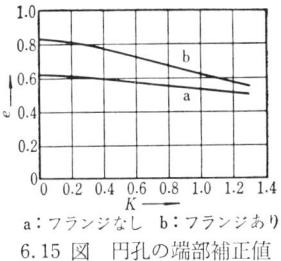

$\tau_{a\max}=\dfrac{m}{4(ka)^2}$，スリットでは $\tau_{b\max}=\dfrac{m}{2kb}$ となる．

a：フランジなし　b：フランジあり
6.15 図　円孔の端部補正値

110 mm 厚レンガ壁の中央にスリット状の隙間がある場合の総合透過損失の実測値と (6.49) 式を用いた計算値とを比較して 6.16 図に示す．測定が1/2オクターブ帯域で行なわれているため，測定値に凹凸は表われないが，スリットの TL を 0 dB とみなした総合透過損失値よりも (6.49) 式による

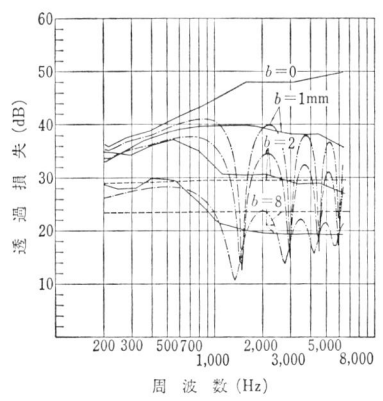

―――― 1/2オクターブバンドに対する実測値
-・- (6.49) 式による純音に対する計算値
…… スリットの TL を 0 dB としたときの計算値

6.16 図　1.9×1.9 m のレンガ壁 (110 mm 厚)の中央に 1.9 m長のスリットがある場合の総合透過損失
(Gomperts)

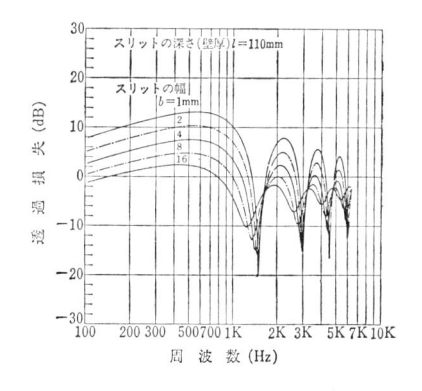

6.17 図　スリット状の隙間の透過損失

理論計算値の方が実測値とよく一致していることがわかる．なおこの場合スリット幅 8 mm では，共鳴透過の生ずる 1,000 Hz 以上の周波数域において，明らかに $\tau>1$ となっている．

遮音と遮音構造　93

また (6.49) 式を用いて，この場合のスリット状の隙間のみの透過損失 $10\log_{10}(1/\tau_b)$ を計算すると 6.17 図のようになる。

壁厚が非常に薄い場合 ($l \ll \lambda$) には，(6.48) 式，(6.49) 式は，円孔については，

$$\tau_a = \frac{m}{n^2(L+2e)^2} = \frac{ma^2}{n^2(l+2\delta)^2} \tag{6.50}$$

スリットについては，

$$\tau_b = \frac{m}{2n^2 K(L+2e)^2} = \frac{mb}{2n^2 k(l+2\delta)^2} \tag{6.51}$$

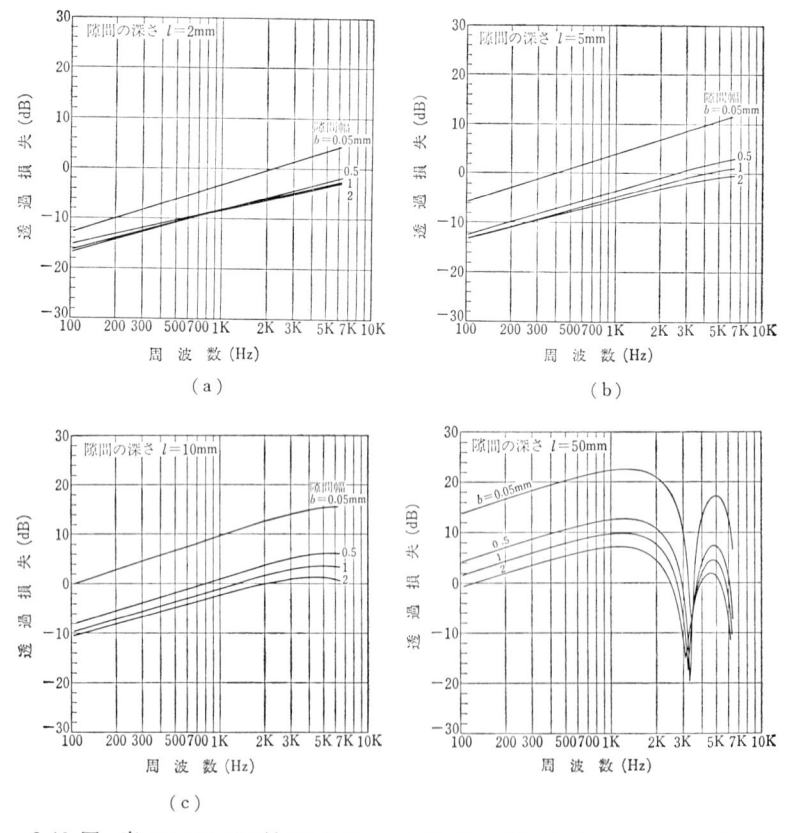

(a)

(b)

(c)

6.18 図　窓ガラスなどに対するスリット状の隙間の透過損失

6.19 図　扉などに対するスリット状の隙間の透過損失

となる。

すなわち,壁厚 l が小さいと共鳴周波数は高音域に移動し,問題となる周波数域に共鳴透過は生じなくなるが, l が小さいほど l^2 に反比例して透過率 τ は大きくなり,スリットの場合には低音域にいくほど透過損失は低下する。たとえば窓ガラスのように, $l=2,\ 5,\ 10\ \mathrm{mm}$ 厚の場合について,スリット状の隙間(幅 $b=0.05,\ 0.5,\ 1,\ 2\ \mathrm{mm}$)の透過損失を計算してみると,6.18 図に示すように,低音域から中高音域に至るまで,ほとんどの周波数域で負の値($\tau>1$)となり,実際の面積以上の開口とみなさねばならないことがわかる。また扉のように $l=50\ \mathrm{mm}$ の場合の計算結果を 6.19 図に示した。Gomperts は,このような薄壁の領域でも震音による実測値とこれらの計算値がよく一致することを示している。

6.8 質量則

面積が十分に広い均質な薄い壁に正弦平面進行波が入射するとき,入射音,反射音,透過音の音圧をそれぞれ $p_i,\ p_r,\ p_t$ とすれば,壁はその両側の音圧の差 $p_i+p_r-p_t$ によって振動し,その周波数は音波の周波数に等しい(6.20 図)。

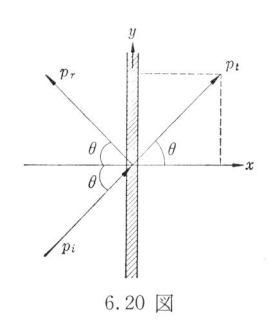

6.20 図

壁の運動方程式は,壁が一様にピストン運動をすると仮定して壁の内部摩擦その他の損失を無視し,壁の単位面積当りの質量を m とすれば,

$$p_i+p_r-p_t = m\frac{du_0}{dt} \tag{6.52}$$

ここで u_0 は壁の x 方向の速度成分である。

次に壁の両面において, x 方向の空気の粒子速度は連続で,ともに u_0 に等しいと考えられ,また入射波と反射波の粒子速度は逆方向なので,

$$u_i\cos\theta - u_r\cos\theta = u_t\cos\theta = u_0 \tag{6.53}$$

平面進行波については (1.17) 式によって $p=\rho c u$ であるから,

$$p_i\cos\theta - p_r\cos\theta = p_t\cos\theta = \rho c u_0 \tag{6.54}$$

正弦波音場では $du/dt = j\omega u$ となるから (6.54) 式を (6.52) 式に代入すれば,

$$2p_i - 2p_t = j\omega m u_0$$

$$\frac{p_i}{p_t} = 1 + \frac{j\omega m u_0}{2p_t} = 1 + \frac{j\omega m \cos\theta}{2\rho c} \tag{6.55}$$

したがって透過損失は,

$$\mathrm{TL}_\theta = 10\,\log_{10}\frac{1}{\tau_\theta} = 10\,\log_{10}\left|\frac{p_i}{p_t}\right|^2$$

$$= 10\,\log_{10}\left|1 + \frac{j\omega m \cos\theta}{2\rho c}\right|^2$$

$$= 10\,\log_{10}\left\{1 + \left(\frac{\omega m \cos\theta}{2\rho c}\right)^2\right\} \tag{6.56}$$

垂直入射の場合には $\theta = 0$ とおけば,

$$\mathrm{TL}_0 = 10\,\log_{10}\left\{1 + \left(\frac{\omega m}{2\rho c}\right)^2\right\} \tag{6.57}$$

実用的には $(\omega m)^2 \gg (2\rho c)^2$ であるから,

$$\mathrm{TL}_0 \fallingdotseq 10\,\log_{10}\left(\frac{\omega m}{2\rho c}\right)^2$$

$$= 20\,\log_{10} f \cdot m - 42.5 \quad (\mathrm{dB}) \tag{6.58}$$

となって透過損失は入射音の周波数 f(Hz) と材料の面密度 m(kg/m²) の対数に比例し,f または m を2倍にするごとに TL_0 は6dBずつ増加する。これを垂直入射波に対する質量則 (mass law) と呼び,気密な単一材の遮音特性を表わす基本的な性質として知られている。

拡散入射波に対する透過率は,入射角 θ が0°〜90°の範囲について入射音エネルギと透過音エネルギを積分すれば,

$$\bar{\tau} = \frac{\int_0^{\pi/2} \tau_\theta \cos\theta\,\sin\theta\,d\theta}{\int_0^{\pi/2} \cos\theta\,\sin\theta\,d\theta} = 2\int_0^{\pi/2}\tau_\theta \cos\theta\,\sin\theta\,d\theta \tag{6.59}$$

(6.56) 式から,

$$\bar{\tau} = 2\int_0^{\pi/2}\frac{\cos\theta\,\sin\theta}{1+\left(\dfrac{\omega m \cos\theta}{2\rho c}\right)^2}d\theta$$

$$= \left(\frac{2\rho c}{\omega m}\right)^2\left[\log_e\left\{1+\left(\frac{\omega m}{2\rho c}\right)^2\right\}\right] \tag{6.60}$$

したがって,

$$TL = 10 \log_{10}\left(\frac{\omega m}{2\rho c}\right)^2 - 10 \log_{10}\left[\log_e\left\{1+\left(\frac{\omega m}{2\rho c}\right)^2\right\}\right] \qquad (6.61)$$

実用上 $(\omega m)^2 \gg (2\rho c)^2$ とすれば,

$$TL \fallingdotseq TL_0 - 10 \log_{10}(0.23\, TL_0) \qquad (6.62)$$

(6.61)式を拡散入射波に対する質量則という。材料の面密度と拡散入射質量則による透過損失との関係を6.21図に示す。たとえば $\rho = 2.3 \times 10^3$ (kg/m³) のコンクリートの 500 Hz における透過損失は, 10 cm 厚 ($m = 230$ kg/m²) で約 47 dB, 15 cm 厚 (m = 345 kg/m²) で約 50 dB, 20 cm 厚 ($m = 460$ kg/m²) で約 53 dB となる。

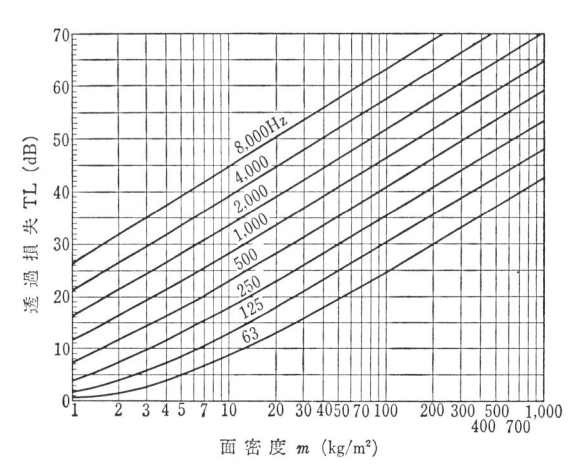

6.21 図　ランダム入射質量則

Beranek は, 実際の建物内の音場では, 通常, 入射角は 80° 以下であるとして, (6.59) 式の $\bar{\tau}$ を $\theta = 0 \sim 78°$ の範囲について計算して近似した(6.63)式を音場入射質量則 (field incidence mass law) と呼んでいる[3]

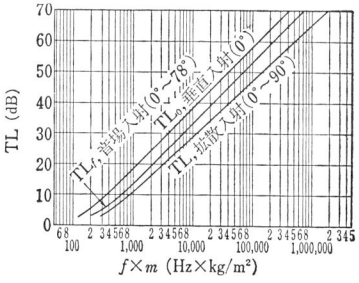

$$TL_f = TL_0 - 5 \quad (dB) \qquad (6.63)$$

6.22 図　垂直入射, 音場入射, 拡散入射質量則の比較

垂直入射 ($\theta = 0°$), 拡散入射 ($\theta = 0° \sim 90$), 音場入射 ($\theta = 0° \sim 78°$ と仮定)の質量則を比較して 6.22 図に示す。

---

[3] Beranek, L. L. : Noise Reduction, Chap. 13 (Mc Graw-Hill, 1960, p. 297~298)

6.9 コインシデンス効果

質量則は気密な単一壁の遮音性能の目安をつけるのに有効であるが，実際には質量のみでなく，壁の剛性や内部抵抗を考慮しなければならない。

いま 6.23 図のように，壁面に波長 λ の平面波が入射角 θ で入射すると，壁面上には音圧の強弱により強制屈曲振動が生じ，その波長は $\lambda/\sin\theta$ となる。一方，壁が自

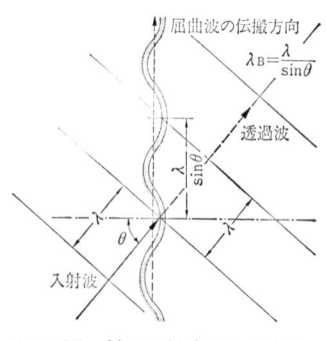

6.23 図　斜め入射波による強制屈曲振動

由屈曲振動をする場合の屈曲波（bending wave）の波長を λ_B とすれば，$\lambda < \lambda_B$ の周波数域では，ある入射角 θ_0 において壁に投影された入射音波の波長（強制屈曲振動の波長）$\lambda/\sin\theta_0$ が λ_B に等しくなり，そのような周波数では，壁は容易に振動して，壁の透過損失は著しく低下する。このような現象をコインシデンス効果（coincidence effect）という。すなわち，コインシデンス効果は，

$$\left.\begin{array}{l} \lambda_B = \dfrac{\lambda}{\sin\theta} \\[1em] \text{または，} \\[1em] c_B = \dfrac{c}{\sin\theta} \end{array}\right\} \tag{6.64}$$

ここで　c_B：平板の屈曲波の伝搬速度　(m/s)
　　　　c：空気中の音速　(m/s)
　　　　θ：平面音波の入射角

となる周波数または入射角において生ずる。

平板の屈曲波の伝搬速度は，曲げ波に対する棒の運動方程式の解から導かれ[4]，

$$c_B = \left(\dfrac{B\omega^2}{m}\right)^{1/4} \quad \text{(m/s)} \tag{6.65}$$

ここで　B：平板の単位面積当りの曲げ剛性　(N·m)
　　　　m：平板の単位面積当りの質量　(kg/m²)

---

[4]　Morse, P.M. : Vibration and Sound (McGraw-Hill, 1948, p.154)

となる。すなわち，横波の伝搬速度は周波数によって異なり，周波数の平方根に比例して増大する。

(6.64) 式と (6.65) 式から，コインシデンスの生ずる周波数は，

$$f = \frac{c^2}{2\pi}\sqrt{\frac{m}{B}} \cdot \frac{1}{\sin^2\theta} \quad \text{(Hz)} \tag{6.66}$$

また，厚さt，ヤング率Eの平板の単位面積当りの曲げ剛性 (flexural stiffness) は，

$$B = \frac{Et^3}{12(1-\sigma^2)} \tag{6.67}$$

ここで σ：ポワソン比

となるから，$m = \rho t$ とおけば (6.66) 式は，

$$f = \frac{c^2}{2\pi t}\sqrt{\frac{12\rho(1-\sigma^2)}{E}} \cdot \frac{1}{\sin^2\theta} \tag{6.68}$$

その最低周波数は $\theta = \pi/2$ のとき，

$$f_c = \frac{c^2}{2\pi t}\sqrt{\frac{12\rho(1-\sigma^2)}{E}} \fallingdotseq \frac{c^2}{2\pi t}\sqrt{\frac{12\rho}{E}} \quad \text{(Hz)} \tag{6.69}$$

ここで t：壁厚 (m)

E：壁のヤング率 (N/m²)

ρ：壁の密度 (kg/m³)

6.2 表　材料の物性表

材料	密度 ρ (kg/m³)	ヤング率 E (N/m²)	ポアソン比 σ	音速 c_L (m/s)	損失係数 η(20°C) (1 kHz)
鋼	7.8×10^3	21×10^{10}	0.28	5405	$<10^{-4}$
アルミ	2.7×10^3	7×10^{10}	0.34	5414	$<10^{-4}$
鉛	11.4×10^3	1.6×10^{10}	0.44	1319	0.015
ガラス	2.5×10^3	7×10^{10}	0.22	5424	0.002
コンクリート	2.3×10^3	2.1×10^{10}	0	3022	0.005
軽量コンクリート	1.5×10^3	0.5×10^{10}	0	1826	——
発泡コンクリート	0.6×10^3	0.16×10^{10}	0	1633	——
石こうボード	0.8×10^3	0.18×10^{10}	0	1500	——
特殊石こうボード	1.1×10^3	0.2×10^{10}	0	1348	——
フレキシブル板	1.9×10^3	1.5×10^{10}	0	2810	——
ハードボード	0.6×10^3	0.4×10^{10}	0	2582	——
合板	0.6×10^3	0.5×10^{10}	0	2887	——
コルク	0.25×10^3	6×10^7	0	490	——
硬質塩ビ	1.4×10^3	0.35×10^{10}	0.28	1647	0.012
ゴム (硬度50)	1.11×10^3	0.46×10^7	0	64	0.1

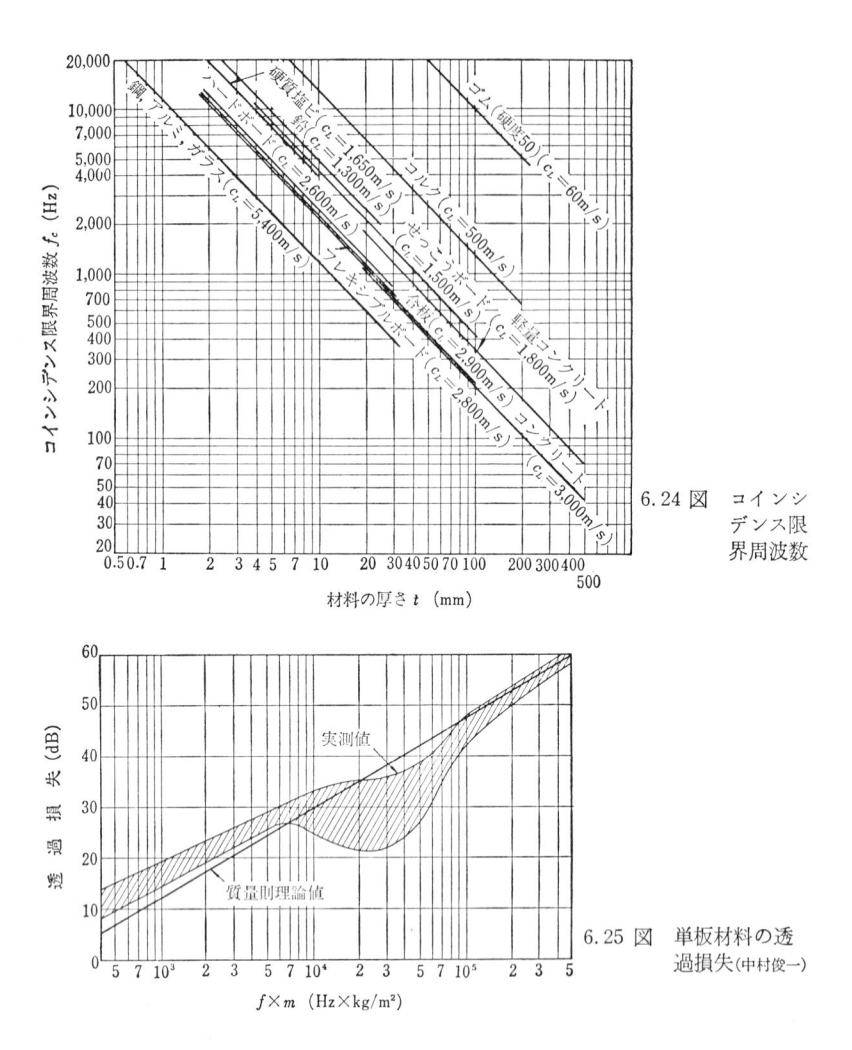

6.24 図 コインシデンス限界周波数

6.25 図 単板材料の透過損失(中村俊一)

となる。この f_c をコインシデンスの限界周波数 (critical frequency) という。また、固体中の縦波伝搬速度は (1.15b) 式で表わされるから、

$$f_c = \frac{0.55\, c^2}{t \cdot c_L} \quad \text{(Hz)} \tag{6.70}$$

ここで $c_L = \sqrt{\dfrac{E}{\rho}}$ 固体中の音速 (m/s)

各材料の厚さとコインシデンス限界周波数の関係を 6.24 図に、各材料の

物性表を6.2表に示す。

6.25図は,各種単板材料の透過損失の実測値を面密度×周波数で整理し拡散入射質量則の計算値と比較したもので,コインシデンス効果によって,透過損失がどの程度,質量則理論値より低下するかを幅で示している[5]。また6.26図は,3〜10 mm厚ガラス(はめころし)の透過損失の実測値であるが,コインシデンスの限界周波数 f_c で質量則からの低下が最大となっていることがわかる[6]。

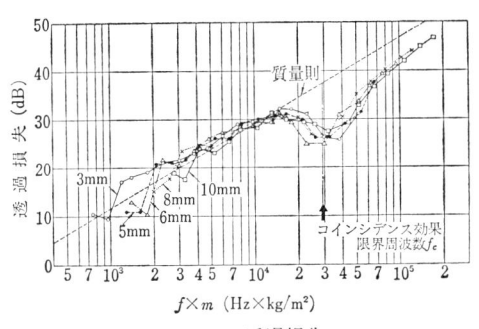

6.26図 ガラスの透過損失 (久我新一)

6.27図は,気泡コンクリート100mm厚 ($\rho = 0.55 \times 10^3$ kg/m³,$m = 55$ kg/m²)の透過損失の実測例で,コインシデンス限界周波数が中音域にくるため,500 Hz付近の透過損失が30 dB程度しか得られないことを示している。この気泡コンクリートの両面にモルタル15 mm厚ずつを塗ると,面密度が約120 kg/m²に増す効果よりも,モルタルで固めることによる曲げ剛性の増加によってコインシデンス限界周波数が低音域に移動する効果が大きく,中音域の透過損失が10 dB前後も増大している。なお同図には比較のためコンク

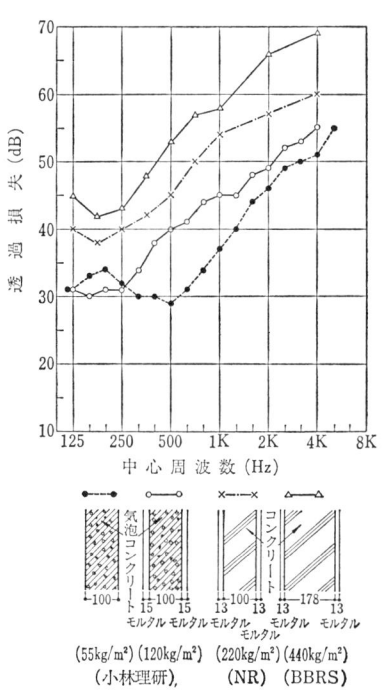

6.27図 気泡コンクリートとコンクリートの透過損失

---

5) 中村俊一:間仕切用パネルの透過損失 (小林理研報告 13, No.4, 昭38, p.155〜167)
6) 久我新一:ガラスおよびガラス窓の遮音性 (日本建築学会論文報告集96号, 昭39年3月, p.36〜45)

遮音と遮音構造　　101

リートの透過損失の実測例を示した。

質量，曲げ剛性のほかに，材料の内部抵抗による減衰を考慮した理論式によって音場入射透過損失を計算した結果を 6.28 図に示す[7]。この理論計算値が示すように，材料のダンピング量を表わす損失係数（damping factor または loss factor）が大きいほど，コインシデンス効果による TL の低下は少ない。

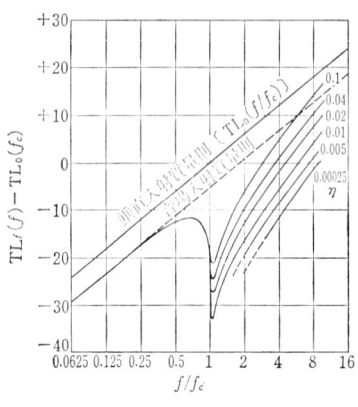

縦軸は音場入射 TL_f の計算値とコインシデンス限界周波数における垂直入射 TL_0 との差

6.28 図　材料の質量，曲げ剛性，損失係数を考慮した音場入射透過損失の計算値

なお損失係数 η は，材料に加わる音圧 p と材料の伸縮変形量 ε との位相のずれを ϕ としたとき，

$$E' = \frac{p}{\varepsilon} = \frac{p \cdot e^{j\omega t}}{\varepsilon_0 \cdot e^{j(\omega t - \phi)}} = \frac{p}{\varepsilon_0} e^{j\phi}$$

$$= \frac{p}{\varepsilon_0}(\cos\phi - j\sin\phi)$$

$$= E(1 + j\eta) \tag{6.71}$$

ここで　$E = p\cos\phi/\varepsilon_0$

$\eta = \tan\phi$

(6.71) 式の E' を複素ヤング率，η を損失係数という。

また単板の質量，曲げ剛性，内部抵抗を考慮した場合の透過率を求める理論式は，単一壁に平面音波が入射角 θ で入射したときの単板の単位面積音響インピーダンスが，

$$Z_r = \eta\frac{B\omega^3\sin^4\theta}{c^4} + j\left(\omega m - \frac{B\omega^3\sin^4\theta}{c^4}\right) \tag{6.72}$$

で表わされる[8]ことから導かれる。(6.72) 式の第 1 項はインピーダンスの実数部分で内部摩擦等による抵抗を表わし，板の損失係数 η のほかに，曲げ剛性，周波数，入射角の影響を受ける。第 2 項は単板の質量 m によって決

---

[7] Vér, I. L. and Holmer, C. I. : Interaction of Sound Waves with Solid Structures (Noise and Vibration Control, McGraw-Hill, chap. 11, p.286)

[8] Beranek, L. L. : Noise Reduction, Chap. 13 (Mc Graw Hill, 1960, p.298)

まる慣性抵抗で、マスリアクタンス（mass reactance）と呼ばれ、質量は電気系のインダクタンス L に対応する。第3項は板の曲げ剛性 B の影響を表わし、周波数と入射角に関係する。この項はスチフネスリアクタンス（stiffness reactance）と呼ばれ、スチフネスは電気系のキャパシタンス C の逆数に対応する。すなわち、単一壁の単位面積インピーダンスを等価回路で表わすと6.29図のようになる（電気系、機械系、音響系の対応については8.6を参照すること）。

また、壁に平面波が入射する場合の等価回路は、(6.54)式から壁の両側の空気の単位面積インピーダンスが $\rho c/\cos\theta$ となるから、6.30図のように表わされる。

$R(\omega,\theta) = (\eta B\omega^3 \sin^4\theta)/C^4$
$C(\omega,\theta) = C^4/(B\omega^4 \sin^4\theta)$

6.29 図　単一壁の等価回路

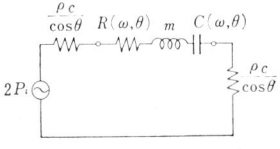

なお壁の剛性を無視すれば、(6.72)式は、

$$Z_r = j\omega m$$

となり、6.8で述べた質量則が導かれる。

6.30 図　単一壁に平面波が入射する場合の等価回路

ここでは (6.55) 式の $j\omega m$ の代わりに Z_r とおけば、

$$\frac{p_i}{p_t} = 1 + \frac{Z_r \cos\theta}{2\rho c}$$

$$\frac{1}{\tau_\theta} = \left|\frac{p_i}{p_t}\right|^2 = \left|1 + \frac{Z_r \cos\theta}{2\rho c}\right|^2 \tag{6.73}$$

(6.66) 式からコインシデンスの限界周波数が、

$$f_c = \frac{c^2}{2\pi}\sqrt{\frac{m}{B}}$$

で表わされることを用いて (6.72) 式を変形すると、

$$Z_r = \eta\omega m\left(\frac{f}{f_c}\right)^2 \sin^4\theta + j\omega m\left[1 - \left(\frac{f}{f_c}\right)^2 \sin^4\theta\right] \tag{6.74}$$

(6.74) 式を (6.73) 式に代入して、

$$\frac{1}{\tau_\theta} = \left[1 + \eta\frac{\omega m}{2\rho c}\cos\theta\left(\frac{f}{f_c}\right)^2 \sin^4\theta\right]^2 + \left[\frac{\omega m}{2\rho c}\cos\theta\left\{1-\left(\frac{f}{f_c}\right)^2 \sin^4\theta\right\}\right]^2 \tag{6.75}$$

となる。6.28図の音場入射透過損失は、この (6.75) 式と (6.59) 式を用いて $\theta = 0 \sim 78°$ の範囲について積分し、求められたものである。

(6.75) 式で $\theta=0$ とおけば，(6.75) 式は (6.57) 式と全く同じ形になる。すなわちこの理論によれば，平面波が垂直に入射した場合には屈曲波，したがってコインシデンスは生じない。なおこの理論では，質量則と同様に寸法の大きな単一壁を仮定し，壁端部の取付け条件の影響，板の共鳴等は無視している。

6.10 二重壁の遮音

壁の遮音性能は，質量則で示されるように基本的には質量を増すことによって改善されるが，壁の質量を2倍にしても透過損失は 5～6 dB しか大きくならないから，実際の遮音構造として単一壁のみを考えるのは適切ではない。一般に板状材料を用いた乾式壁構造は，間に空気層をはさんだ二重壁とすることが多いが，そのような複合壁を利用することによって質量に見合った値以上の透過損失をうることが可能になる。

理想的には2層の壁面が完全に独立していれば，透過損失は各壁面の透過損失の和になるが，実際の二重壁構造では，両壁面は間の空気層によって音響的に結合され，さらに共通の間柱，枠，床版等によって構造的にも結合されているので，二重壁の透過損失を理想的な状態に近づけるためには，このような両面の結合をできるだけ弱めるような手段を講じなければならない。二重壁の両面の結合のうち，まず空気による弾性的結合を弱めるには，両面の間隔をできるだけ大きくすることが必要である。

いま十分に面積の広い均質な2枚の薄い壁が6.31図のように空気層厚 d をはさんで平行に置かれていて，壁1に正弦平面進行波が垂直に入射する場合を考えると，両壁面間の中空層には，入射方向の音波と，壁2からの反射音波が存在するので，壁1に対しては，その両側の音圧の差と粒子速度の連続条件を考慮すれば，

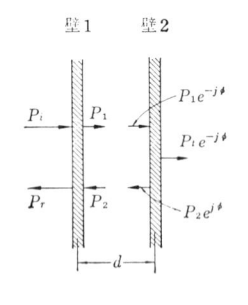

6.31 図　二重壁

$$(p_i+p_r)-(p_1+p_2)=Z_1\frac{(p_i-p_r)}{\rho c} \tag{6.76}$$

$$\frac{p_t - p_r}{\rho c} = \frac{p_1 - p_2}{\rho c} \tag{6.77}$$

壁2に対しては，距離dによる音波の位相差が，

$$\phi = \omega \frac{d}{c} = kd$$

となるから，

$$(p_1 e^{-jkd} + p_2 e^{jkd}) - p_t e^{-jkd} = Z_2 \frac{p_t e^{-jkd}}{\rho c} \tag{6.78}$$

$$\frac{p_1 e^{-jkd} - p_2 e^{jkd}}{\rho c} = \frac{p_t e^{-jkd}}{\rho c} \tag{6.79}$$

ここで Z_1, Z_2 は，壁1，2の単位面積音響インピーダンスである。

(6.76), (6.77) 式から，

$$2p_i - 2p_1 = \frac{Z_1(p_1 - p_2)}{\rho c}$$

$$p_i = \frac{Z_1(p_1 - p_2)}{2\rho c} + p_1 \tag{6.80}$$

(6.78), (6.79) 式から，

$$2p_1 - 2p_t = \frac{Z_2 p_t}{\rho c}$$

$$p_1 = p_t \left(1 + \frac{Z_2}{2\rho c}\right) \tag{6.81}$$

(6.79), (6.81) 式から，

$$p_2 = (p_1 - p_t) e^{-2jkd} = \frac{Z_2}{2\rho c} p_t e^{-2jkd} \tag{6.82}$$

(6.81), (6.82) 式を (6.80) 式に代入して整理すれば，

$$\frac{p_i}{p_t} = \left(1 + \frac{Z_1}{2\rho c}\right)\left(1 + \frac{Z_2}{2\rho c}\right) - \frac{Z_1 Z_2}{(2\rho c)^2} e^{-2jkd} \tag{6.83}$$

となる。

ここで両壁面の単位面積音響インピーダンスが等しければ，$Z_1 = Z_2 = Z_r$ とおいて，

$$\frac{p_i}{p_t} = 1 + \frac{Z_r}{\rho c} + \left(\frac{Z_r}{2\rho c}\right)^2 (1 - e^{-2jkd}) \tag{6.84}$$

単板の単位面積音響インピーダンスは (6.72) 式で表わされるが，壁の内

遮音と遮音構造

部損失を無視すればリアクタンス分のみとなり，また垂直入射に対しては屈曲波は生じないので，

$$Z_r = jX = j\omega m$$

ただし $m = m_1 = m_2$

m_1, m_2 は両壁面の単位面積当りの質量（kg/m²）である。

したがって，この場合の二重壁の透過損失は，

$$\begin{aligned}
\mathrm{TL}_0 &= 10\log_{10}\left|\frac{p_i}{p_t}\right|^2 \\
&= 10\log_{10}\left|1 + j\frac{X}{\rho c} - \left(\frac{X}{2\rho c}\right)^2\{1-(\cos 2\phi - j\sin 2\phi)\}\right|^2 \\
&= 10\log_{10}\left|1 - 2\left(\frac{X}{2\rho c}\right)^2\sin^2\phi + j2\left(\frac{X}{2\rho c}\right)\left(1 - \frac{X}{2\rho c}\sin\phi\cos\phi\right)\right|^2 \\
&= 10\log_{10}\left[\left\{1 - 2\left(\frac{X}{2\rho c}\right)^2\sin^2\phi\right\}^2 \right.\\
&\qquad\qquad \left. + \left\{2\left(\frac{X}{2\rho c}\right)\left(1 - \frac{X}{2\rho c}\sin\phi\cdot\cos\phi\right)\right\}^2\right] \\
&= 10\log_{10}\left[1 + 4\left(\frac{X}{2\rho c}\right)^2\left(\cos\phi - \frac{X}{2\rho c}\sin\phi\right)^2\right] \\
&= 10\log_{10}\left[1 + 4\left(\frac{\omega m}{2\rho c}\right)^2\left(\cos kd - \frac{\omega m}{2\rho c}\sin kd\right)^2\right] \qquad (6.85)
\end{aligned}$$

両壁面の間隔 $d=0$ の場合には，

$$\mathrm{TL}_0 = 10\log_{10}\left\{1 + \left(\frac{2\omega m}{2\rho c}\right)^2\right\} \qquad (6.86)$$

となり，単一壁の質量則を表わす (6.57) 式の m を 2 倍にしたものと同じになる。

また (6.85) 式で，

$$\cos kd - \frac{\omega m}{2\rho c}\sin kd = 0$$

のとき，$\mathrm{TL}_0 = 0$ となる。すなわち，

$$\frac{2\rho c}{\omega m} = \tan kd = \tan\frac{2\pi d}{\lambda}$$

入射音波の波長 λ が中空層の厚さ d より十分大きければ，

$$\frac{2\rho c}{\omega m} = \tan\frac{2\pi d}{\lambda} \fallingdotseq \frac{2\pi d}{\lambda} = \frac{\omega}{c}d$$

$$\therefore f_{rm} = \frac{1}{2\pi}\sqrt{\frac{2\rho c^2}{md}} \quad (\text{Hz}) \tag{6.87}$$

ここで m ：両壁面のそれぞれの単位面積当りの質量 （kg/m²）

d ：両壁面の間隔 （m）

ρ ：空気密度 （kg/m³）

c ：空気中の音速 （m/s）

これを低音域の共鳴透過周波数という。f_{rm} では透過損失が著しく低下するので，二重壁の両壁面の間隔 d は，少なくとも f_{rm} が 80 Hz 以下になるように十分大きくとらなければならない。

なお実際に 2 層の壁面を独立した別々の壁として取り扱うには，壁と壁の間にサウンドロックスペースとして，少なくとも 1 m 以上の高度に吸音処理をした空間が必要である。

(6.85) 式において，$kd = n\pi$ ($n=1,2,3\cdots\cdots$) のとき TL_0 は (6.86) 式で表わされる質量 2m の単一壁の質量則の値をとる。

その周波数は，

$$f_{rd} = \frac{nc}{2d} \quad (n=1,2,3,\cdots\cdots) \tag{6.88}$$

である。また，$kd = (2n-1)\frac{\pi}{2}$ ($n=1,2,3,\cdots\cdots$) のとき TL_0 は極大値をとり，

$$TL_0 = 10\log_{10}\left\{1 + 4\left(\frac{\omega m}{2\rho c}\right)^4\right\} \tag{6.89}$$

となる。その周波数は，

$$f_{rd}' = \frac{(2n-1)c}{4d} \quad (n=1,2,3\cdots\cdots)$$

である。(6.89) 式は，二重壁の両壁面（質量がそれぞれ m）の，質量則による透過損失値の和 $10\log_{10}[1 + \{\omega m/(2\rho c)\}^2]^2$ の近似値になっている。

すなわち，(6.85) 式で表わされる垂直入射音に対する二重壁の透過損失の理論値は，6.32 図に示すように，低音域の共鳴透過周波数以上の周波数域

遮音と遮音構造　107

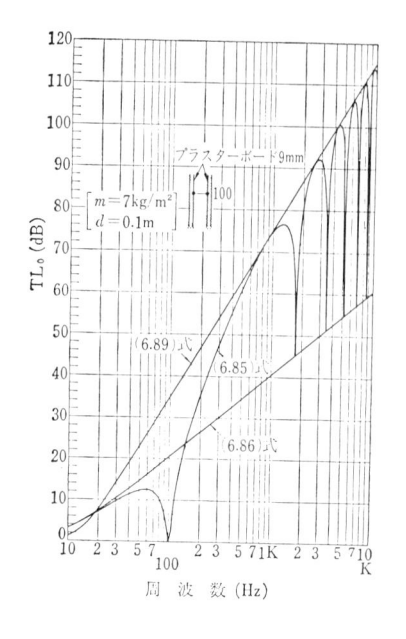

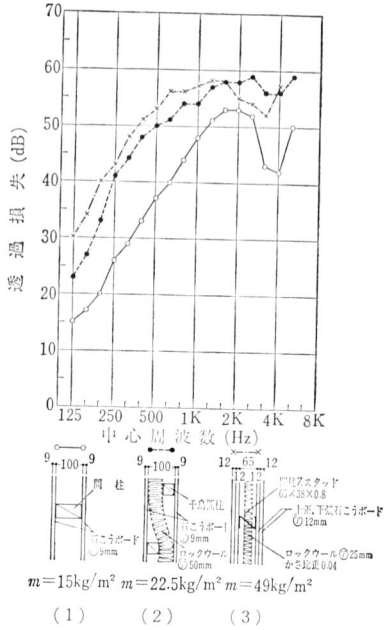

6.32 図 二重壁の TL_0 理論値の計算例　　6.33 図 二重壁の透過損失実測例
(小林理研)

では，周波数の増加と共に急上昇し，質量則を大きく上まわって $c/4d$ (Hz) では極大値をとり，さらに高音域では多くの山谷をもつことになるが，1/3 オクターブ帯域雑音を用いたランダム入射の実測値には，高音域の遮音特性にそのような細かい山谷は生じない。しかしながら，以上の理論的考察によって二重壁の場合には，共鳴透過周波数 f_{rm} を十分低い周波数に設計すれば，中高音域において質量則をかなり上まわる透過損失がえられるという基本的性質は理解できるであろう。

間柱の両側に石こうボードを張った二重壁の透過損失の実測例を 6.33 図に示す。これらの構造はいずれも f_{rm} が 100 Hz 以下にあるので，低音域から中音域にかけて透過損失は約 10 dB/oct. の傾斜で上昇しているが，高音域では，片側の石こうボードのコインシデンス限界周波数に相当する周波数付近で TL が低下している。

図中（1）は，木造間柱の両面に 9 mm 厚石こうボードを張った空気層厚

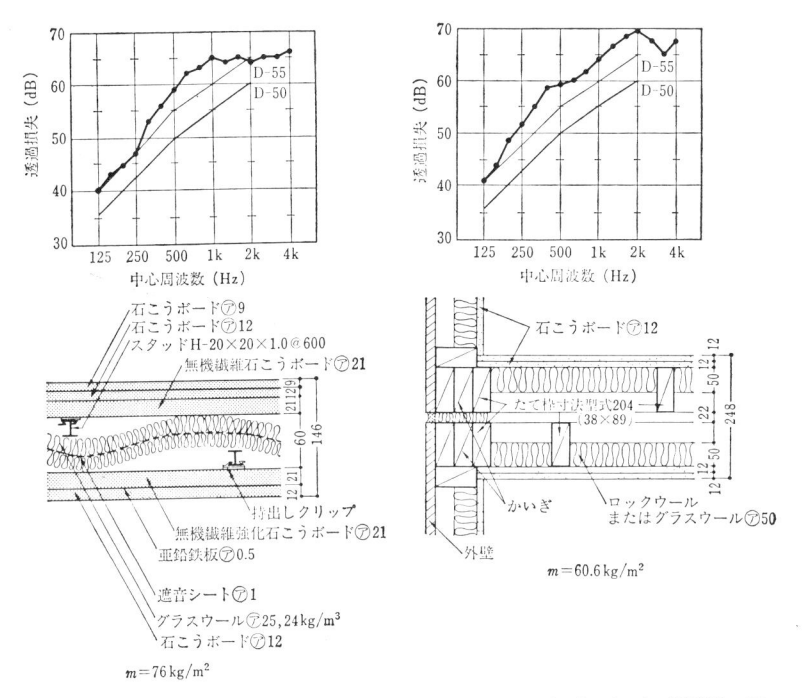

6.34 図　集合住宅用の乾式工法界壁の例　　6.35 図　枠組壁工法の住戸間界壁の例

100 mm の二重壁で，片側の $m \fallingdotseq 7.5 \text{ kg/m}^2$，$d = 0.1 \text{ m}$ であるから，m, d の条件は，6.32 図に示した 垂直入射波に対する 理論値の計算例と 対応するが，ランダム入射の実測値は，垂直入射の理論値よりかなり下回っている。これは垂直入射と拡散入射の差とともに，実測例の方は，理論値では考慮されていない間柱による両面の構造的結合があるためと考えられる。このような構造的短絡の影響をおさえるには，6.33 図の (2) のように，木造間柱を千鳥に配置したり，鉄骨チャンネルの間柱や胴縁にボード類を弾性クリップでとめるなど，できるだけ構造的な結合を遮断するように工夫することが必要である。

また，中空層にロックウールやグラスウールなどの吸音材を入れるのも，両面の音響的結合を弱めるのに効果がある。6.33 図中の (2) の二重壁は，千鳥間柱にすることと，ロックウール 50 mm 厚（密度 150 kg/m³）を中空層

に挿入することによって，(1)の中空二重壁に比して低音域で10 dB，中音域で15 dB も透過損失が改善されている。また図中の(3)も，Z型スタッドと中空層の吸音材によって，比較的軽量にもかかわらず，よい遮音性能が得られている。

　近年，高層の集合住宅の計画が多くなるのに伴い，軽量化，施工性の向上などの面から，乾式工法で高い遮音性能をもつ間仕切壁の開発が進められ，住戸間の界壁として採用されはじめた。そのような壁の一例を6.34図に示す。独立千鳥スタッドに下張りのボードをクリップでとめ，中空層に吸音材と遮音シートを挿入し，両面に厚さの異なる石こうボードを多層張りしている。同厚のコンクリート壁よりはるかに軽量で遮音性能もよい。ただしこのような乾式工法壁は，外壁，柱，梁，床等との取り合い部に隙間が生じやすいので，納まりの処理には十分な注意が必要である。

　また6.35図に枠組壁工法による連続建て住戸の界壁の例を示す。縦枠を千鳥に配置した乾式二重壁で高い遮音性能が得られている。ただしこの場合も，下張りと上張りボードの目地をずらし，継目にジョイントセメント，ジョイントテープなどを用いて，入念に施工することが必要条件となる。

6.11　界壁の遮音基準

　集合住宅，ホテル，事務所，学校，病院などで，生活上のプライバシーを守るために必要な界壁，間仕切壁等の遮音構造については，音源側の負荷レベルが統計的，経験的に定められやすく，実際の建物における苦情発生状況等を調査することにより，比較的容易に建物用途別の必要遮音量を求めることができる。

　わが国では昭和45年(1970)建築基準法に遮音条項がはじめて取り入れられ，同時に定められた技術的基準により集合住宅の界壁に対する法的規制が行なわれているが，その規制値は 125 Hz　25 dB，500 Hz　40 dB，2,000 Hz　50 dB の TL という，欧米諸国に比して5〜10 dB は低い最低限の基準に止まっている。

　ISO では隣接住戸間界壁の遮音規定を，吸音力を補正した規準化室間音圧

レベル差 ($L_1 - L_2 + 10 \log(10/A)$) で 6.34 図のように定めており,またアメリカの FHA の推奨規準では,6.35 図に示すような基準曲線をあてはめたときの基準曲線上 500 Hz における透過損失を STC(Sound Transmission Class)とよび,6.3 表のような 3 段階の規準を設けて,集合住宅の界壁,界床の透過損失に対する適用等級としている。

6.3 表 住戸間界壁,界床の遮音規準 (FHA)

等　　級	規　　準	適　　用
Grade I	STC-55	特別な高級建築または夜間の外部騒音レベルが 30～40 dB (A) の静かな環境の住居地域
Grade II	STC-52	夜間の外部騒音レベルが 40～45 dB(A) の平均的な騒音環境の住居地域
Grade III	STC-48	最低限の建築または夜間の外部騒音レベルが 55 dB(A) 以上の都市地域

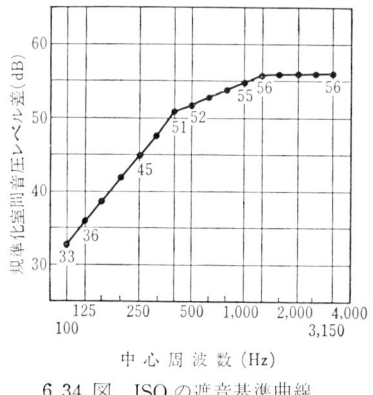

6.34 図　ISO の遮音基準曲線

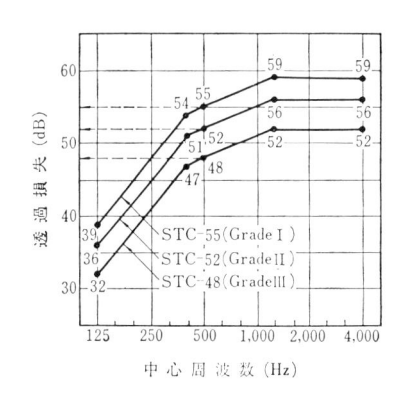

6.35 図　住戸間界壁,界床の遮音基準を表わす STC 曲線 (FHA)

一方,わが国では,昭和54年 (1979) に JIS A 1419「建築物の遮音等級」が制定され,遮音性能の評価尺度として,室間平均音圧レベル差の遮音等級とその基準周波数特性を 6.36 図のように定めた。

遮音等級は,現場測定でえられた室間平均音圧レベル差の測定値または設計値を図上にプロットし,その値がすべての周波数帯域である基準曲線を上

6.4 表　室間平均音圧レベル差の適用等級 （日本建築学会基準）

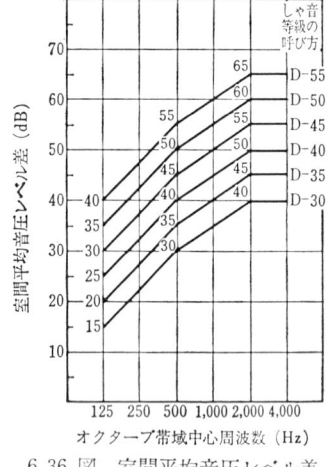

建築物	室用途	部位	特級 (特別仕様)	1級 (標準)	2級 (許容)	3級 (最低限)
集合住宅	居室	隣戸間界壁 〃　　界床	D-55	D-50	D-45	D-40
ホテル	客室	客室間界壁 〃　　界床	D-50	D-45	D-40	D-35
事務所	業務上プライバシーを要求される室	室間仕切壁 テナント間界壁	D-50	D-45	D-40	D-35
学校	普通教室	室間仕切壁	D-45	D-40	D-35	D-30

6.36 図　室間平均音圧レベル差に関する遮音等級 (JIS)

まわるとき，その最大の基準曲線の呼び方により表わすことになっている。ただしあてはめる場合には測定精度等から考えて，各周波数帯域で 2 dB ずつ基準曲線を下まわってもよい。

この遮音等級によって，建物の用途別，部位別に室間平均音圧レベル差の適用等級を定めたのが 6.4 表である。表の 1 級は，通常の使用状態で，使用者からの苦情がほとんど出ず，遮音性能上の支障が生じないと考えられる，いわば遮音設計上の標準となる等級であり，2 級は使用者からの苦情や遮音性能上の支障が生ずることもあるが，ほぼ満足しうると考えられる許容等級，3 級は，使用者からの苦情が出る確率が高いが，社会的，経済的制約などで許容される場合がある最低限の等級と考えてよい。この適用等級は室間平均音圧レベル差で与えられているので，実際の設計に用いる場合には，$10 \log_{10}(A/S_w)$ の値を考慮して ((6.5) 式参照) 必要透過損失を求めた上で遮音構造を選択することになる。なお集合住宅などでは，界床にも界壁と同等以上の透過損失を持たせることを忘れてはならない。

7 固体伝搬音の遮断

　コンクリートのように気密で質量の大きな材料は空気伝搬音（air borne sound）をよく遮断するが，そのような材料に直接，衝撃や振動が加えられると，一般にその力は，音波による圧力よりはるかに大きいので，その振動が固体伝搬音（solid borne sound）となって，受音室側へ音として放射され，問題となる。透過損失の大きな遮音材もそのままでは固体伝搬音に対する遮断力は十分でない場合が多く，空気伝搬音に対する遮音とは別の観点からその防止設計を行わなければならない。

　公団住宅をはじめとするわが国のコンクリート造の集合住宅は，隣戸間界壁が 15 cm 厚以上のコンクリートで造られ，窓を閉めた状態では，界壁をはさんで 500 Hz で 45〜50 dB の室間音圧レベル差が得られているものが多いので，隣戸からの話し声やテレビ，ステレオの音などの空気伝搬音は，それほど大きな問題になっていないが，上階住戸で子供がとびはね

7.1 表　伝搬方向別にみた集合住宅内部における非常に気になる＋気になる騒音の指摘順位

公団住宅[1]

	上階から（最上階を除く） 総数 1,548		下階から（1 階を除く） 総数 1,522		隣戸から 総数 1,755		隣棟その他から 総数 1,755	
		票 %		票 %		票 %		票 %
1.	便所の給排水	757 48.9	玄関扉の開閉	61 4.0	台所の給排水	401 22.8	子供の声	250 14.2
2.	とびはねる音	672 43.4	子供の声	51 3.4	浴室の給排水	371 21.1	ふとんをたたく音	137 7.8
3.	走りまわる音	603 38.8	便所の給排水	48 3.2	便所の給排水	295 16.8	話し声	89 5.1
4.	浴室の給排水	581 37.5	台所の給排水	44 2.9	玄関扉の開閉	265 15.1	ピアノの音	24 1.4
5.	台所の給排水	504 32.6	ふとんをたたく音	41 2.7	廊下の物音	236 13.4	その他の楽器の音	23 1.3
6.	室内の足音	436 28.2	ステレオの音	41 2.7	ブザーの音	164 9.3	バルコニーの物音	12 0.7
7.	玄関扉の開閉	275 17.8	窓サッシの開閉	40 2.6	子供の声	141 8.0	ステレオの音	11 0.6
8.	家具椅子の音	201 12.9	浴室の給排水	39 2.6	バルコニーの物音	123 7.0	廊下の物音	7 0.4

1) 木村翔・光田泰子：共同住宅の室内騒音の評価に対する環境要因の影響（日本建築学会大会学術講演梗概集 4031，昭 50 年 10 月）

たり，走りまわったりするときの床衝撃音や，構造体に接触している他住戸の給排水管から発生する給排水騒音などの固体伝搬音に対しては，居住者から多くの苦情が発生している（7.1表）。また，ポンプ，冷凍機，送風機などの設備機械や地下鉄の振動が建物構造体に伝わり，固体伝搬音となって問題を生じている例も多い。騒音防止計画に際しては，空気伝搬音に対する遮音と同時に，このような固体伝搬音の発生源に十分注意して，その伝搬を防止するようにつとめなければならない。

なお7.1表は昭和40年代に建設された公団住宅の居住者に対する調査であるが，昭和60年代以降に建設された住都公団の分譲13団地，賃貸3団地を対象に実施された居住者に対するアンケート調査結果[2]（2,394票）をみると，この20年間に公団住宅の遮音性能の向上が図られたこともあって，70％近くの居住者が生活実感として，現状の音環境に対する居住性能に「満足」側の評価を与えている。その中で，住戸内の日常生活で他

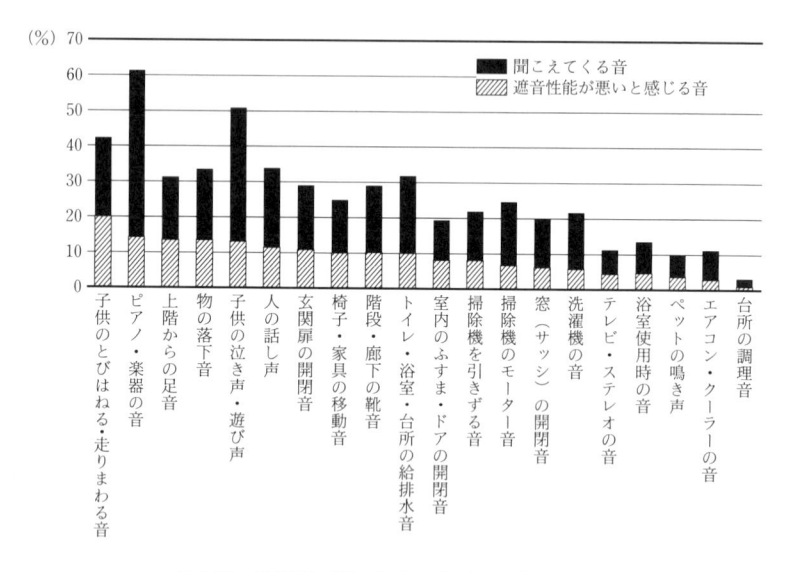

7.1図　生活音の聞こえ方と住戸の遮音性能評価[2]

[2]　木村翔，井上勝夫，荘美知子ほか：集合住宅の音環境に対する居住者意識と住まい方に関する研究（日本建築学会計画系論文集，第466号，平成6年12月，p.1〜8）

住戸から聞こえてくる生活音と，その聞こえてくる音に対して，住戸の遮音性能が「悪い」「かなり悪い」と感じる人の割合は7.1図のようになっている。これをみると「遮音性能が悪いと感じる音」としては，子供のとびはね，走りまわりの指摘率がもっとも高く，上階からの足音，物の落下音，椅子・家具の移動音など床衝撃系の音に対しては，指摘順位が「聞こえてくる音」の順位より上昇する傾向がみられ，建物自体のハード面からの性能向上をさらに進めていく必要性が示唆されている。

7.1 床衝撃音

a. 床衝撃音レベル

床衝撃音は，人間の歩行，とびはね，家具の移動などに伴う衝撃が床構造を振動させ，その振動によって下階へ音が放射されることにより発生する。

床衝撃音には床を加振する衝撃力の特性と共に床構造の曲げ剛性，単位面積当りの質量，損失係数，表面仕上材の弾性など多くの要素が関係し，最終的には，吸音力等の条件が関与して受音室内の音圧レベルが決定される。このような床衝撃音の受音室における音圧レベルを，床衝撃音レベル（floor impact sound level）という。床衝撃音レベルに関係する各要素をまとめて7.2図に示す。

b. 床衝撃音レベルの測定と評価

床構造の床衝撃音遮断性能は，標準の衝撃源で床に衝撃を与えたときの，下階受音室における床衝撃音レベルを測定することによって求められる。床衝撃音レベルは，

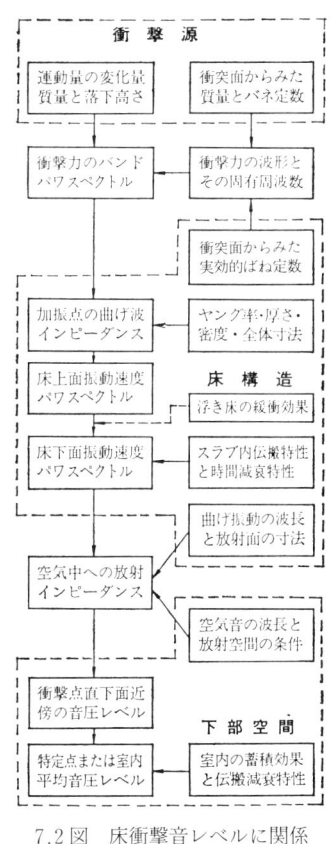

7.2図 床衝撃音レベルに関係する要素

固体伝搬音の遮断

受音室の吸音力の影響を受けるので，床の衝撃音遮断性能を相互に比較する場合などには，吸音力を補正した規準化床衝撃音レベルを用いると便利である．すなわち，

$$L_n = L + 10 \log_{10} \frac{A}{A_0} \text{ (dB)} \tag{7.1}$$

ここで，L_n：規準化床衝撃音レベル（dB）
　　　　L：床衝撃音レベル（dB）
　　　　A：受音室の吸音力（m²）
　　　　A_0：規準吸音力 = 10 m²

しかしながら，JIS の現場測定法（JIS A 1418）では，床衝撃音レベルに対する吸音力の補正は行わなくてもよいことになっている．その理由は，居住者にとっては個々の室内で発生している床衝撃音レベルがそのまま生活感として問題になると考えられるからである．現場測定の目的は，そのような実際の建物で生じている遮音性能をそのまま得ることにあるといってもよいであろう．また対象を集合住宅に限れば，通常の使用状態で室内の吸音力はそれほど大きくは変化しない．

標準の衝撃源としては，JIS に定められた軽量と重量の 2 種類のものを使用する．タッピングマシンと呼ばれる軽量衝撃源は，直径 3 cm の円筒形で先端を曲率半径 50 cm の凸球面とした，質量 500 g のスチール製ハンマーを一直線上 10 cm 間隔に 5 個並べ，各ハンマーが 4 cm の高さから 0.1 秒おきに順次自由落下するようにしたもので，靴がコツコツと床に当たる場合のように比較的軽くて硬い衝撃に対応し，床の表面仕上材の緩衝効果を判定するのに適している．重量衝撃源は，十分剛な面に落下したときの衝撃力時間特性が 7.3 図のようになるもので，一般には車のタイヤを 0.8〜1 m の高さから反覆自由落下させることのできるバングマシンと呼ばれる装置を用いる．この

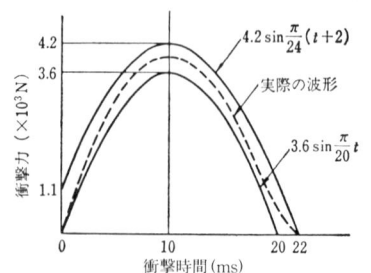

7.3 図　重量衝撃源の衝撃力時間特性

衝撃源は，子供のとびはねなど重くて柔らかい衝撃に対応し，建物構造体を含めた床構造全体の頑丈さをチェックするのに適している。

測定に際しては，衝撃源の位置が測定結果に大きく影響するので，居住者の日常の生活感に即した結果が得られるように，衝撃源位置は周壁から0.5 m 以上離し，梁などの上を避けて，室の対角線上にできるだけ一様に分布した少なくとも3点を定め，各衝撃源位置について，それぞれ受音室の平均床衝撃音レベルを測定する。

2種類の標準衝撃源で測定した受音室の平均床衝撃音レベルは，騒音レベル dB(A)と直接結びつく逆A特性の基準曲線（7.4図）に当てはめ，それぞれの衝撃源に対する遮音等級 L を求めて評価する。遮音等級 L による建物別の設計目標値を 7.2 表に示す[3]。

c．床衝撃音レベルの低減対策

床衝撃音レベルを低減する方法としては，まず床表面に柔軟な仕上材を用いて，その弾性により衝撃力を弱め，表面材の変形によってエネルギを吸収する方法が考えられる。この方法は，タッピングマシンのような硬くて軽い衝撃に対して効果があり，コンクリートスラブ上にじゅうたんや畳などを敷く場合のように，それが柔らかい床仕上げになればなるほど床衝撃音レベルのピークを示す周波数が低音側へ移動し，それより高音側では急激にレベルが低下する。しかしながら表面材の弾性は衝撃源と直列になるので，タイヤのように柔らかい衝撃源に対しては，それより

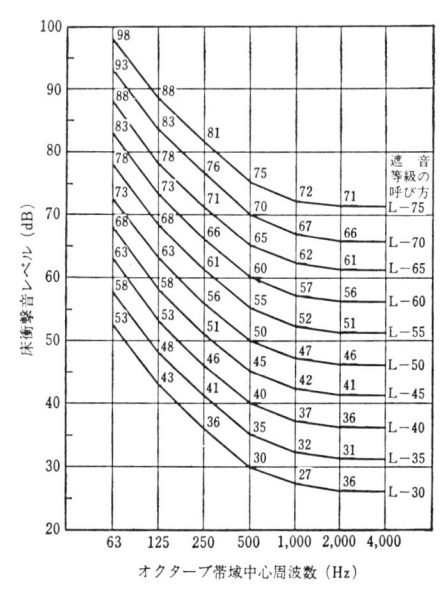

7.4図　床衝撃音レベルの遮音等級を求める基準曲線

7.2表 床衝撃音レベルの適用等級[3] (日本建築学会基準)

建築物	室用途	部位	衝撃源	適用等級			
				特級 (特別仕様)	1級 (推奨)	2級 (標準)	3級 (許容)
集合住宅	居室	隣戸間界床	重量衝撃源	L-45	L-50	L-55	L-60, L-65*
			軽量衝撃源	L-40	L-45	L-55	L-60
ホテル	客室	客室間界床	重量衝撃源	L-45	L-50	L-55	L-60
			軽量衝撃源	L-40	L-45	L-50	L-55
学校	普通教室	教室間界床	重量衝撃源	L-50	L-55	L-60	L-65
			軽量衝撃源				

＊木造，軽量鉄骨造またはこれに類する構造の集合住宅に適用する

柔らかい材料，例えば厚いマットレスなどでないと効果は表れない。また重い衝撃に対しては，じゅうたんなどは圧密されて非直線的な特性を示すので注意を要する。集合住宅で問題になっている子供のとびはね，走りまわりなどは，そのような重くて柔らかい衝撃であるため，柔軟な床仕上げの効果はほとんど期待できない。

すなわち，基本的な対策としては，床構造そのものの曲げ剛性と単位面積当りの質量を高め，有効質量を増して，衝撃力による床の振動をできるだけ小さく抑えなければならない。軽量の薄い床版では，ほかでいくら努力しても決してよい結果を得ることはできない。また同じ厚さと密度を有するスラブでも，周辺の固定度やスラブ面積などによって床の固有振動数と減衰時間（損失）が変化し，振動応答特性は異なってくるので，それらを考慮に入れて床構造の設計を進めることが必要である。

スラブ上に防振用の緩衝材を敷きつめて適切な方法で浮き床を造ると，上部浮き床層が衝撃源に比べて十分な有効質量をもつ場合には，近似的に1質点系の伝達損失（7.2.a.参照）の形で，柔らかい重量衝撃源に対しても有効な遮断効果が得られる。ただし低い周波数の振動まで有効に遮断するには，浮き床の固有振動数を十分に低くとることが必要である。

天井は，スラブから軽量な下地で直接吊ると，重い衝撃により励振されて振動が増幅し，受音室の床衝撃音レベルは逆に増大する場合が多いので，できるだけ厚くて重く，ダンピングのよい材料を用い，梁などから防

---

[3] 日本建築学会編：建築物の遮音性能基準と設計指針第二版，技報堂出版，1997

振吊りとするか，大梁や壁に吊木受けを設けて，スラブと独立に支持することが望ましい。

このように床衝撃音の発生機構は多くの要因が複雑に組み合わさっているが，直下室の床衝撃音レベルを計算する基本的な体系は，7.2図に示したように，標準衝撃源と床仕上材の特性から衝撃力のパワスペクトルを求め，それを

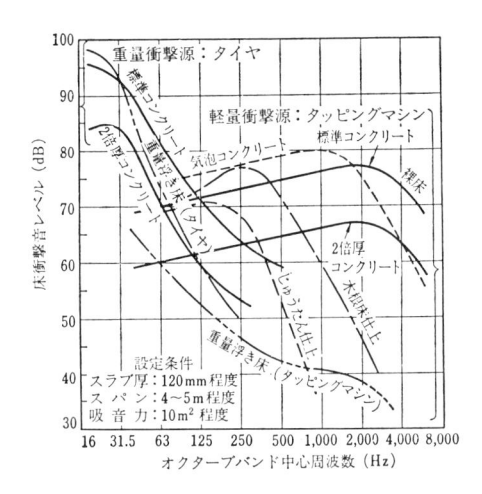

7.5図 床衝撃音レベルの一般的傾向

入力として床版の振動特性を速度スペクトルとして算出し，さらに下室への音の放射を計算する形になり，浮き床の減衰効果などはそれに加算する形で組み入れることができる。

なお，重量衝撃源と軽量衝撃源に対する床衝撃音レベルの一般的な変化の傾向をまとめると，7.5図に示すようになる。

d. 床スラブの設計

均質なコンクリート裸床スラブの直下室における床衝撃音レベルは，床衝撃時のスラブの振動速度にほとんどそのまま対応する。曲げ振動に対するスラブの駆動点インピーダンスを Z_b (kg/s)，衝撃力の実効値を F_{rms} (N) とすれば，振動速度の実効値 U_{rms} (m/s) は，

$$U_{rms} = \frac{F_{rms}}{Z_b} \tag{7.2}$$

曲げ波の駆動点インピーダンスは，7.6図の測定例に示すように，スラブの1次固有振動数 f_n（この場合24 Hz）付近で低下するが，それ以上の周波数範囲では，1/3または1オクターブ帯域ごとにみた場合，図中に点線で示したような一定の値にほぼ収束すると考えてよい。この点線の値はスラブを無限板と仮定したときの曲げ波のインピーダンス

固体伝搬音の遮断

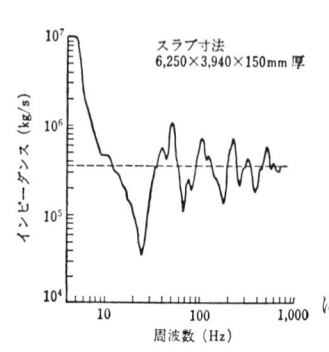

$$Z_b = \frac{4}{\sqrt{3}}\sqrt{\rho E h^4} = 2.31\,\rho c_l h^2 \qquad (7.3)$$

ここで，ρ：スラブの密度（kg/m³）
c_l：スラブの縦波伝搬速度（m/s）
h：スラブ厚（m）
E：スラブのヤング率（N/m²）

$$c_l = \sqrt{E/\rho}$$

に等しくなっている。

7.6図 コンクリートスラブの駆動点インピーダンス測定例

1次固有振動数付近でのインピーダンスの低下量はスラブの減衰時間（損失係数）に依存するが，同じ材料でスラブ厚が一定でも，周辺を梁や壁で固定されているスラブの寸法，面積やその固定度によって固有振動数が変化し，固有振動数が増加するに従って一般に減衰時間は減少するので落込み量は小さくなる。一方，スラブの減衰時間が長く損失が少ないと，高次の共振現象が発生し，$3f_n$，$5f_n$ 付近で顕著なインピーダンスの低下を引き起こして（7.3）式の値に収束するとはみなせなくなるので十分な注意が必要である。

集合住宅などの床スラブではこれらの点を考慮して，長短辺のスパン比を1.2～1.3程度，梁や壁で固定されたスラブ面積を20 m²前後に設計することが望ましい。PC工法のスラブでは，周辺の固定方法にも固定度を高める工夫が必要である。

直下室の床衝撃音レベルは，拡散音場を仮定して室内音圧実効値をp_rms（N/m²）とすれば，

$$\begin{aligned} L &= 10\log_{10}\frac{p^2_\text{rms}}{10^{-12}\cdot\rho_0 c_0} \\ &= 10\log_{10}\left(U^2_\text{rms}\cdot\rho_0 c_0\cdot k\cdot S\cdot\frac{4}{A}\right)+120 \\ &= 10\log_{10}\left(\frac{F^2_\text{rms}}{Z^2_b}\cdot\rho_0 c_0\cdot k\cdot S\cdot\frac{4}{A}\right)+120 \qquad (7.4)\end{aligned}$$

ここで，$\rho_0 c_0$：単位面積当りの空気の固有音響抵抗（約400 kg/sm²）

k：音響放射係数

S：放射面積（m²）

A：室内吸音力（m²）

となる。すなわち，室内の床衝撃音特性は，床の駆動点インピーダンスと衝撃力の特性によって定まってくる。

そこで実際には，7.6図に示したようなスラブのインピーダンス特性をどのように把握すればよいかが問題になるが，床衝撃音レベルの測定範囲 63 Hz（オクターブバンドの下限 45 Hz）以上の周波数領域において，Z_b が無限板の値（7.3）式にほぼ等しくなるものと仮定すれば，衝撃力実効値が一定のとき，直下室内音圧の実効値は Z_b^2，すなわちスラブの厚さの 4 乗，密度の 1 乗，ヤング率の 1 乗に逆比例することになる。

その場合，スラブ厚を変えたときの，ある周波数帯域における床衝撃音レベルの差は，

$$\Delta L = 10 \log_{10}\left(\frac{\rho_2^2 \cdot c_{l2}^2 \cdot h_2^4}{\rho_1^2 \cdot c_{l1}^2 \cdot h_1^4}\right) = 10 \log_{10}\left(\frac{\rho_2 \cdot E_2 \cdot h_2^4}{\rho_1 \cdot E_1 \cdot h_1^4}\right)$$
$$= 40 \log_{10}\left(\frac{m_2}{m_1}\right) + 10 \log_{10}\left(\frac{\rho_1^3 \cdot E_2}{E_1 \cdot \rho_2^3}\right) \quad (7.5)$$

ここで，$m = \rho h$（kg/m²）スラブの面密度

普通コンクリート（$\rho = 2.3 \times 10^3$, $E = 2.1 \times 10^{10}$），軽量コンクリート（$\rho = 1.8 \times 10^3$, $E = 1.0 \times 10^{10}$），軽量骨材気泡コンクリート（$\rho = 1.2 \times 10^3$, $E = 0.3 \times 10^{10}$）の（ρ^3/E）はほぼ一定の値となるので，これらのスラブの床衝撃音レベルと面密度との関係を同じ回帰直線で表すことができる。

実際の集合住宅などで，面積 10〜20 m² のコンクリート裸床スラブについて，タイヤ落下時の床衝撃音レベルを測定した結果を整理し，スラブ面密度との関係を求めると，7.7図に示すようになり，低中音域と dB（A）では，面密度を 2 倍（同じ材料では厚さを 2 倍）にすると，床衝撃音レベルが約 12〜14 dB 低下し，この測定例のようにスラブの面積を限れば，重量衝撃源に対してほぼ（7.5）式に対応する結果が得られることがわかる。

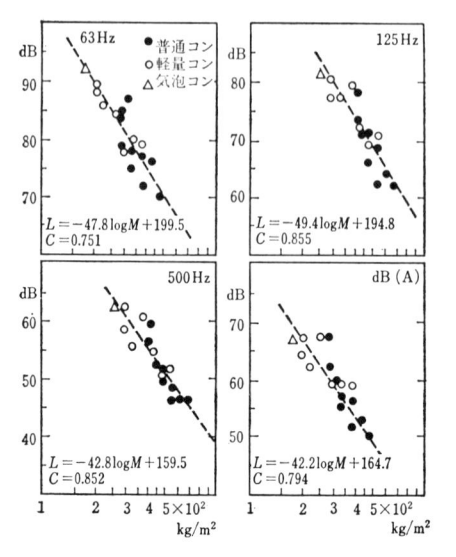

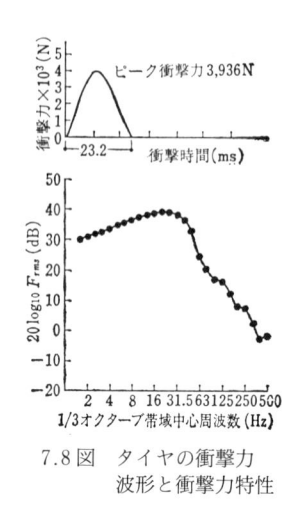

7.7図 コンクリートスラブ裸床のタイヤに対する床衝撃音レベルとスラブの面密度（kg/m²）との関係

7.8図 タイヤの衝撃力波形と衝撃力特性

　なお重量衝撃源のタイヤの衝撃力特性は，タイヤ自体が十分柔らかいので床仕上げ面の影響をほとんど受けず，7.8図の測定例に示すように，衝撃力実効値 F_{rms} は，タイヤの衝撃周波数 24 Hz 前後でピークを示し，63〜125 Hz 帯域では，−15〜−9 dB/Oct.程度の傾斜で低下する特性となる。重量衝撃源に対する均質床の床衝撃音レベルは，ほぼそれに対応する特性を示し，遮音等級 L は，63〜125 Hz で決定されるのが普通である。7.7図の実測に基づく回帰式から，各種の厚さをもつコンクリート裸床スラブのタイヤ落下時における床衝撃音レベルを求め，その結果から各遮音等級を満足するコンクリートスラブの厚さを求めてみると 7.3 表に示すようになる。

　集合住宅の界床は，重量衝撃源に対してスラブのみで遮音等級 L-50 が得られることが望ましく，この表からもわかるように，普通コンクリートでスラブ厚 200 mm 以上とすることが推奨される。

7.3表 重量衝撃源に対する各遮音等級を満足するスラブ厚 (mm)
(スラブ面積 20 m² 程度の場合)

スラブの種類 \ 遮音等級 L	L-45	L-50	L-55	L-60	L-65
普通コンクリート ($\rho=2.3\times10^3$)	250 (230)	200 (180)	160 (140)	130 (120)	100 (90)
軽量コンクリート ($\rho=1.8\times10^3$)	330 (300)	260 (240)	210 (190)	170 (150)	130 (120)
軽量骨材・気泡コンクリート ($\rho=1.2\times10^3$)			310 (280)	250 (230)	200 (180)

( ) 内は 2 dB を許容した場合

e．床仕上材の効果

じゅうたんや畳などの柔らかい床仕上材を用いると，その緩衝効果で軽量衝撃源（タッピングマシン）に対する床衝撃音レベルは低下するが，この低減効果は，床仕上材の弾性によって衝突時間が長くなり，衝撃力のピーク値が下がることにより得られる。

タッピングマシンの衝撃力特性は，ハンマーの質量，床の等価ばね定数等で決まる衝撃固有周波数とハンマーの力積によって表すことができ，衝撃固有周波数 f_{nt} は，衝突の継続時間 Δt より $f_{nt}=1/(2\cdot\Delta t)$ で求められる。

コンクリートスラブ上の床仕上材を順次柔らかくしていったときのタッピングマシンの衝撃力波形の測定例を7.9図に示す。

衝撃力実効値は，衝撃固有周波数によって7.10図のようにピーク値が与えられ，それより高音側はオクターブ当りおよそ

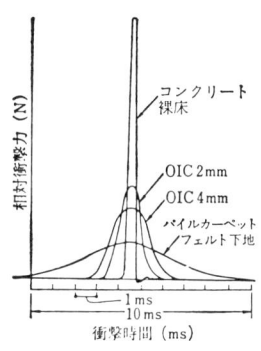

7.9図 タッピングマシンの衝撃力波形 (安岡正人)

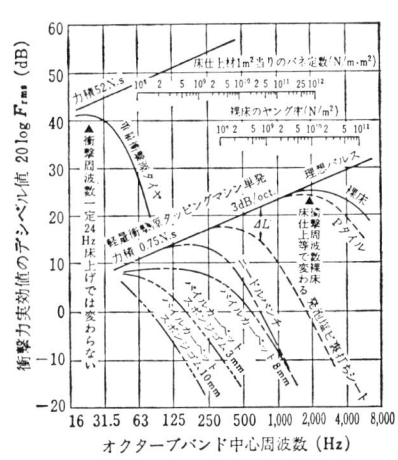

7.10図 床仕上材による衝撃力実効値の変化の傾向 (安岡正人)

固体伝搬音の遮断

12 dB 前後の傾斜で低下する特性を示す。ここでハンマーも床も完全に剛な場合を想定すると，衝撃時間が無限小となる代わりに衝撃力が無限大となり，一定の力積をもつ理想インパルスとなるので，周波数特性はオクターブ当り 3 dB の傾斜で増加する直線となる。実際のコンクリート床では，その変形が無視できず，2,000 Hz 前後に衝撃周波数がくるが，これを理想パルスとみなし，床仕上材による床衝撃音レベルの低減効果を表す実用的尺度として，コンクリート裸床のレベルとの差をとり，床衝撃音レベル低減量 $\mathit{\Delta}L$ として表示することが多い。

　集合住宅で用いられる各種の床仕上材について，床仕上前のスラブ素面の L 数 (7.4 図の基準曲線に当てはめたときの 500 Hz における床衝撃音レベルの値)

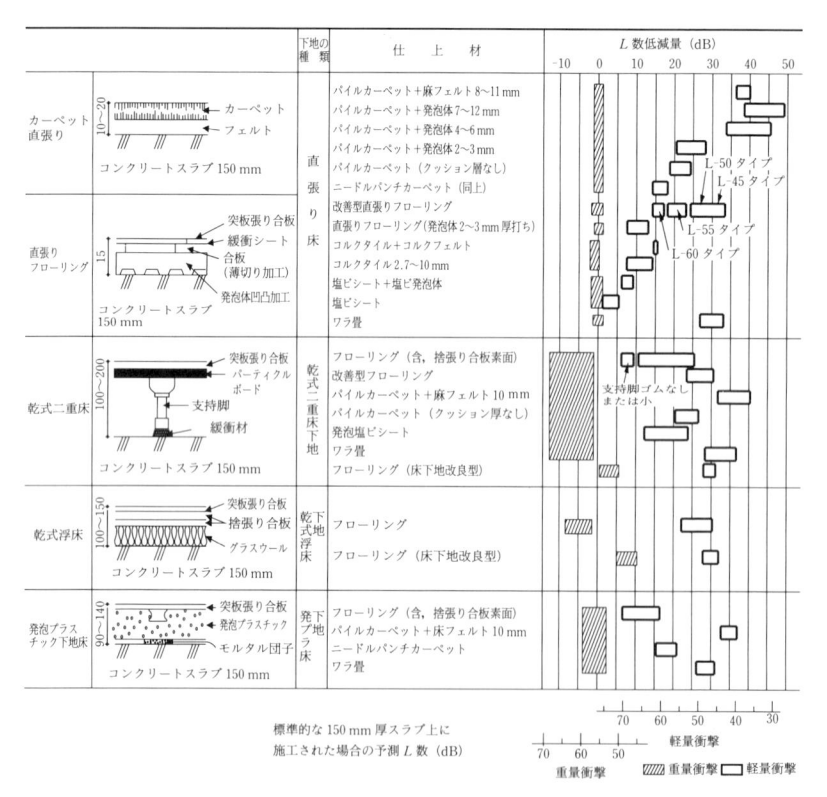

7.11 図　各種床仕上材の L 数低減量 (日本建築総合試験所)

から床仕上後の L 数を引いた L 数低減量で床衝撃音遮断性能を比較してみると 7.11 図のようになる。ここに示したような各種床仕上材は，7.1.c で述べたように軽量・硬衝撃源に対する床衝撃音の改善効果はあるが，重量・柔衝撃源に対しては効果がほとんどなく，共振等によりかえってスラブ素面より悪くなる場合があるので注意しなければならない。

f. 浮き床の効果

浮き床の効果は 7.12 図に示すコンクリート湿式浮き床のように，衝撃源に対して浮き床層が十分な剛性と面密度すなわち有効質量をもち，衝撃力をいったん受けとめてから下部のスラブに伝達するような場合は，ほぼ一質点系の伝達損失の形で表わされ，浮き床の固有振動数（(7.15) 式）と緩衝材の減衰比から，(7.12) 式によって裸スラブからの減音量が求められる。

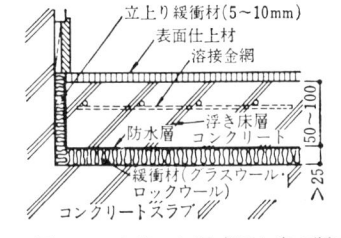

7.12 図 コンクリート湿式浮き床の断面

7.12 図のようなコンクリート湿式浮き床の L 数低減量は，グラスウール（密度 64～96 kg/m³）またはロックウール（密度 100～150 kg/m³）の 25～50 mm 厚を緩衝材として用い，コンクリート 70～80 mm 厚を浮き床層としたとき，表面仕上材が硬い材料でも，軽量衝撃源に対し 25～35 dB，重量衝撃源に対しては 5～10 dB 程度得られる。浮き床構造の場合でも，重量衝撃源に対する床衝撃音レベルの基本的なランクは当然，躯体のスラブ厚と面積によって決まる（7.3 表参照）。なお浮き床の施工に当たっては，浮き床層と周壁や配管類との絶縁に十分注意し，音響ブリッジができないようにしなければならない。

7.2 機械の防振

a. 防振の原理

建物内に設置される設備機械の振動が構造体に伝わり，固体伝搬音となって建物内の各室に伝達し，騒音として放射されるのを防止するには，機械室の床構造の剛性を増すとともに，機械を有効な方法で防振支持して，

固体伝搬音の遮断

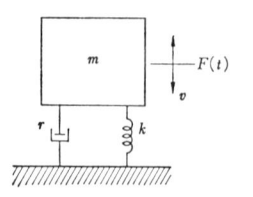

振動の構造体への伝達を弱めなければならない。

いま7.13図のように上下方向の振動のみが生ずる機械を床上に設置した場合の単一共振系について防振の原理を考える。

7.13図　単一共振系

質量 m の機械がばね定数 k の弾性体で支持され，上下方向の加振力 $F(t)$ が加わって速度 v の運動を生じ（$F(t)=mdv/dt$），ばねの変位が x になったとすれば（$F(t)=kx$），系の粘性抵抗を r として（$F(t)=rv$），この振動系の運動方程式は，

$$m\frac{dv}{dt}+rv+kx=m\frac{dv}{dt}+rv+k\int vdt=F(t) \tag{7.6}$$

となる。加振力が単弦振動をすれば，$F(t)=F_0 e^{j\omega t}$，$d/dt=j\omega$ となるから（7.6）式は，

$$v\left(j\omega m+r+\frac{k}{j\omega}\right)=F_0 e^{j\omega t} \tag{7.7}$$

となり，解は，

$$v=\frac{F_0 \cdot e^{j\omega t}}{r+j\left(\omega m-\frac{k}{\omega}\right)} \tag{7.8}$$

ここで　$Z_m=r+j\left(\omega m-\frac{k}{\omega}\right)$ \tag{7.9}

をこの振動系の機械インピーダンス（mechanical impedance）とよび，その虚数部分が 0 となる周波数で共振する。

すなわち共振周波数は，

$$\omega m=\frac{k}{\omega}$$

$$f_n=\frac{1}{2\pi}\sqrt{\frac{k}{m}} \text{ (Hz)} \tag{7.10}$$

ここで　k：防振材のばね定数　　（N/m）

　　　　m：機械の質量　　（kg）

f_n は，抵抗がない場合の振動系の固有振動数を表す。

加振力 $F(t)$ に対して，床に伝達される力は，

$$F'(t) = kx + r\frac{dx}{dt} \tag{7.11}$$

となるから，振動伝達率 T は，

$$T = \frac{|F'(t)|}{|F(t)|} = \left\{ \frac{r^2 + \left(\dfrac{k}{\omega}\right)^2}{r^2 + \left(\omega m - \dfrac{k}{\omega}\right)^2} \right\}^{1/2}$$

$$= \left\{ \frac{1 + \left(2\dfrac{\omega}{\omega_0}\cdot\dfrac{r}{r_c}\right)^2}{\left(1 - \dfrac{\omega^2}{\omega_0^2}\right)^2 + \left(2\dfrac{\omega}{\omega_0}\cdot\dfrac{r}{r_c}\right)^2} \right\}^{1/2}$$

7.14 図　f/f_n と振動伝達率の関係

固体伝搬音の遮断

$$= \left\{ \frac{1 + \left(2\frac{r}{r_c} \cdot \frac{f}{f_n}\right)^2}{\left(1 - \frac{f^2}{f_n^2}\right)^2 + \left(2\frac{r}{r_c} \cdot \frac{f}{f_n}\right)^2} \right\}^{1/2} \quad (7.12)$$

ここで　$\omega_o = 2\pi f_n = \sqrt{\dfrac{k}{m}}$

　　f_n：固有振動数　　f：強制振動数

　　$r_c = 2\sqrt{km}$

この r_c を臨界制動抵抗，r/r_c を減衰比とよび，振動系が共振する場合の減衰量を表すのに用いられる。減衰比 r/r_c を変数として，f/f_n と振動伝達率 T との関係を図示すると 7.14 図のようになる。

抵抗がない場合には（7.12）式で $r=0$ とおけば，

$$T = \left| \frac{1}{1 - \left(\dfrac{f}{f_n}\right)^2} \right| \quad (7.13)$$

この式からもわかるように，機械の振動数 f が機械を防振材で支持したときの固有振動数 f_n と等しければ，共振して振動伝達率 T は無限大となり，$f/f_n < \sqrt{2}$ の領域では T は 1 以上となって，床に伝わる振動は防振材がないときよりもかえって大きくなってしまう。したがって，防振効果を得るためには，f/f_n を $\sqrt{2}$ よりも大きくすることが必要であり，できるだけ $f/f_n > 3$ となるように防振設計を行わなければならない。また，減衰比 r/r_c を大きくとりすぎると，共振点の伝達率は小さくなるが，高い周波数域で T があまりさがらず，所期の防振効果が得られなくなるので注意する必要がある。なお防振効果は $20\log_{10}(1/T)$ (dB) で表される。

7.1.f. で述べた集合住宅の浮き床構造の場合には，（7.10）式の k が単位面積当りのばね定数（N/m・m²）となる（7.15 図参照）。ばね定数は形状に関係し，（7.14）式に示すように，防振用緩衝材の厚さ d が 2 倍になれば 1/2 になり，面積 S が 2 倍になれば 2 倍になる。すなわち，機械を同一の防振ゴムにより 4 点で支持すれば，ばね定数は 1 点支持の場

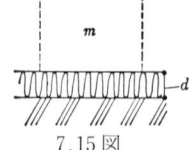

7.15 図

合の 4 倍になる。

$$k = E \cdot \frac{S}{d} \tag{7.14}$$

ここで，E：防振材のヤング率（N/m²）

浮き床の固有振動数は，緩衝材中に含まれる空気のばねを考慮して

$$f_n = \frac{1}{2\pi}\sqrt{\frac{k_c + k_a}{m_f}} \tag{7.15}$$

ここで，m_f：浮き床層の面密度（kg/m²）
　　　　k_c：緩衝材の単位面積当りばね定数（N/m・m²）
　　　　k_a：緩衝材に含まれる空気の単位面積当りのばね定数（N/m³）
　　　　　　$k_a = \rho_a c_a^2 / d \fallingdotseq 1.4 \times 10^5 / d$
　　　　d：緩衝材の厚さ（m）

b．防振設計

質量 m（kg）の機械をばね定数 k（N/m）の弾性体で支持したときの弾性体の静的変位を δ とすれば，ばね定数は弾性体を単位長さだけ変位させるのに要する力であるから，

$$\delta = \frac{mg}{k} \quad (m) \tag{7.16}$$

ここで g：重力加速度（$g \fallingdotseq 9.8$ m/s²）

自由度 1 の振動系の固有振動数は，抵抗を無視すれば（7.10）式で表されるから（7.16）式を代入すれば，

$$f_n = \frac{1}{2\pi}\sqrt{\frac{k}{m}} = \frac{1}{2\pi}\sqrt{\frac{g}{\delta}} \fallingdotseq \frac{0.498}{\sqrt{\delta}} \tag{7.17}$$

ここで δ：弾性体の静的変位（m）

すなわち，防振材を完全弾性体と考えれば，系の固有振動数は，防振材の静的ひずみ δ のみによって定まる。δ と f_n の関係を 7.16 図に示す。

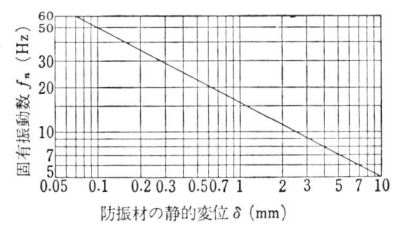

7.16 図　静的ひずみと固有振動数の関係

固体伝搬音の遮断

防振設計は，防振する機械の振動数 f に対して固有振動数 f_n が十分低い周波数になるように防振材のひずみ量 δ またはばね定数 k を決定する。ただし，一般に防振材の動的ひずみは静的ひずみより小さく，動的ばね定数は静的ばね定数より大きくなるので，動的な値の目安を知っておくことが必要である。動的倍率の目安を7.4表に示す。

防振ゴムはゴム自体の内部摩擦で適当な抵抗が得られ，各種取付金具が接着されていて取付けに便利であり，各方向のばね定数比も適当に選べるので，機械や配管類の防振支持用防振材としては最も広く使われている。

7.4表 防振材の動的倍率
(前川仁)

防振材		動的倍率
金属コイルスプリング		1
防振ゴム	(N/m²) ヤング率 20×10⁵	1.1
	〃 35×10⁵	1.3
	〃 50×10⁵	1.6

金属スプリングは，変形量が大きくとれるので5Hz以下の低い振動数を遮断するのに適しているが，抵抗成分が少ないので共振点の振幅が大きく，またばね自体の質量を m_s，ばね定数を k_s とすると，

$$f_s = \frac{n}{2}\sqrt{\frac{k_s}{m_s}} \quad (n=1,2,3\cdots\cdots) \tag{7.18}$$

において，ばね自体の縦振動による共鳴現象（サージング現象）を起こすので可聴周波数域の防振効果が悪くなる。また，金属ばねとコンクリート床との固有音響抵抗の差が小さいので，ばね自体を伝搬する固体伝搬音に対する絶縁が悪い。したがって，金属スプリングと直列に防振ゴムを入れて使用するとよい (7.17図)。

防振する機械類は，できるだけ安定して支持され，横ゆれなどがなく，振幅も小さいことが望ましいので，共通架台やコンクリートベッドに取り付けて総重量を増してから防振材で支持するとよい (7.18図)。

なお，高層ビルで設備機械室が中間階に取られるような場合には，機械室のスラブ厚を増し，床の剛性を十分大きくするように注意しなければならない。

設備機械の騒音振動は，ダクトやパイプを通って伝搬するから，機械と

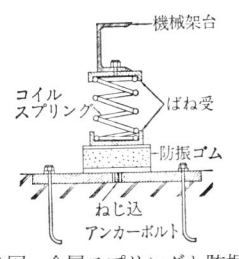

7.17図　金属スプリングと防振ゴムを直列に使った例

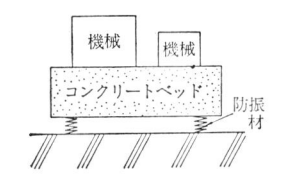

7.18図　コンクリートベッドに取り付けた例

の接続部にはフレキシブル継手，エキスパンジョン継手，カンバスコネクションなどを用いて振動伝達を防止し，支持箇所や構造体を貫通する部分には，ゴム，フェルト，グラスウール，ロックウールなどを介して，構造体と絶縁することが必要である（7.19図）。

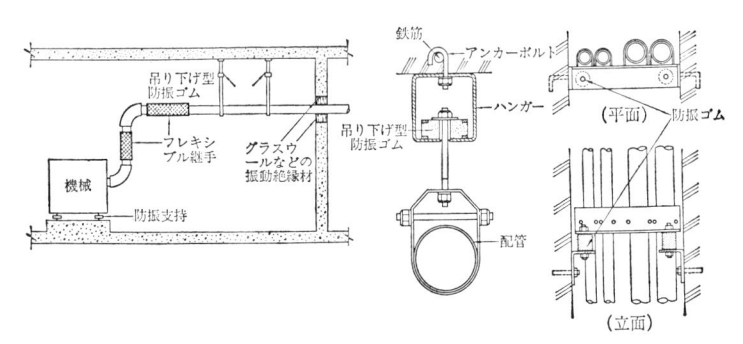

7.19図　配管類の振動絶縁と防振支持の例

7.3　振動の評価

　設備機械などの振動は，防振支持が不適当な場合には固体伝搬音となって建物各部に騒音の被害を与えるが，一方スラブ厚を薄くしすぎたり，梁の剛性が不足していたりすると，機械の稼働により居室の床が振動し，居住者に不快な感じを与える。居室内においては，このような振動は全く感じとれない程度にしなければならない。また工場，道路，鉄道，建設作業等の振動が付近の住民に被害を与え，振動公害を生じている例も少なくな

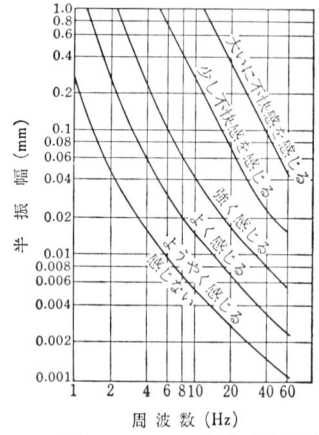

7.20図 Meisterの振動感覚曲線

い。

　人間の振動に対する感覚の評価には，7.20図に示すMeisterの曲線などが従来から用いられているが，ISOではその規準化を推進し，振動感覚曲線として，疲労，能率減退境界（fatigue-decreased proficiency boundary）を暴露時間，周波数と振動加速度値との関係で7.21図，7.22図のように規定している。耐久限界（exposure limits）はこれより6dB高く（振動加速度値2倍），快適性減退境界（reduced comfort boundary）は7.21図，7.22図より10dB低い（加速度値1/3.15）。成分がランダムな振動の評価は，1/3オクターブ帯域ごとの実効加速度値を各中心周波数で図の許容限界曲線と比較して別々に評価することになっている（ISO・2631）。

　建物の居住環境として，振動に関する居住性を評価する場合の基準として日本建築学会では7.5表，7.23図のような建物用途別の性能評価区分を提示している[4]。ランク I は居住性能上この範囲を下回ることが望ましい推奨レベル，ランク II は一般的なよりどころとなる標準レベル，ランク III はこの範囲を上回らないようにすべき許容レベルと考えてよい。

　わが国の振動レベル計（vibration level meter）は，7.21図の振動感覚曲線に基づいて定められた7.24図，7.6表のような振動感覚補正回路をもち，この感覚補正回路を通して測定したdB値を振動レベル（VL），平坦な周波数特性の回路で測定したdB値を振動加速度レベル（VAL）と呼んで両者を区別している。振動加速度レベルは次のように定義される。

$$\text{VAL} = 20 \log_{10} \frac{a}{a_0} \quad \text{(dB)} \tag{7.19}$$

ここで　a：振動加速度実効値　（m/s²）

---

4) 日本建築学会編：建築物の振動に関する居住性能評価指針，同解説，丸善，1991

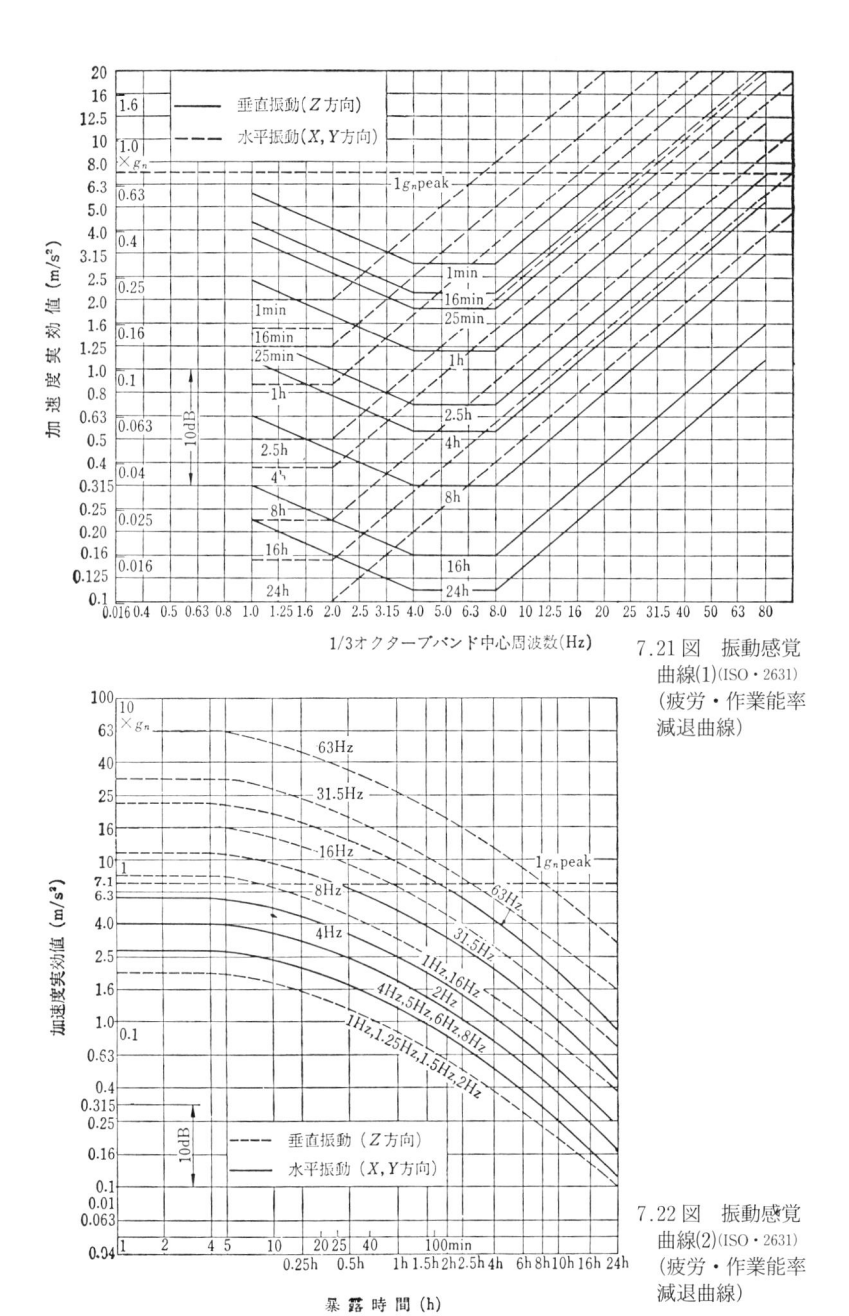

7.21図 振動感覚曲線(1)(ISO・2631)（疲労・作業能率減退曲線）

7.22図 振動感覚曲線(2)(ISO・2631)（疲労・作業能率減退曲線）

固体伝搬音の遮断　133

7.5表(1) 振動種別および建築物の用途別性能評価区分 (鉛直振動)

建築物 室用途	振動種別 ランク	振動種別1			振動種別2	振動種別3
		ランクⅠ	ランクⅡ	ランクⅢ	ランクⅢ	ランクⅢ
住居	居室,寝室	V-0.75	V-1.5	V-3	V-5	V-10
事務所	会議・応接室	V-1.5	V-3	V-5	V-10	V-30
	一般事務室	V-3	V-5	V-5程度	V-10程度	V-30程度

振動種別1 連続振動および間欠的に繰り返し発生する振動を受ける床 ： $V-5$ 以下
振動種別2 衝撃振動を受ける減衰性の低い床(減衰定数 $h=3$ %以下) ： $V-10$ 以下
振動種別3 衝撃振動を受ける減衰性の高い床(減衰定数 $h=3～6$ %程度) ： $V-30$ 以下

7.5表(2) 建築物の用途別性能評価区分 (水平振動)

建築物用途	ランク	ランクⅠ	ランクⅡ	ランクⅢ
住　　居		H-1	H-2	H-3
事　務　所		H-2	H-3	H-4

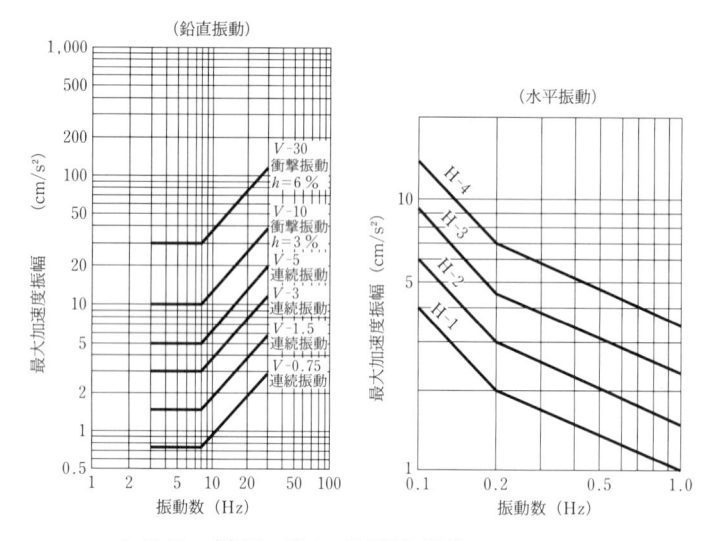

7.23図 床振動に関する性能評価基準[4] (日本建築学会)

a_0：基準振動加速度実効値 10^{-5} m/s² (周波数5 Hzの振動における加速度実効値)

すなわち 1 gal (0.01 m/s²) の振動加速度レベルは 60 dB になる。

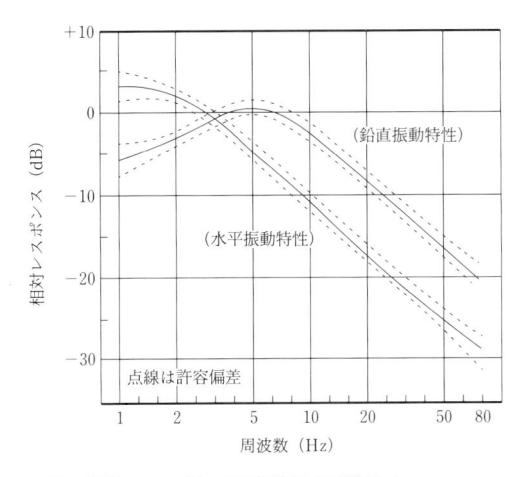

7.24 図　振動レベル計の振動感覚補正特性 (JIS C 1510, 1994)

7.6 表　振動レベル計の総合周波数レスポンスと許容偏差

周波数 (Hz)	鉛直振動特性		水平振動特性	
	相対レスポンス (dB)	許容偏差 (dB)	相対レスポンス (dB)	許容偏差 (dB)
1	− 5.9	±2	+ 3.3	±2
2	− 3.2	±1	+ 2.1	±1
4	0.1	±1	− 2.8	±1
6.3	0.2	±1	− 6.8	±1
8	− 0.9	±1	− 8.9	±1
16	− 6.1	±1	−15	±1
31.5	−12	±1	−21	±1
63	−18	±1.5	−27	±1.5
80	−20	±2	−29	±2

20 Hz の正弦振動を基準振動に選び，他の周波数の正弦振動を感覚的に 20 Hz と等価にして作成された等感度曲線を 7.25 図に示す．図中のいき値（threshold）は，振動が感じられる最小の値である．この図の等感度曲線で表される数値を振動の大きさのレベル（単位 VGL）という．20 Hz では，振動の大きさのレベル（VGL）と振動加速度レベル（VAL）は一致する．

ランダム振動の大きさのレベルを求めるには，1〜1/3オクターブバンドパスフィルタによる分析値（VAL）を等感度曲線（7.25図）に当てはめて各バンドのVGL値を求め，VGL値はphonと同様に加算できないので，加算のできる尺度である振動の大きさ（単位 VG）に変換する。振動の大きさは1 VG＝40 VGLとすれば次式で与えられる[6]。

$$\left.\begin{array}{ll} 1\,\text{VG 以下} & \log_{10}\text{VG}=0.030\,\text{VGL}-1.20 \\ 1\,\text{VG 以上} & \log_{10}\text{VG}=0.023\,\text{VGL}-0.92 \end{array}\right\} \tag{7.20}$$

7.25図　正弦振動の等感度曲線[5]（三輪俊輔）

次に各バンドの振動の大きさ（VG値）を聴覚の音の大きさ（sone）の場合のStevensの方法を応用して，

$$\text{VG}_T = \text{VG}_{\max} + F(\Sigma \text{VG} - \text{VG}_{\max}) \tag{7.21}$$

ここで　$\text{VG}_{\max}$：各周波数バンドのVG_iのうちの最大値
　　　　F：1オクターブ分析のとき　0.3
　　　　　　1/3オクターブ分析のとき　0.15

により加算し，最後にVG_Tを（7.20）式によりVGL_Tに変換する。このようにして求めた感覚値は，振動レベル計による振動レベル（VL）のメータ指示値とよく対応することが確かめられている。

7.7表　東京都における工場，指定作業場等の振動規制基準 (昭和47年3月)

区域の区分	時間区分	振動レベル（VL）	
		鉛直方向	水平方向
第1種区域 （住居地域）	午前8時―午後7時 午後7時―翌午前8時	65 dB 60 dB	75 dB 70 dB
第2種区域 （商業，準工業，工業）	午前8時―午後8時 午後8時―翌午前8時	70 dB 65 dB	80 dB 75 dB

5)　三輪俊輔・米川善晴：正弦振動の評価法（日本音響学会誌 27, No.1, 昭46, p.11〜20）
6)　三輪俊輔・米川善晴：複合正弦振動とランダム振動の評価法（日本音響学会誌 27, No.1, 昭46, p.21〜32）

東京都では工場等の振動規制基準を振動レベル（VL）によって7.7表のように定めている。

7.4 給排水設備騒音

集合住宅，ホテルなどで問題になる便所，浴室，台所等の給排水設備騒音は，水流により給排水管が振動して管壁から直接放射される空気伝搬音のほかに，パイプが壁，床の貫通部，埋込，支持部分などで構造体に接触し，その振動が直接，壁，床を振動させ，広い領域に伝搬して騒音を放射する固体伝搬音があり，その防止方法としては，渦流などの生じないような水栓，器具，配管方式の改良や，給水系統の水圧調整によって，振動エネルギそのものを小さくする振動源対策と，振動絶縁または制振によって，振動エネルギが広い面積に伝わるのを防ぐ振動伝搬防止対策とがあり，管壁からの放射音に対しては，遮音性のよいパイプシャフトによって騒音の伝搬を遮断する方法が有効である。

振動源対策としては，水の通路の形状をなめらかにし，急激な断面変化のないようにして，渦やはく離などの発生をできるだけ抑えた改良水栓等の開発，実用化が必要であり，そのような水栓を用いることによって，給水管をコンクリートに直接埋め込んだ場合，普通水栓に比して振動源直下室の騒音レベルは10 dB (A) 程度減少することが確かめられている。

貯水タンク付き便器の場合，貯水タンク内の便器ボールタップに発生する給水時の振動が固体伝搬音として問題になるが，7.26図をみると，水の流れに最も乱れを起こすピストンパッキン部までに流速を落とす工夫をした節水消音型便器の給水時固体伝搬音は，在来型に比して約20 dB (A) も減少している。

給水器具の給水圧，吐水量を適切な値に調整することは最も基本的な対策であり，必要以上の給水圧にならないように注意して設計しなければならない。給水圧を低くすることが給水時発生音の低減に直接結びついてくる。便器ボールタップの給水圧を下げることにより発生音（実験室のコンクリート壁の外側に便器と給水管を固定したとき実験室内に放射される固

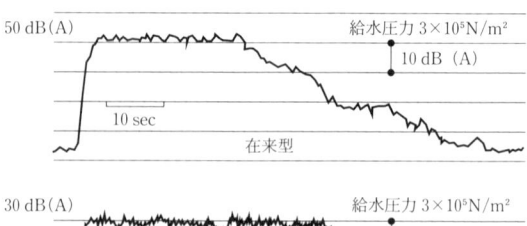

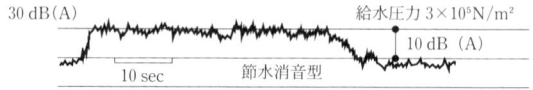

7.26 図　便器ボールタップ給水時固体伝搬音の実測例

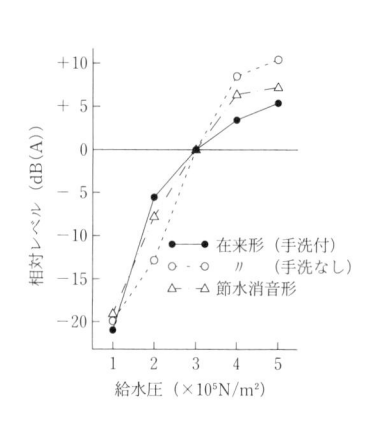

7.27 図　便器洗浄タンク用ボールタップの給水圧による給水時固体伝搬音の変化（大川平一郎）

7.28 図　ロータンクシステムで給水圧を変化させたときの発生騒音の比較（測定室DK）（大川平一郎）

体伝搬音）は 7.27 図のように変化する。また給水圧を変化させたとき便器から直接発生する騒音（空気伝搬音）を同一住戸の DK で測定した例を 7.28 図に示す。集合住宅の各住戸の給水圧は 3×10^5Pa 以下，給水栓の吐水量は 30 l/min 以下に抑えるべきであり，できれば給水圧は 1.5〜2×10^5Pa に調整することが望ましい。

振動伝搬防止対策として，まず給水系統については，給水管のコンクリート埋込み配管を避け，水栓接続部にはフレキシブル継手などを取り付けて水栓と管を絶縁し，管の支持部，貫通部では，管が壁・床と接触しない

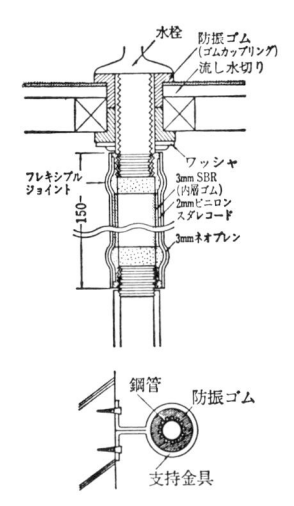

7.29図 給水管と水栓の絶縁

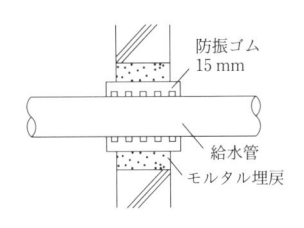

7.30図 給水管がコンクリート壁を貫通する部分の絶縁工法

ように，ゴムスリーブ，グラスウールなどの緩衝材を巻いて管と建物構造体を振動的に絶縁することが必要である（7.29図，7.30図）。

排水系統については，水洗便器の洗浄音，排水管に水が当たって発生する流水音などが問題になるが，対策としては，放射面積の大きい排水竪管の屋内露出を避け，遮音性のある材料で囲んだパイプシャフト内を通すのが最も効果的である。集合住宅では汚水および雑排水竪管のパイプシャフトを寝室から離して階段室に面した位置にとるなど，平面計画にも十分に注意すべきであろう。また便器と排水竪管の接続部分にはフレキシブル継手を用いた方がよい。

以上のような騒音対策によって，給排水系統の騒音レベルは，音源室直下階の寝室で 30 dB(A) 以下に抑えることが可能である。なおフランスで

7.8表 集合住宅の設備騒音に対するフランスの規定

音源の種類	適用	受音室の最大騒音レベル	
		法律による規制値	音響快適性ラベルを付与される推奨値
住戸外の共用設備からの設備騒音	共同ボイラ，換気機械室，エレベータなど	30 dB(A)	25 dB(A)
住戸外の個別的設備からの設備騒音	浴室，便所，台所，洗面所の給排水音など	35 dB(A)	32 dB(A)
		(1969年6月14日付法律)	(1972年2月)

固体伝搬音の遮断　139

は，集合住宅の遮音規定（1969年6月14日付法律）の中に，他住戸の浴室，便所，台所，洗面所の給排水音などの個別的設備からの騒音は35 dB(A)以下，共同ボイラ，換気機械室，エレベータなど共用設備からの騒音は30 dB(A)以下にしなければならないことが規定されている（7.8表）。

8 吸音と吸音構造

8.1 材料の吸音率

十分広い面積の材料に空気中から平面波が垂直に入射する場合を考えると，境界面においては両側の音圧が等しく，粒子速度が等しいという二つの条件が成立しなければならないので，

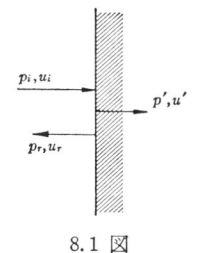

$$\left.\begin{array}{l} p_i + p_r = p' \\ u_i - u_r = u' \end{array}\right\} \qquad (8.1)$$

8.1 図

(1.17) 式から，

$$\frac{1}{Z_1}(p_i - p_r) = \frac{p'}{Z_2} \qquad (8.2)$$

Z_1, Z_2 は空気および材料の単位面積音響インピーダンスを表わす。

(8.1), (8.2) 式から，

$$r_p = \frac{p_r}{p_i} = \frac{Z_2 - Z_1}{Z_2 + Z_1} \qquad (8.3\,\text{a})$$

$$r_t = \frac{p'}{p_i} = \frac{2Z_2}{Z_1 + Z_2} \qquad (8.3\,\text{b})$$

ここで r_p を音圧反射率，r_t を音圧透過率という。入射波と反射波は振幅のみでなく位相も変わるので，r_p, r_t は複素量となる。

音のエネルギが音圧振幅の 2 乗に比例することから，吸音率は 5.4 の定義により，

$$\alpha = 1 - \frac{|p_r|^2}{|p_i|^2} = 1 - |r_p|^2$$

$$= 1 - \left|\frac{Z_2 - Z_1}{Z_2 + Z_1}\right|^2 \qquad (8.4)$$

空気中の進行波の減衰を無視すれば，Z_1 は固有音響抵抗 ρc となるから，材料の単位面積音響インピーダンスを Z とおけば，その材料の吸音率は，

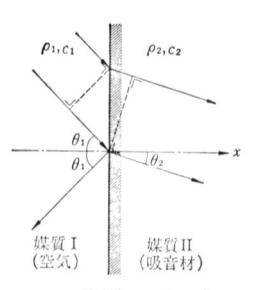

$$\alpha = 1 - \left| \frac{(Z/\rho c) - 1}{(Z/\rho c) + 1} \right|^2 \tag{8.5}$$

で表わされる。

次に広い平面で接している二つの媒質の境界面に平面波が斜めに入射すると，

$$\frac{\sin\theta_1}{c_1} = \frac{\sin\theta_2}{c_2} \tag{8.6}$$

ここで θ_1：入射角（＝反射角）

θ_2：屈折角

c_1, c_2：それぞれの媒質中の音速

8.2図 媒質境界面の反射，屈折

境界面における x 方向の粒子速度は連続であるから，(6.53)式を用いて垂直入射の場合と同様に導けば，斜め入射吸音率は，

$$\alpha_{\theta_1} = 1 - |r_p|^2 = 1 - \left| \frac{Z_2 \cos\theta_1 - Z_1 \cos\theta_2}{Z_2 \cos\theta_1 + Z_1 \cos\theta_2} \right|^2 \tag{8.7}$$

となる。

そこでいま，材料表面上の音圧によって，材料内部の粒子速度は表面に垂直な方向にのみ生じるという局部作用的 (locally reactive) な境界条件を仮定し，材料表面の音圧と表面に垂直な粒子速度との比を材料の垂直音響インピーダンス (normal acoustic impedance) Z_n と定義すれば，(8.7)式で $\theta_2 = 0$, $Z_1 = \rho c$, $Z_2 = Z_n$ と置いて，入射角 θ における吸音率は，

$$\alpha_\theta = 1 - \left| \frac{Z_n \cos\theta - \rho c}{Z_n \cos\theta + \rho c} \right|^2 \tag{8.8}$$

となる。

垂直音響インピーダンスは複素量であるから

$$\frac{Z_n}{\rho c} = \frac{R_n}{\rho c} + j\frac{X_n}{\rho c} = r_n + jx_n$$

とおけば，(8.8)式は，

$$\alpha_\theta = \frac{4r_n \cos\theta}{(r_n \cos\theta + 1)^2 + x_n^2 \cos^2\theta} \tag{8.9}$$

となって，斜め入射吸音率 α_θ は入射角 θ によって変化することがわかる。

また垂直入射吸音率 α_0 (normal incident sound absorption coefficient) は $\theta = 0$

と置いて，

$$\alpha_0 = \frac{4r_n}{(r_n+1)^2 + x_n^2} \tag{8.10}$$

で表わされる。

あらゆる方向から一様に平面波が入射する場合には，単位面積に落ちるエネルギ量によって各方向に重みをつけ，積分して平均値を求めればよいから，

$$\begin{aligned}\alpha_s &= \frac{\int_0^{\pi/2} \alpha_\theta \cos\theta \cdot \sin\theta d\theta}{\int_0^{\pi/2} \cos\theta \cdot \sin\theta d\theta} \\ &= 2\int_0^{\pi/2} \alpha_\theta \cos\theta \cdot \sin\theta d\theta \\ &= 8\int_0^{\pi/2} \frac{r_n \cos^2\theta \cdot \sin\theta}{(r_n\cos\theta + 1)^2 + x_n^2 \cos^2\theta} d\theta\end{aligned} \tag{8.11}$$

垂直音響インピーダンス Z_n（すなわち r_n と x_n）が入射角に関係しないものとすれば，(8.11)式を計算して，

$$\begin{aligned}\alpha_s = \frac{8r_n}{r_n^2 + x_n^2}\bigg[&1 - \frac{r_n}{r_n^2 + x_n^2}\log_e\{(r_n+1)^2 + x_n^2\} \\ &+ \frac{r_n^2 - x_n^2}{(r_n^2 + x_n^2)x_n}\tan^{-1}\left(\frac{x_n}{r_n+1}\right)\bigg]\end{aligned} \tag{8.12}$$

となる。この α_s を統計入射吸音率またはランダム入射吸音率という。実際の音場では，必ずしもこのような入射条件になるとは限らないが，騒音防止設計や室内音響設計では，拡散音場を仮定する場合が多いので，実用的な設計資料としては，このランダム入射吸音率を使うのが普通である。

材料の吸音率は，材料自体の厚さや密度などのほかに，その材料を施工したときの背後空気層厚や取付方法によって変化し，また実際には材料単体ではなく，表面材，下地材，背後空気層を組み合わせた吸音構造として用いることが多いので，実用的なランダム入射吸音率の値を実験的に求めるには残響室（reverberation chamber）内に試料を実際と同じ状態で施工し，試料施工前後の残響時間を測定して，Sabine の残響式により試料の吸音率を計算する方法がとられている。この方法で求めた吸音率をとくに残響室法吸音率 α_r

(reverberant sound absorption coefficient) という.

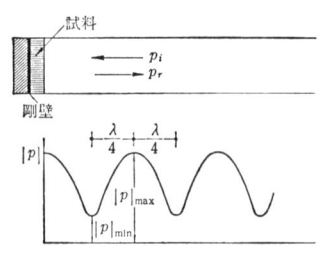

8.2 吸音率の測定
a．垂直入射吸音率の測定

8.3図のように管の一端に試料を取り付け，他端のスピーカから純音を出すと，入射波と反射波の干渉により管内に定在波が生じ，$\lambda/4$ ごとに音圧の山谷ができる．入射波

8.3図　垂直入射吸音率の測定

の振幅を A，反射波の振幅を B とすれば，音圧の極大値は，$|p|_{max}=|A+B|$，極小値は $|p|_{min}=|A-B|$ となり，

$$\frac{|p|_{max}}{|p|_{min}}=\frac{|A+B|}{|A-B|}=n \tag{8.13}$$

とおけば，試料の音圧反射率は，

$$|r_p|=\left|\frac{B}{A}\right|=\frac{n-1}{n+1} \tag{8.14}$$

となるから，垂直入射吸音率は，

$$\alpha_0=1-|r_p|^2=\frac{4}{n+\frac{1}{n}+2} \tag{8.15}$$

となり，管内でマイクロホンを移動して n または山谷のレベル差 $20\log_{10}n$ (dB) を測定することにより，α_0 を求めることができる．

この測定方法は管内法（tube method）のひとつで定在波法とよばれ，その詳細は JIS A 1405 に規定されている．管の断面寸法は，試料に垂直に平面波を入射させるため，波長より小さくする必要があり，管の直径を D とすると，上限周波数は $f_h < c/(1.7D)$ となる (c：音速)．管長は少なくとも二つの極小値を測定するため，下限周波数の $3\lambda/4$ 以上の長さが必要で，普通は 2,000 Hz 以下の測定に直径 10 cm 程度の管，それ以上の周波数に別の細い管を使用する．

管内法は測定が簡単で試料が小さくてすみ，精度もよいので，材料相互の比較や材料自体の物理的性質と吸音率との関係の検討には適しているが，この方法で測定した吸音率をそのまま室内音響設計などに使うことはできない

ので，測定結果には必ず垂直入射吸音率であることを明示しなければならない。

定在波法で材料表面から最初の音圧極小値までの距離 d を測定すると，入射波の位相のずれにより，

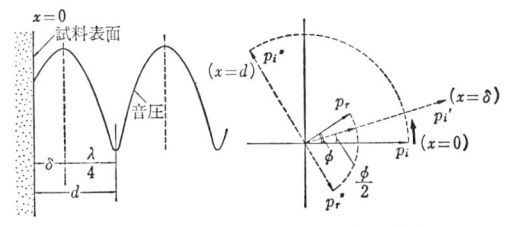

8.4 図　試料表面における位相の変化

$$d=\frac{\lambda}{4}+\delta \quad または \quad \frac{\lambda}{4}-\delta$$

となっていることがわかる (8.4 図)。すなわち，材料表面における位相の変化量は，

$$\phi=2\delta\cdot\frac{2\pi}{\lambda}=\frac{4\pi\delta}{\lambda} \tag{8.16}$$

となる。したがって，d と n を測定すれば (8.16) 式と (8.14) 式から複素音圧反射率，

$$r_p=|r_p|\cdot e^{j\phi}$$

を求めることができる。また (8.5) 式に示した

$$r_p=\frac{(Z/\rho c)-1}{(Z/\rho c)+1}$$

の関係から，材料表面の単位面積音響インピーダンスが計算できる。

b．残響室法吸音率の測定

残響時間が十分に長く，測定周波数範囲において拡散音場の仮定を満足するような残響室内において，空室の残響時間が T_2，試料施工後の残響時間が T_1 であったとすれば，

$$T_2=\frac{KV}{S\alpha_2}, \quad T_1=\frac{KV}{S\bar{\alpha}}$$

$$S\bar{\alpha}=S_m\alpha_m+(S-S_m)\alpha_2$$

したがって，

$$\alpha_m=\frac{KV}{S_m}\left\{\frac{1}{T_1}-\frac{1}{T_2}\left(1-\frac{S_m}{S}\right)\right\}$$
$$\fallingdotseq\frac{KV}{S_m}\left(\frac{1}{T_1}-\frac{1}{T_2}\right) \tag{8.17}$$

ここで　α_m：試料の残響室法吸音率
　　　　S_m：試料面積（m²）
　　　　V：残響室容積（m³），　S：残響室表面積（m²）
　　　　α_2：残響室壁面の吸音率
　　　　$K=55.3/c$

すなわち吸音構造の残響室法吸音率は，T_2，T_1を測定することによって，(8.17)式により求めることができる。

この式からもわかるように，小さい吸音率まで精度よく測定するには，空室残響時間をできるだけ長くする必要があり，残響室壁面は，モザイクタイル張り，人造石研出し仕上げ等により吸音率 α_2 が 0.01～0.015 となるようにすべきである。また，高音域では空気の吸収による影響が大きいので，T_2 と T_1 の測定は引き続いて行ない，残響室内の温度，湿度がその間にあまり変化していないことを確かめなければならない。

残響室法吸音率の測定方法の詳細は，JIS A 1409 に規定されているが，残響室内の音場をできるだけ拡散させるため，室容積は 150 m³ 以上，できれば 200 m³ 以上とし，拡散板を室内全体にその片側面積の総和が床面積の 80％程度になるようにランダムに吊り下げることが必要である（8.5 図）。また試料面積は，約 10 m²（長さと幅の比は 1.3～1.5）とし，床面中央部に集中

8.5 図　残響室内の吊り下げ拡散体

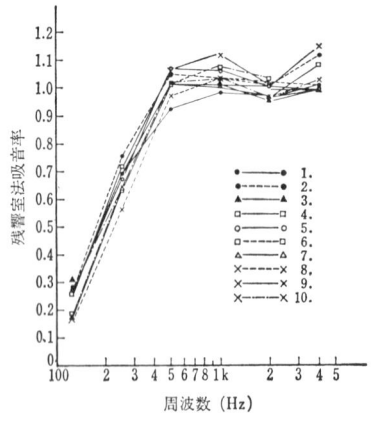

8.6 図　10機関による同一試料の持ち回り比較試験の結果

配置して実際と同じ状態で施工する．小面積に分散すると吸音材周辺の回折等による面積効果の影響が著しくなるので避けた方がよい．

試料面積と周長，拡散板の面積率，測定装置等の条件を統一して同一試料で持ち回り試験を行なった結果は，8.6図に示すようにかなりよく一致しているが，音場条件の相異や，初期の形状が直線的な減衰を示さない残響波形の読みとり誤差（8.7図）等の変動要因により，測定値に10％程度の誤差は出るものと考えなければならない[1]．

しかしながら，実際に吸音材料や吸音構造の吸音特性を表わす資料は，とくに断わってない限

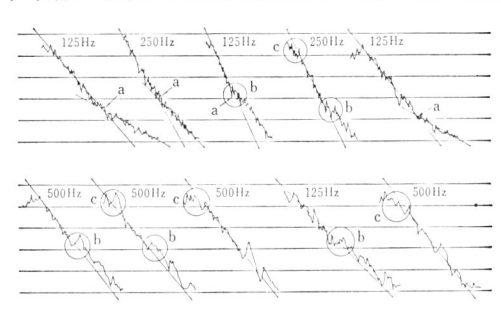

（a） 途中で折れ曲っている　（b） 途中で段がついている
（c） 初期の形状が丸いかまたは段がついている
8.7図　読みとり誤差を生じやすい残響波形の例

り，すべて残響室法吸音率の測定値であり，実用的には吸音率の中で，もっとも重要な量であるといえよう．

8.3 吸音機構による分類

各種吸音構造の吸音特性の基本的な形は，吸音機構によってだいたい定まり，どのような材料がどのような吸音特性を示すかは，吸音機構を知れば，ほぼその概要をつかむことができる．

吸音材料はその吸音機構によって，（1）多孔質材料（porous material），（2）板状材料（panel, board），（3）孔あき板（perforated board）の3種類に大別される（8.8図）．

1） 多孔質材料　ロックウール，グラスウール，軟質ウレタンフォームのような細い繊維や連続気泡から成る材料に音波が入射すると，繊維の隙間や気泡中の空気が振動し，微小繊維との間の摩擦や粘性抵抗等によって，音

---

[1] 牧田康雄・子安勝・永田穂・木村翔：残響室法吸音率の測定精度に関する研究（II）（日本音響学会誌 24, No. 6, 昭43, p. 393〜402）

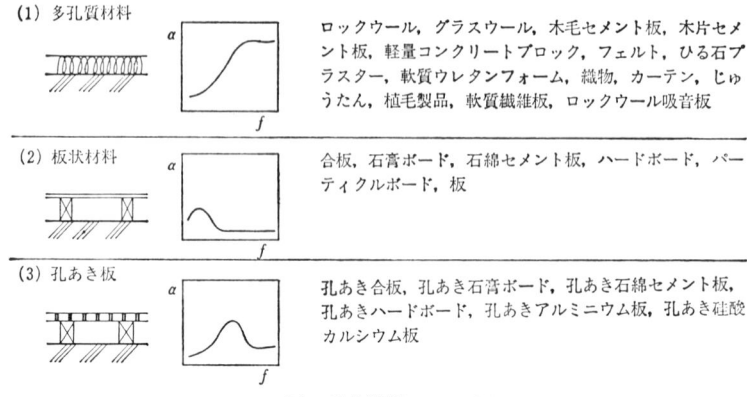

(1) 多孔質材料	▓▓▓▓	α ／ f	ロックウール，グラスウール，木毛セメント板，木片セメント板，軽量コンクリートブロック，フェルト，ひる石プラスター，軟質ウレタンフォーム，織物，カーテン，じゅうたん，植毛製品，軟質繊維板，ロックウール吸音板
(2) 板状材料		α／f	合板，石膏ボード，石綿セメント板，ハードボード，パーティクルボード，板
(3) 孔あき板		α／f	孔あき合板，孔あき石膏ボード，孔あき石綿セメント板，孔あきハードボード，孔あきアルミニウム板，孔あき硅酸カルシウム板

8.8 図　吸音機構による分類

のエネルギの一部が熱エネルギに変わり吸音される。その吸音特性は，一般に低音域よりも高音域をよく吸収する。

2) 板状材料　合板，石こうボード，石綿セメント板のような薄い気密な板状の材料は，背後に空気層を設けて施工すると，入射音波によって板振動を生じ，内部摩擦によって音のエネルギが失われ吸音する。その吸音特性は，低音域の共鳴周波数付近に吸収の山をもち，中高音域の吸音率は小さい。

3) 孔あき板　合板，石綿セメント板などの板状材料に適当な孔径の貫通孔を一定の間隔であけた孔あき板（穿孔板）は，背後に空気層を設けて施工すると，音波が入射したとき，孔の部分の空気が一体となって振動し，背後空気層の空気がばねのように作用して，ヘルムホルツの共鳴器と同様の原理の共鳴吸収を生じ，主に孔の付近の摩擦損失により音のエネルギが失われ吸音する。その吸音特性は，共鳴周波数を中心に（2）の板状材料よりも幅広い吸収の山を生ずる。

8.4　多孔質材料

多孔質材料の吸音に対する影響が最も大きいのは，細隙，細孔内の空気の摩擦，粘性抵抗であるが，一般に運動に対する抵抗は速度に比例するので，音波の粒子速度の大きい位置に多孔質材料があるほど，吸音率は大きくな

る。垂直入射波の粒子速度は，剛壁から $\lambda/4$ のところで最大になり，$\lambda/2$ のところで最小になるが，管内に布を剛壁から 9 cm 離して取り付け，垂直入射吸音率を測定してみると，8.9 図[2] に示すように空気層厚が $\lambda/4$，$(3/4)\lambda$ に相当する周波数（940 Hz と 2,800 Hz）で吸音率が大きくなることが確かめられる。

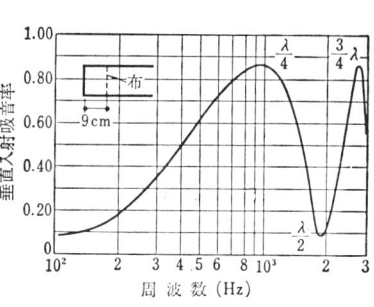

8.9 図　布の垂直入射吸音率 (Brüel)

　ロックウールやグラスウールのような布よりも厚みがある多孔質材料を剛壁に密着して施工し，残響室法吸音率を測定すると，一般に低音域の吸音率は小さいが，周波数が高くなって，材料の厚さが $\lambda/4$（ただし多孔質材の中では波長が空気中より短くなる）に近づくほど吸音率は大きくなり，それより高い周波数域では，垂直入射のようなはっきりした山谷は表われずに，ほぼ一様な吸音特性を示す。したがって，剛壁に密着した多孔質材料の厚さを増すと，波長の長い低音域の吸音率が次第に増大する（8.10 図，8.11 図）。

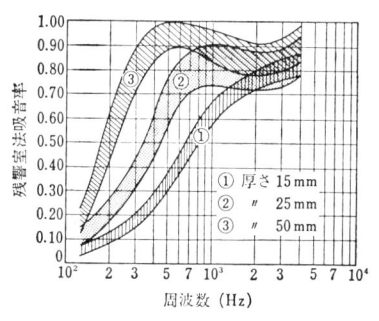

8.10 図　グラスウールボードの吸音特性の材料厚さによる変化（剛壁密着）
かさ比重 0.032〜0.048 (子安勝)

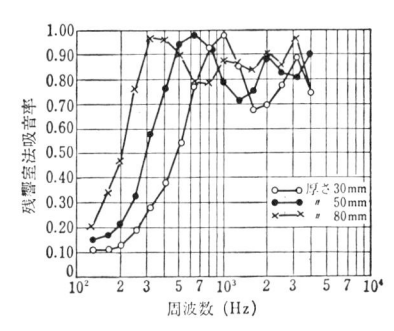

8.11 図　木片セメント板の吸音特性の材料厚さによる変化
（剛壁密着）（子安勝）

　また同じ材料では，剛壁から離して施工し，背後空気層の厚さを増すほど，低音域の吸音率を大きくすることができる（8.12 図）。

---

2) Brüel, P. V. : Sound Insulation and Room Acoustics (Chapman and Hall, 1951, p.102)

吸音と吸音構造　　149

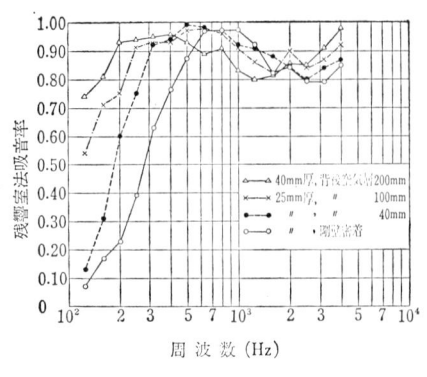

8.12 図 ロックウールの吸音特性に対する背後空気層の影響

すなわち，材料の厚さか背後空気層厚を増すことにより，吸音率がほぼ一定値に達する周波数が低音域に移動して，吸音率の大きな周波数領域が広がることになる。

一方，多孔質材料の中高音域の吸音率は，材料の種類によって異なるが，その特性に最も大きな影響を与えるのは材料の単位面積流れ抵抗（flow resistance）である。これは，材料に定常的な低速の空気流を流したときの材料両面の圧力差 Δp（dyn/cm²）と気流速度 v(cm/s) との比で，

$$r_f = \frac{\Delta p}{v} \quad (\mathrm{dyn \cdot s/cm^3}) \tag{8.18}$$

と定義され，単位を rayls という（rayls＝dyn・s/cm³＝g/cm²・s）。

厚さ 1 cm 当りの単位面積流れ抵抗（dyn・s/cm⁴）には，吸音率を大きくするための最適値があるといわれるが，一般に材料の厚さがそれほど大きくない場合，100 dyn・s/cm⁴ 以下の範囲では，流れ抵抗が大きいほど中高音域の吸音率は大きくなると考えてよい。

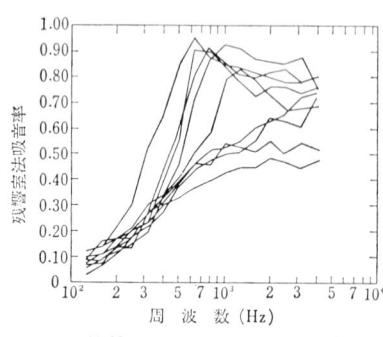

8.13図 軟質ウレタンフォームの吸音特性
（剛壁密着）（子安勝）
厚さ 20 mm，かさ比重 0.10～0.40
同じ厚さでも流れ抵抗が大幅に変化する

ロックウール（かさ比重0.04～0.20）やグラスウール（かさ比重 0.02～0.1）は，材料の厚さで流れ抵抗，すなわち吸音特性がほとんど定まり，かさ比重の影響はそれほど大きくないが，木毛セメント板はかさ比重が0.4～0.7，木片セメント板はかさ比重が 0.6 前後以外のものは吸音率が大幅に低下する。また，カーテンなどの布，織物類や軟質ウレタンフォ

ームは，同じ厚さでも製品によって流れ抵抗が大幅に変化するので，材料厚さやかさ比重によって吸音特性を規定することができず，流れ抵抗がとくに重要である[3]（図 8.13）。

軽量骨材を使った多孔質の軽量コンクリートブロックは，通気性があるので遮音には役立たないが，逆に骨材の間隙が吸音には有効に作用し，単位面積流れ抵抗に応じて 8.14 図のようにそれぞれ異なった吸音特性を示す。

多孔質材料の表面を塗装して被膜をつくると，高音域の吸音率は低下するが，表面材としてグラスクロス，サランなど通気性の大きい織物や金網類，小さい孔径で開孔率が 20% 以上の孔あき金属板などを用いれば，吸音特性に対する影響は表われない。

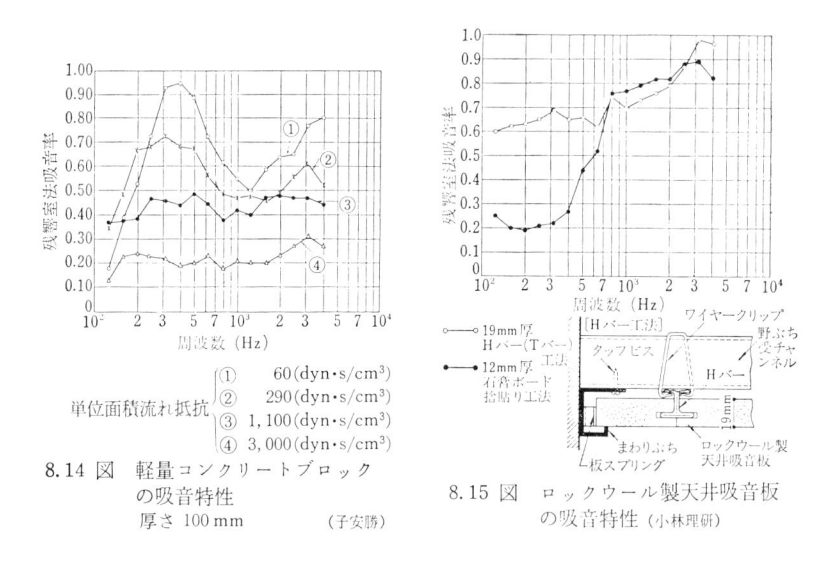

8.14 図　軽量コンクリートブロックの吸音特性
厚さ 100 mm　　（子安勝）

単位面積流れ抵抗
① 60 (dyn·s/cm^3)
② 290 (dyn·s/cm^3)
③ 1,100 (dyn·s/cm^3)
④ 3,000 (dyn·s/cm^3)

8.15 図　ロックウール製天井吸音板の吸音特性　（小林理研）

ロックウール繊維を板状に成形した天井吸音板や，塗装した軟質繊維板に半貫通の穴をあけた吸音板は，格子状の H バーなどに施工すると，板振動による低音吸収を生じ，中高音域の多孔性による吸音と合わさった形の吸音特性を示す(8.15図)。

---

3)　子安勝・杉田久夫：軟質ウレタンフォームの吸音特性（小林理研報告 16, 昭41, p.21~27)

8.5 板状材料

単位面積当りの質量が $m(\mathrm{kg/m^2})$ の板状材料を剛壁から $L(\mathrm{m})$ 離して施工したとき，野縁などで区切られた背後空気層がバネとして働き，板がマス (mass) として前後に振動すると考えれば，空気層の単位面積バネ定数 k_a は，音圧 p による単位面積の板の内側への変位を dL とおいて $k_a = p/dL$，単位面積では (1.10) 式の V を空気層厚 L，dV を dL と置きかえられるから，

$$p = K\frac{dL}{L}$$

また体積弾性率 $K = \rho c^2$ であるから，

$$k_a = \frac{\rho c^2}{L} \tag{8.19}$$

共鳴周波数は (7.6) 式の k に (8.19) 式を代入すれば，次のようになる。

$$f_r = \frac{1}{2\pi}\sqrt{\frac{\rho c^2}{mL}} \quad (\mathrm{Hz}) \tag{8.20}$$

ここで ρ：空気密度 $(\mathrm{kg/m^3})$　　c：音速 $(\mathrm{m/s})$

しかしながら，実際の施工状態では板自身の剛性の影響を無視できない。周辺単純支持の矩形板（辺長 $a \times b$）の共振周波数は次式で表わされる[4]。

$$f_n = \frac{1}{2\pi}\sqrt{\frac{B}{m}\left\{\left(\frac{p\pi}{a}\right)^2 + \left(\frac{q\pi}{b}\right)^2\right\}^2} \tag{8.21}$$

ここで　B：板の曲げ剛性（(6.67)式）

　　　　p, q：任意の正の整数

したがって，板状材料を野縁間隔 $a \times b$ で施工したときは，板の弾性と背後空気層の弾性が直列に加わった形になり，共鳴周波数は

$$f_r = \frac{1}{2\pi}\sqrt{\frac{1}{m}\left[\frac{\rho c^2}{L} + B\pi^4\left\{\left(\frac{p}{a}\right)^2 + \left(\frac{q}{b}\right)^2\right\}^2\right]} \quad (\mathrm{Hz}) \tag{8.22}$$

p, q の組合せにより多数の共鳴周波数が存在するが，実際には一次のモードのみを考えればよい。

ここで板の剛性を K と置けば，

$$f_r = \frac{1}{2\pi}\sqrt{\frac{1}{m}\left(\frac{1.4 \times 10^5}{L} + K\right)} \quad (\mathrm{Hz}) \tag{8.23}$$

---

[4] Cremer, L, Heckel, M and Ungar, E : Structure borne Sound, Chap. IV (Stringer-Verlag, 1973, p.287)

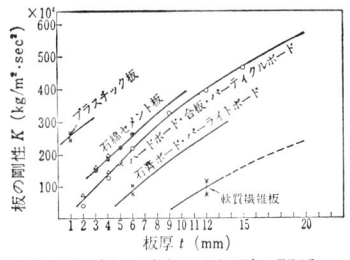

8.16 図　板の剛性Kと板厚の関係

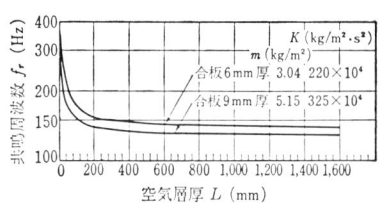

8.17 図　空気層厚を変えたときの共鳴周波数の変化

各種板状材料を普通の状態（野縁間隔 450 mm，釘打間隔 150 mm 程度）で施工したときのKの値を実験的に，f_rの実測値から求めると，板厚との関係は 8.16 図のようになる。

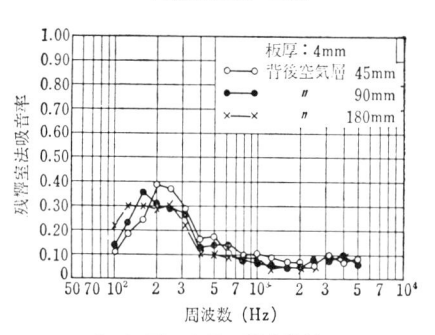

板状材料の吸音特性は，(8.23)式の共鳴周波数付近に吸音率 0.20～0.50 の吸収の山を生じ，中高音域の吸音率は 0.05～0.10 程度である。普通の板状材料では，空気層厚を 45 mm 以上にとれば，共鳴周波数はほぼ 200 Hz 以下の低音域にくるので，低音域用の吸音材料として有用である。空気層厚を増すと，吸収の山はさらに低音へ移動するが，Kの値で決まる周波数より低くはならない（8.17 図）。

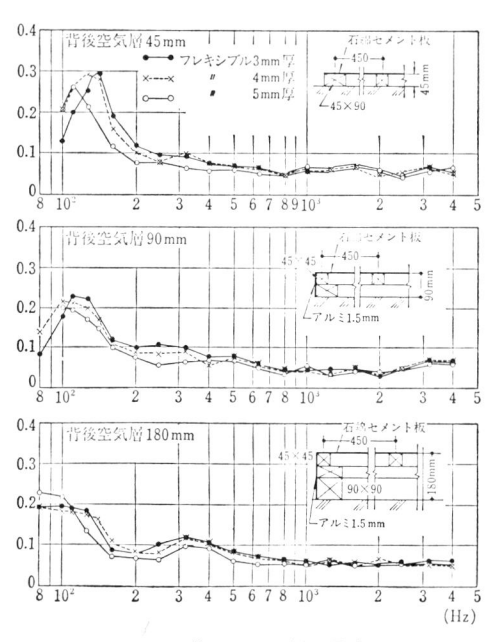

8.18 図　合板の吸音特性

8.19 図　石綿セメント板の吸音特性

吸音と吸音構造　153

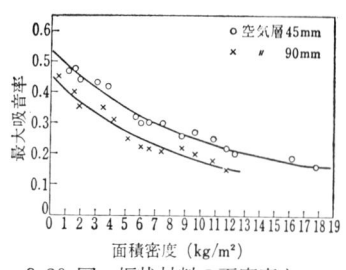

8.20 図　板状材料の面密度と最大吸音率の関係

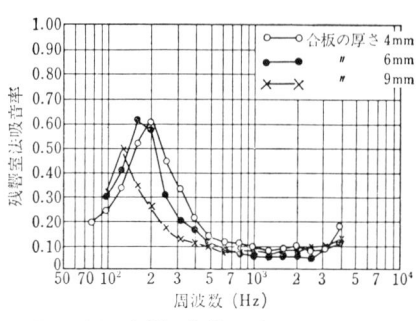

8.21 図　合板の背後にグラスウールを充塡した場合の吸音特性

空気層厚を変えたときの合板，石綿セメント板の吸音特性を 8.18 図，8.19 図に示す。

低音域における吸音率のピーク値は，板状材の単位面積当りの質量 m が小さいほど大きくなり，空気層厚 45 mm，90 mm では 8.20 図のような関係にある。

また，背後空気層に多孔質材を充塡すると吸音率の山を高くすることができる（8.21 図）。

なお，ビニールシート，帆布カンバスのようなほとんど通気性のない膜状の材料も膜振動による共鳴吸収を生ずるが，板状材と異なり，共鳴周波数は 300〜1,000 Hz の中音域にくる。

8.6　ヘルムホルツの共鳴器

容積 V の空洞に長さ l の首がついているつぼのような容器を壁に埋めこむと，各部の寸法が波長に比して十分小さい場合には，首の部分の空気を一つの質量として扱うことができ，空洞内の空気はばねとして作用するので，8.22 図のように機械系の質量をばねで支持した単一共振系と同様な運動をすると考えることができる。これをヘルムホルツの共鳴器（Helmholz resonator）という。空洞のばね定数 k は，面積 S の首部の空気を一つのかたまりと考えて，これが音圧 p によって空洞内へ x だけ変位したとすれば，

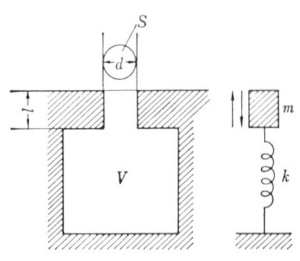

8.22 図　ヘルムホルツ共鳴器

$$k = \frac{F}{x} = \frac{Sp}{x}$$

154　建築音響と騒音防止計画

空洞内空気の容積変化量は Sx であるから，(1.10) 式から，

$$p = K\frac{Sx}{V} = \rho c^2 \frac{Sx}{V}$$

したがって，

$$k = \frac{\rho c^2 \cdot S^2}{V} \tag{8.24}$$

首部の空気の質量は，

$$m = S \cdot l \cdot \rho \tag{8.25}$$

(8.24), (8.25) 式を (7.10)' 式に代入すれば，共鳴周波数は，

$$f_r = \frac{1}{2\pi}\sqrt{\frac{k}{m}} = \frac{c}{2\pi}\sqrt{\frac{S}{V \cdot l}} \tag{8.26}$$

となる。なお実際には，首部の空気が一つの質量として振動するとき，前後の空気がいっしょに動くと考えられるので，首の実効長 $l' = l + \delta$ を用いる。補正項 δ は直径 d の円孔の場合，$\delta = (\pi/4)d \fallingdotseq 0.8d$ となる。したがって，

$$f_r = \frac{c}{2\pi}\sqrt{\frac{S}{V(l + 0.8d)}} \quad \text{(Hz)} \tag{8.27}$$

ここで　V：空洞容積

　　　　S：首の断面積　　　l：首の長さ

　　　　d：首の直径　　　　c：音速

この共鳴周波数の音波が入射すると，首の部分の空気は激しく振動して，摩擦損失により音のエネルギが失われる。

このような単一共鳴器は，吸収の山が鋭く，共鳴周波数付近の狭い周波数範囲の音のみを吸音するので，一般には使いにくいが，スタジオなどの比較的小さい部屋で，ブーミングの原因となる低い周波数の孤立した固有振動を減衰させたり，コンクリート打放しなどの固い仕上げの空間で，低音域の残響が極端にのびるのを抑えるため，共鳴周波数の少しずつ異なる数種類の共鳴器を作って，おのおの数千個ずつ埋めこんだりする場合がある。

ヘルムホルツ共鳴器の単位面積音響インピーダンスは，機械系の (7.8)，(7.9) 式と対応させて考えれば，

$$Z = \frac{p \cdot e^{j\omega t}}{u} = r' + j\left(\omega \cdot l \cdot \rho - \frac{S\rho c^2}{\omega V}\right) \tag{8.28}$$

吸音と吸音構造　　155

となる．ここで r' は首部の単位面積当りの抵抗である．

いま電気系について考えると，インダクタンス L のコイルに電圧 E が加わって電流 i が生じたとすれば，

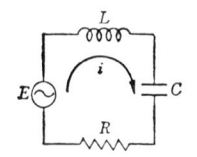

$$L\frac{di}{dt} = E(t) \tag{8.29}$$

またキャパシタンス C のコンデンサに電圧 E が加わったときの電流を i とすれば，

$$\frac{1}{C}\int i\,dt = E(t) \tag{8.30}$$

また電気抵抗を R とすれば，

$$R \cdot i = E(t) \tag{8.31}$$

これを機械系，音響系と対比させてみると，8.1表のようになり，質量をばねで支持した単一共振系の運動方程式 (7.6) 式に対応して，

$$L\frac{di}{dt} + R \cdot i + \frac{1}{C}\int i\,dt = E(t) \tag{8.32}$$

8.23 図

が得られ，等価回路は 8.23 図のようになる．

起電力（電圧）が単弦変動すれば（$E(t) = E \cdot e^{j\omega t}$, $d/dt = j\omega$），(7.7) 式に対応して，

8.1 表　電気系　機械系，音響系の対応

電気系	機械系	音響系	（ヘルムホルツ共鳴器）	
インダクタンス L	質　量　m	音響質量 $M_a = m/S^2\,(\mathrm{kg/m^4})$	首　部 $M_a = l \cdot \rho/S$	単位面積首部質量 $l \cdot \rho$
キャパシタンスの逆数　$1/C$	バネ定数　k	音響スチフネス $S_a = k/S^2\,(\mathrm{N/m^5})$	空洞部 $S_a = \rho c^2/V$	単位面積空洞バネ定数　$S\rho c^2/V$
キャパシタンス C	コンプライアンス　$C_M = 1/k$	音響コンプライアンス $C_a = C_M S^2\,(\mathrm{m^5/N})$	空洞部 $C_a = V/\rho c^2$	
電気抵抗　R	摩擦抵抗　r	音響抵抗 $R_a = r/S^2\,(\mathrm{N \cdot s/m^5})$	首　部 $R_a = r'/S$	単位面積首部抵抗　r'
電　流　i	振動速度　v	体積速度 $U = u \cdot S\,(\mathrm{m^3/s})$	粒子速度　u	
電圧（起電力）　E	加振力　F	音　圧 $p = F/S\,(\mathrm{N/m^2})$	音　圧　p	
電気インピーダンス　Z_e $\left(Z_e = \dfrac{E}{i}\right)$	機械インピーダンス　Z_m $\left(Z_m = \dfrac{F}{v}\right)$	音響インピーダンス $Z_a = Z_m/S^2$ $\left(Z_a = \dfrac{p}{U}\right)$　S：面積	単位面積音響インピーダンス Z $\left(Z = \dfrac{p}{u}\right)$	

$$i\left(j\omega L + R + \frac{1}{j\omega C}\right) = E \cdot e^{j\omega t} \tag{8.33}$$

共振周波数は,

$$f_r = \frac{1}{2\pi}\sqrt{\frac{1}{LC}} \tag{8.34}$$

となる。

このようにヘルムホルツの共鳴器は,電気系の単一共振回路(LCR の直列回路)とも対応する。

8.7 孔あき板を用いた吸音構造
a. 孔あき板の吸音特性

孔あき板を 8.24 図のように背後に空気層を設けて施工すると,孔の部分の空気は両端が自由であり,孔径,板厚が波長に比して十分小さいので,一つの質量として扱うことができ,背後空気層は,野縁などによってある程度区切られていて,空気層厚が波長に比して小さい場合にはばねとして作用するので,8.24 図の点線のように孔 1 個ずつに対応する部分を考えると,ヘルムホルツの共鳴器が多数並んでいるのと同様になり,孔あき板と背後空気層を,質量とばねをもった一つの共振系として取り扱うことができる。

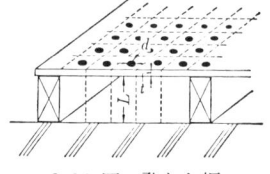

8.24 図 孔あき板

共鳴周波数は (8.27) 式と同様になるが,単位面積では空洞容積が空気層厚 L,孔面積が $\sum S/(1\times 1)$ で開孔率 P に相当するので,首の長さの代わりに板厚 t を用いれば,

$$f_r = \frac{c}{2\pi}\sqrt{\frac{P}{L(t+\delta)}} \quad (\text{Hz}) \tag{8.35}$$

円孔の場合は $\delta = 0.8d$

となる。

孔あき板は,孔間隔が小さいことによる相互干渉があり,また孔 1 個ずつに空気層が仕切られていないこともあって,ヘルムホルツの共鳴器のように狭い周波数範囲の音のみを選択吸収することはなく,(8.35) 式の共鳴周波

数を中心に比較的幅広い吸音の山をもつ吸音特性となる。

吸音の山の最大吸音率の大きさは，孔の部分の抵抗によって定まり，開孔率が小さいほどやや大きくなるが，孔あき板のみの場合には，0.30〜0.40程度である（8.25図）。

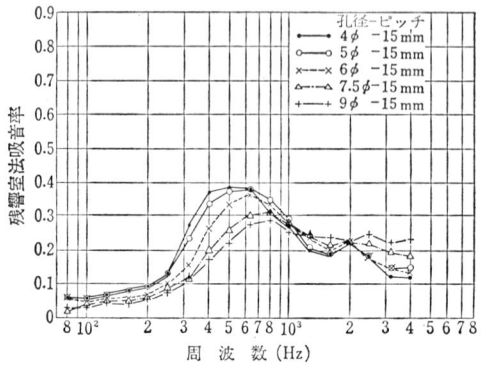

背後空気層の厚さを増すと，(8.35)式からもわかるように，吸音の山の位置は低音域へ移動するが，空気層厚が200mm程度以上になると，背後空気層を単なるばねとして扱った（8.35）式の計算値が実際の共鳴周波数とやや合わなくな

8.25 図 孔あき板の吸音特性（空気層厚 90 mm）

り，吸音特性も高音域に再び山が生ずるような形になる（8.26図）。

孔あき板のすぐ背後に多孔質材を入れると，孔の部分の抵抗に多孔質材の流れ抵抗が加わるので，吸音率は全体的に増大し，25〜50 mm 厚のロック

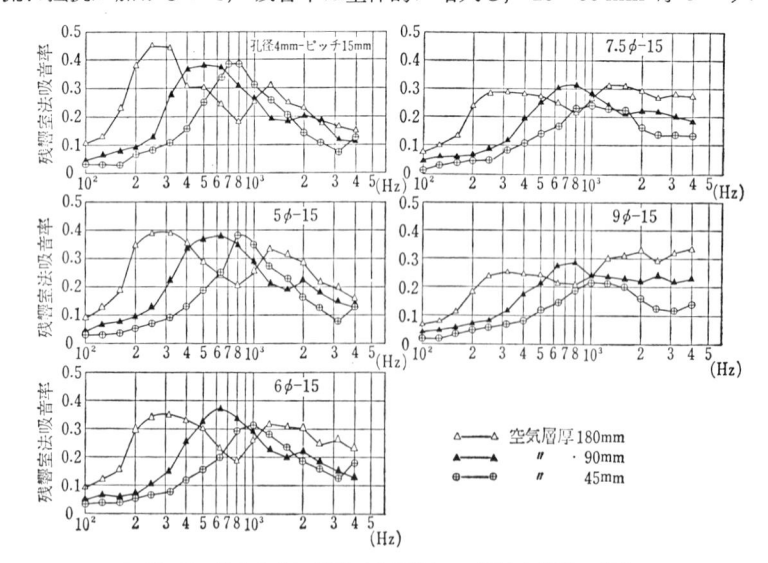

8.26 図 孔あき板の背後空気層厚による吸音特性の変化

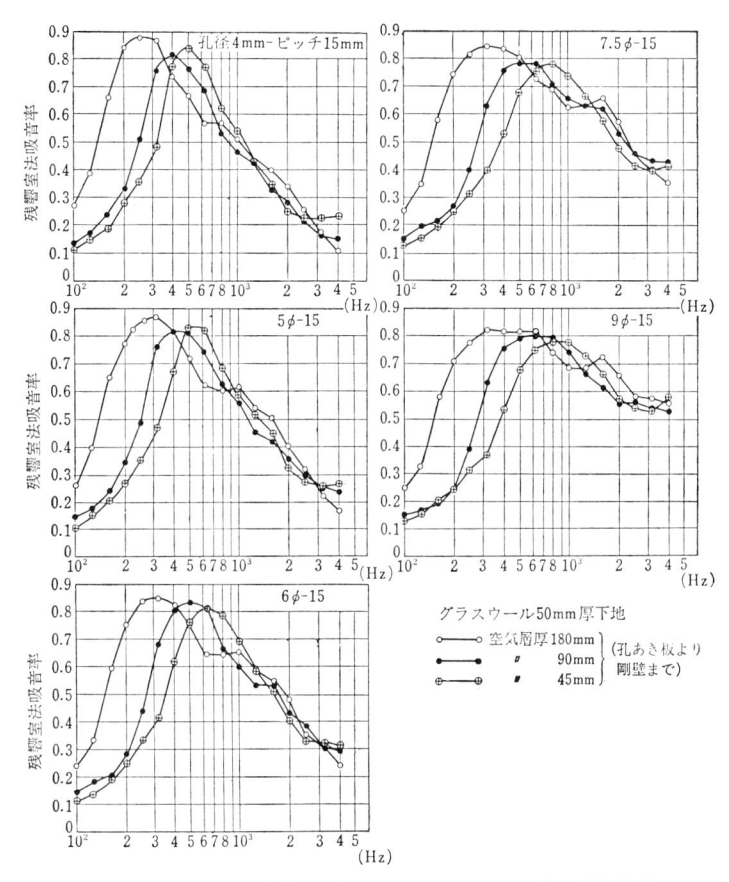

8.27 図　孔あき板の背後にグラスウールを入れた場合の吸音特性

ウール，グラスウールなどを用いれば，吸音の山の最大吸音率は 0.80 以上に達する (8.27図)。なお多孔質材の単位面積流れ抵抗が 10 rayls(dyn·s/cm³, 厚織の布程度) 以上あれば，最大吸音率の大きさは，8.27 図の例からもわかるように，孔あき板の開孔率によってほとんど変化しない。共鳴周波数は，孔のすぐ背後の空気層に多孔質材料があるため，孔の長さ(板厚)の補正項 δ が孔のみのときより大きくなり[5]，また多孔質材料はみかけ上空気層厚が増したように作用するので，(8.35)式の計算値よりも低音に移動し，空気層

5) Zwikker, C. and Kosten, C. W. : Sound Absorbing Materials (Elsevier, 1949)

厚が小さい場合でも，次のb項に示す (8.41) または (8.42) 式を用いた方が実際とよく合う。

吸音の山幅は，孔あき板の開孔率が大きいほど広くなり，同じ開孔率では孔径が小さく，板厚が薄いほど広くなる傾向がある。

したがって，薄くて開孔率の大きい孔あきアルミニウム板 (0.5 mm厚，開孔率0.20以上) の背後に多孔質材料を入れると，ほとんど多孔質材料そのものの吸音特性が得られる(8.28図)。

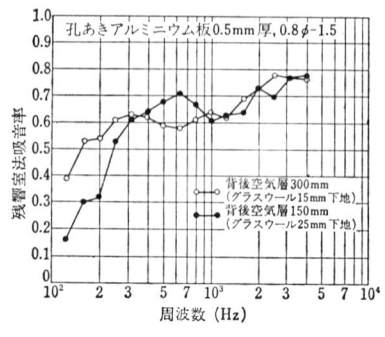

8.28図 孔あきアルミニウム板と多孔質材の吸音特性 (子安勝)

b．空気層厚が大きい場合の吸音特性

孔あき板の背後の空気層厚が大きい場合には，空気層を単なるばねとしてではなく，閉管として扱い，その単位面積インピーダンスを考えた方がよい[6]。空気層のインピーダンスが入射角に関係しないものとすれば，閉管の単位面積音響インピーダンスは，(1.36) 式で与えられるから，

$$Z_b = -j\rho c \cot(kL) \tag{8.36}$$

ここで　Z_b：空気層の単位面積音響インピーダンス

　　　　L：空気層厚

　　$k=\omega/c$：波長定数

孔あき板のインピーダンスは，剛性が小さく板振動の影響が無視できるので，孔の部分の空気のインピーダンスを考えればよい。孔の中の空気は，孔径 (d) と実効長 ($t+\delta$) が波長に比して十分小さければ質量として扱えるから，孔1個当りの孔あき板の音響インピーダンスは，

$$Z_{ap} = \frac{r'}{S} + j\omega\frac{\rho(t+\delta)}{S} \tag{8.37}$$

ここで　r'：孔の部分の単位面積当りの抵抗

---

[6] Ingard, U. and Bolt, R. H.：Absorption Characteristics of Acoustic Materials with Perforated Facings (J. A. S. A 23, 1951, p.533〜540)

r'/S：音響抵抗 R_a
$\rho(t+\delta)/S$：音響質量 M_a $\Big\}$ (8.1 表参照)
S：孔1個の面積

孔あき板の単位面積当りの孔の数を n とすれば，n 個の孔の音響質量は $\rho(t+\delta)/nS$，音響抵抗は r'/nS，孔あき板の単位面積音響インピーダンスは，この分母を1で割った形になり，$nS/1=P$ であるから，

$$Z_p = \frac{r'}{P} + j\omega\frac{\rho(t+\delta)}{P} \tag{8.38}$$

ここで Z_p：孔あき板の単位面積音響インピーダンス
P：孔あき板の開孔率
$t+\delta$：孔の実効長

したがって，孔あき板と背後空気層の単位面積音響インピーダンスは，

$$Z' = \frac{r'}{P} + j\left[\frac{\omega\rho(t+\delta)}{P} - \rho c \cot(kL)\right] \tag{8.39}$$

孔あき板の背後に多孔質材がある場合には，多孔質材料の単位面積流れ抵抗 r_f に孔の部分の抵抗が加わった形になり，

$$Z = \left(r_f + \frac{r'}{P}\right) + j\left[\frac{\omega\rho(t+\delta)}{P} - \rho c \cot(kL)\right] \tag{8.40}$$

ここで Z：孔あき板と多孔質材料と背後空気層からなる吸音構造の単位面積音響インピーダンス
r_f：多孔質材料の単位面積流れ抵抗

共鳴周波数は(8.39)または(8.40)式の虚数部分を0と置くことによって，

$$\frac{\omega_0 \rho(t+\delta)}{P} = \rho c \cot(k_0 L)$$

$$\frac{t+\delta}{PL} = \frac{\cot(k_0 L)}{k_0 L} \tag{8.41}$$

ここで $k_0 = \dfrac{\omega_0}{c} = \dfrac{2\pi f_0}{c}$

f_0：共鳴周波数

から求めることができる。$t+\delta/PL$ と $k_0 L$ の関係を 8.29 図に示す。

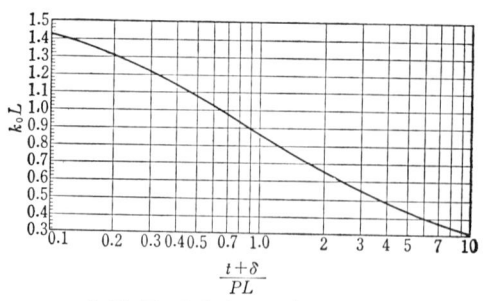

図 8.29　k_0L と $t+\delta/PL$ の関係

$\cot(k_0L)$ を展開すると，

$$\cot(k_0L) = \frac{1}{k_0L} - \frac{k_0L}{3} - \frac{(k_0L)^3}{40} - \cdots\cdots$$

となり，空気層厚 L が波長に比して十分小さい場合には第2項以下を無視すれば (8.41) 式は (8.35) 式と一致する。また第2項までをとると，

$$\frac{t+\delta}{PL} \fallingdotseq \frac{1}{(k_0L)^2} - \frac{1}{3}$$

$$f_0 = \frac{c}{2\pi}\sqrt{\frac{P}{L(t+\delta)+PL^2/3}} \tag{8.42}$$

となり，(8.41) 式の近似式として用いることができる。

〔例題〕　孔径 $d=5$ mm，開孔率 $P=0.10$，板厚 $t=5$ mm の孔あき板を空気層厚 $L=300$ mm で施工したときの共鳴周波数を計算せよ。

〔解〕　(8.41) 式を用いて　$\dfrac{t+\delta}{PL} = \dfrac{0.5+0.8\times 0.5}{0.1\times 30} = 0.30$

$\dfrac{\cot x}{x} = 0.30$ になるような x の値を数表から求めると　$x = 1.22$

$\therefore\ f_0 = \dfrac{c}{2\pi L}x = \dfrac{34,000\times 1.22}{2\pi\times 30} = 220\ \text{Hz}$

(8.42) 式によると，

$$f_0 = \frac{34,000}{2\pi}\sqrt{\frac{0.1}{30(0.5+0.8\times 0.5)+0.1\times 900/3}} = 226\ \text{Hz}$$

となる。なお (8.35) 式によると，

$$f_0 = \frac{34,000}{2\pi}\sqrt{\frac{0.1}{30(0.5+0.8\times 0.5)}} = 330\ \text{Hz}$$

となり 50% の誤差が生ずる。

孔あき板と多孔質材料と空気層から成る吸音構造の吸音特性は，(8.40) 式の単位面積音響インピーダンスを垂直音響インピーダンス $Z_n=R_n+jX_n$ として，ρc との比 $Z_n/\rho c=R_n/\rho c+jX/\rho c=r_n+jx_n$ を求めれば (8.12) 式から各周波数の統計入射吸音率 α_s を計算することができる。

ただし，

$$\left. \begin{aligned} r_n &= \left(r_f + \frac{r'}{P}\right)\Big/\rho c \\ x_n &= \frac{k(t+\delta)}{P} - \cot(kL) \\ &= \gamma \cot(kL) - \cot(\gamma kL) \end{aligned} \right\} \quad (8.43)$$

ここで $\gamma=f/f_0$, r_n, x_n は入射角に関係しないものとする。

r_n をパラメータとして，この吸音構造体の統計入射吸音率を計算すると，f/f_0 に対する吸音特性は 8.30 図のようになり，$\gamma>1$ の周波数領域において $\gamma\cot(kL)=\cot(\gamma kL)$ となる周波数が存在するので，第 2，第 3 ……の吸音の山を生ずる。これは空気層厚に相当する気柱の共鳴によるもので，kL

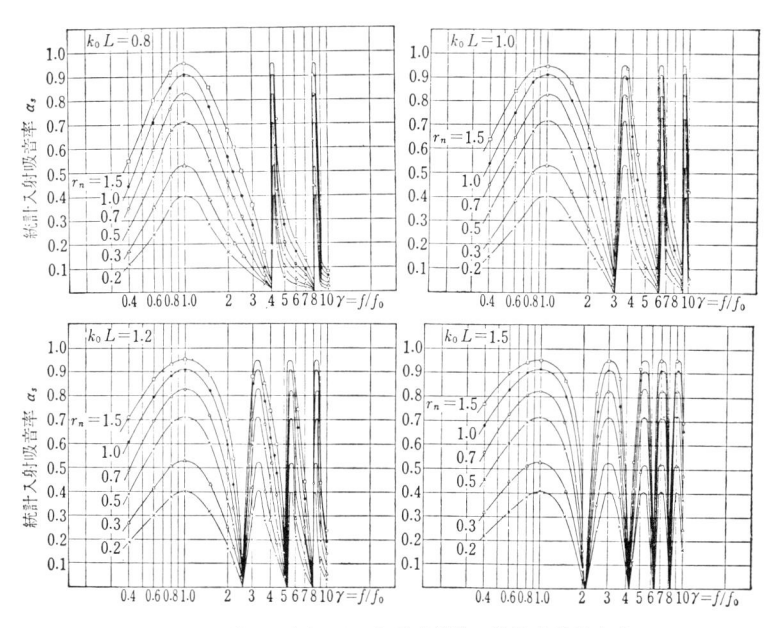

8.30 図　孔あき板を用いた吸音構造の統計入射吸音率

が大きく，大空気層になるほど，f_0 以上の周波数における山の数が多く，その山幅も広くなって，山の部分の占める面積が次第に大きくなっていき，谷の部分の面積が減少していく。

また共鳴周波数においては，$\alpha_r = \lim_{x \to 0} \alpha_s$ であるから，(8.12) 式から最大吸音率は，

$$\alpha_r = 8\left\{\frac{r_n+2}{r_n(r_n+1)} - \frac{2}{r_n^2}\log_e(r_n+1)\right\} \tag{8.44}$$

となる[7]。

$r_n = R_n/\rho c$

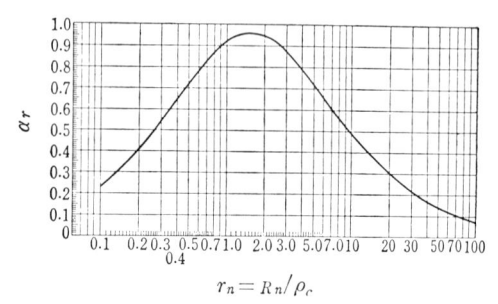

8.31 図　抵抗比（インピーダンスの実数部分）と最大吸音率の関係

抵抗比 $r_n = R_n/\rho c$ と α_r の関係を 8.31 図に示す。抵抗値 R_n は，孔あき板の背後にある多孔質材の流れ抵抗が孔あき板の付加により増加する割合が実験的に求められているが[8]，多孔質材料の単位面積流れ抵抗 r_f が 10 rayls

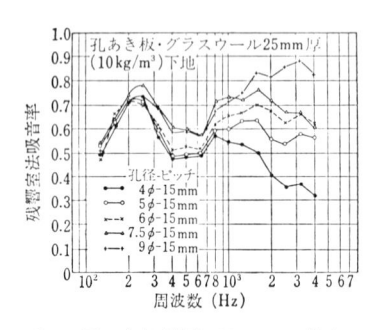

8.32 図　空気層厚 270 mm の場合の吸音特性（孔あき板＋多孔質材）

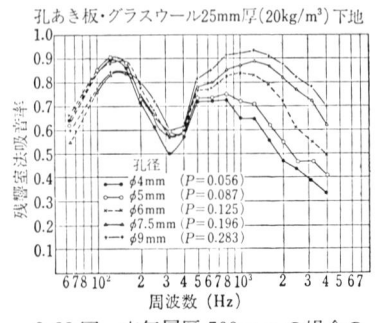

8.33 図　空気層厚 500 mm の場合の吸音特性（孔あき板＋多孔質材）

---

7) $\tan^{-1} A = A - \dfrac{A^3}{3} + \dfrac{A^5}{5} - \cdots\cdots$

8) 木村翔：音響材料の吸音特性に関する実験的研究（東大生研報告 10, No.5, 昭 36 年 1 月）

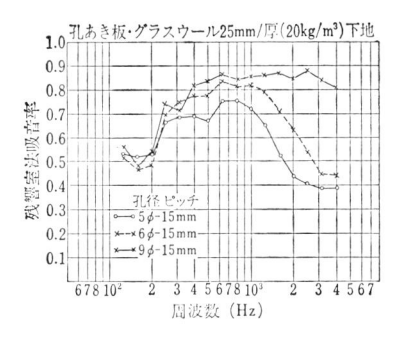

8.34 図　空気層厚 1 m の場合の吸音特性 (孔あき板＋多孔質材)

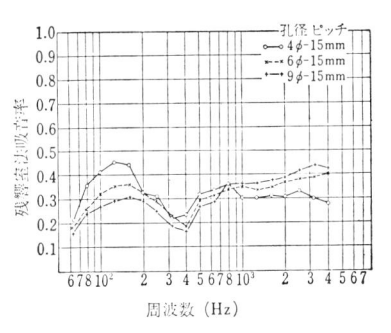

8.35 図　空気層厚 500 mm の場合の吸音特性 (孔あき板のみ)

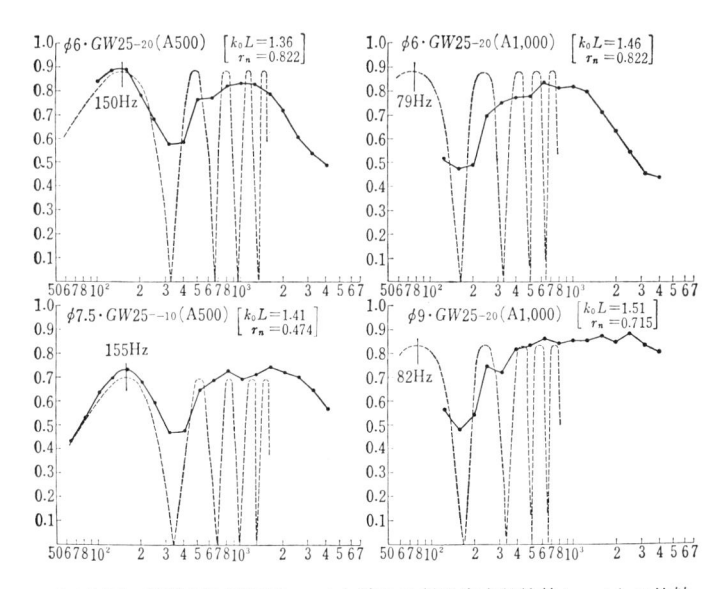

8.36 図　残響室法測定値 (・—・) と統計入射吸音率計算値 (……) との比較
$\phi 6 \cdot GW\,25\text{-}20$ (A 500) は孔径 6 mm ピッチ 15 mm の孔あき板・グラスウール 25 mm 厚 20 kg/m³ 下地 (空気層厚 500 mm) を意味する。

以上であれば，孔あき板の開孔率が 5～30% の範囲では近似的に，

$$R_n \fallingdotseq 1.2 r_f \tag{8.45}$$

程度の値になる。たとえば，8.27 図のグラスウール 50 mm 厚は $r_f = 24$ rayls であるから，(8.45) 式を用いれば $R_n \fallingdotseq 28.8$, $r_n = R_n/\rho c = 0.695$, 最大吸

吸音と吸音構造　165

率 α_r の計算値は (8.44) 式から 0.82 となり実測値とよく一致している。

孔あき板背後の空気層厚が大きい場合の吸音特性は，(8.41) 式から求めた共鳴周波数が空気層 270 mm では 250 Hz 前後，空気層 500 mm 厚では 150 Hz 前後になり，その付近に第 1 の吸音の山を生ずるが，そのあと再び吸音率が増加して，中高音域に幅広い第 2 の吸音の山が表われる (8.32 図，8.33 図，8.35 図)。空気層厚が 1 m 以上になると，125～4,000 Hz の周波数範囲にはこの第 2 の吸音の山のみしか表われない (8.34 図)。この第 2 の山は，(8.12) 式に (8.43) 式を入れて計算した α_s の吸音特性の第 2，第 3 ……の山を連続して含んだ形になっており，残響室法吸音率の実測値と α_s の計算値とを比較してみると，8.36 図のような対応を示している[9]。

c. 屏風折壁の場合の吸音特性

室内音場を拡散したり，室形からくる音響障害を防止したりするのに用いられる屏風折壁に多孔質材料を下地として孔あき板を張った吸音構造は，空気層厚が連続的に変化する多数の共鳴器を並列に結合した形になり，一定空気層厚の場合に比して，相当幅広い吸音の山がえられる (8.37 図，8.38 図)。この吸音の山は，屏風折壁の最小空気層厚と最大空気層厚に対する (8.35)

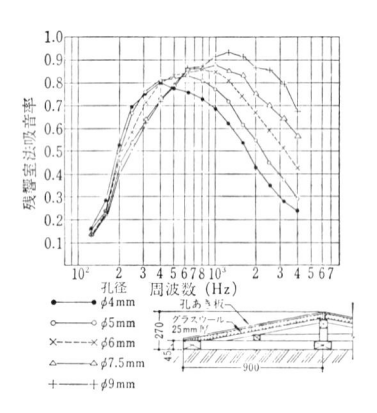

8.37 図　孔あき板屏風折壁の吸音特性

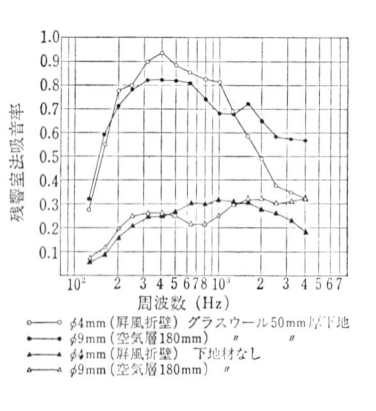

8.38 図　孔あき板を屏風折壁と一定空気層で施工したときの吸音特性の比較

[9] 木村翔：穿孔板の背後に大空気層を有する吸音構造体の吸音特性（日本建築学会論文報告集 106 号，昭 39 年 12 月，p. 20～30）

式による共鳴周波数を含み,その両側で吸音率が低下する形になる[10]。

d. スリット構造の吸音特性

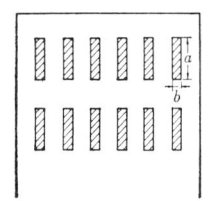

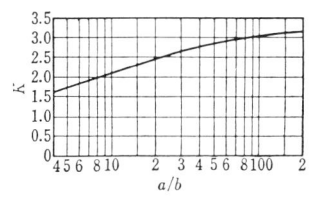

8.39 図　有限長スリット

8.40 図　有限長スリットの板厚補正係数 (Brüel)

各種板状材料に円孔ではなく,8.39 図のようなスリット（長さa,幅b）をあけた場合にも,孔あき板と同様な共鳴吸収を生じ,(8.35) 式によって共鳴周波数を計算できるが,板厚の補正項 δ の値が円孔と異なり,

$$\delta = b \cdot K \tag{8.46}$$

となる。K は,a/b によって決まる値であり,8.40 図から求められる[11]。

また,リブ押さえや板の間に隙間をあけて仕上げた場合のように,スリットの長さが音の波長に比して十分長くなると,板厚の補正項 δ の値は,

$$\delta = \frac{2}{\pi} b \log_e \left(\operatorname{cosec} \frac{\pi}{2} \cdot \frac{b}{B} \right) \tag{8.47}$$

ここで　b：スリットの幅,B：スリットの間隔

となるが[12],やはり (8.35) 式によって共鳴周波数を計算することができる。

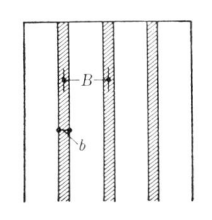

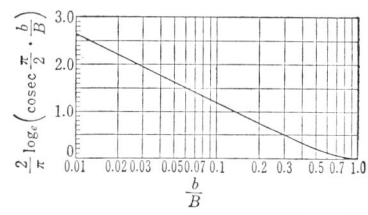

8.41 図　無限長スリット

8.42 図　無限長スリットの板厚補正係数
(Kosten)

---

10) 木村翔：穿孔板を用いた屏風折壁の吸音特性について（日本建築学会論文報告集92号,昭38年11月,p. 20~24)
11) Brüel, P.V. : Sound Insulation and Room Acoustics (Chapman and Hall, 1951, p.129)
12) Smits, J.M. and Kosten, C.W. : Sound Absorption by Slit Resonators (Acustica 1, 1951, p.114)

8.8 人間と椅子の吸音力

オーディトリウムのように多数の人間を収容する室では，人間と椅子の吸音力が室内全吸音力の半分以上を占め，その吸音特性が室内の音響状態を左右する場合が多い。人間や椅子の吸音特性は，普通1人当りまたは1個当りの吸音力（m²）で表わす。

人間が椅子に座ったときの吸音力は，衣服の状態による季節的変化もあるが，500 Hz において1人当り 0.4 m² くらいで，低音域に比して中高音域の吸音力が大きく，多孔質材料と同様な吸音特性を示す (8.43図)。

オーディトリウムなどの残響時間を入場した人間の数によって変動させないためには，空席時に人間の代わりをするような，吸音力の大きい劇場用椅子を用いることが必要である。背と座に詰物をしたモケット張りの椅子は，500 Hz 以上で1脚当り 0.3 m² 程度の吸音力を示し，人間が座ったときには，背と座がかくれるので，空席時と着席時の吸音力にあまり差が生じない。座裏は孔あき鉄板などの仕上げとする。詰物をしたビニールレザー張りの椅子は，400 Hz 付近に膜振動によるピークを生ずるが，高音域の吸音力は，モケット張りに比して相当に落ちる (8.44図)。背と座がベニヤ張りやプラスチックの椅子は，ほとんど吸音力がないので，オーディトリウムなどの客席椅子には使用すべきではない。

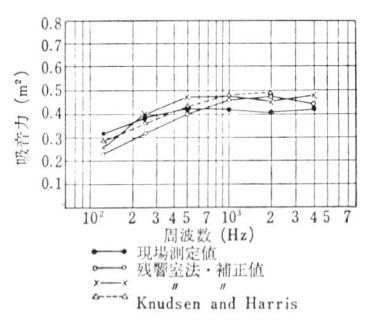

8.43 図　劇場用椅子（モケット貼り）に座った人間の吸音力

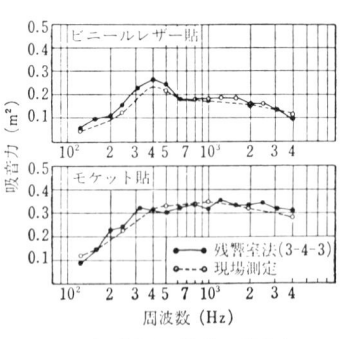

8.44 図　劇場用椅子の吸音力

8.9 ダクト系の減音装置

給排気ダクトは，設備機械と室内または屋外を直接結び，空気が通るのと同時に騒音も伝搬するので，空気を通しながら騒音を減衰させる減音装置を設けなければならない。

a. 吸音材内張りダクト

ダクトの内面にロックウールやグラスウールなどの多孔質材料を内張りすることによって，ダクト内を伝搬する騒音を単位長当りほぼ一定のデシベル数の割合で減衰させることができる。減音量は，ダクトの周長 P(m) に比例し，断面積 S_D(m²) に逆比例する形で，近似的に，

$$\Delta L_e = K \frac{P}{S_D} l \quad \text{(dB)} \quad (8.48)$$

ここで l：内張りダクトの長さ (m) で与えられ，内張り材の吸音率によって決まる比例定数 K の値は，実用的に 8.45 図から求められる[13]。(8.48) 式は，ダクトの断面寸法（短辺または直径）が音の波長よりも小さい範囲の周波数に適用できる。それより高い周波数では音波がダクト中心部をビーム状に伝搬するので周壁の吸音材が効果を示さなくなり，減音量は (8.48) 式の計算値よりも小さくなる。

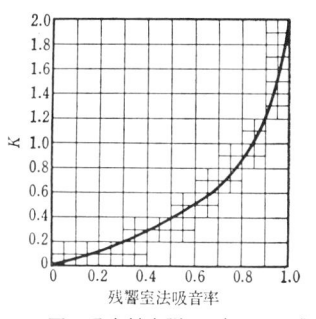

8.45 図 吸音材内張りダクトの減音量を求める (8.48) 式の比例定数 K の近似値
(前川純一)

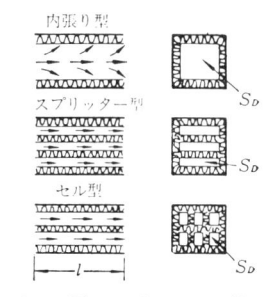

8.46 図 スプリッター型, セル型ダクト

内張りダクトの減音量を増すには，断面を小さくして P/S を大きくする必要があり，ダクト断面を吸音材で格子状に分割したセル型や，平行に分割したスプリッター型が用いられている (8.46図)。

b. 吸音材内張り直角エルボ

ダクトを直角に曲げることによって音は反射，干渉し，8.47 図の実線の

---

[13] 前川純一：建築音響（共立出版，昭43, p.122)
　　前川純一：換気ダクトの騒音防止に関する研究（日本建築学会論文報告集57, 昭32年7月, p.273～276)

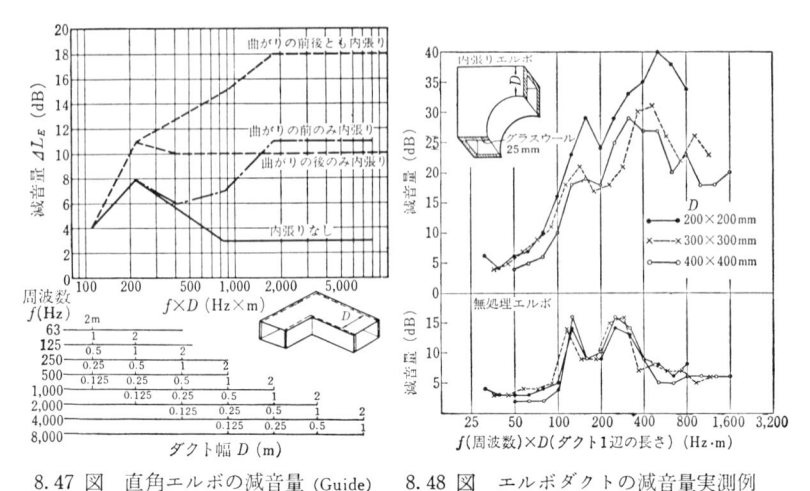

8.47 図　直角エルボの減音量 (Guide)　　8.48 図　エルボダクトの減音量実測例

ような減音効果が得られる。減音量が最大になるのは，ダクト断面寸法 D が $\lambda/2$ になる周波数よりやや低い周波数であるが，曲がりの前後に多孔質吸音材料を内張りすると，それより高い周波数の減音に非常に効果がある (8.47 図，8.48 図)。

吸音材の内張りは，曲がりの前後にダクト断面寸法の 2～4 倍の範囲に行なうとよい。直角エルボは，ダクトの断面寸法が大きいほど低い周波数から減音効果が得られ，しかもダクト断面寸法に比して十分大きい間隔をとれば，2 回以上の直角曲がりを設けることによって減音量を加えることができるので，実用的には非常に有効な減音方法であるといえよう。

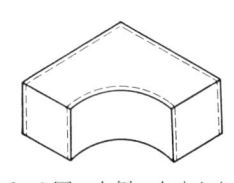

8.49 図　内側に丸味をとった直角曲がり

なお気流による抵抗を小さくして有効な減音を得るには，8.49 図のように外側を直角とし，内側にだけ曲率をもたせるとよい。

c．吸音チャンバ

送風機直後の出口や吹出口，吸込口の直前に，音の波長より十分大きい寸法で，出入口ダクトの断面積に比して内表面積が10倍以上の大容量の空洞室を

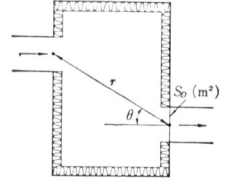

8.50 図　吸音チャンバ

設け，内面に吸音処理をすると，幾何音響的な取扱いにより入口から出口への直接音と反射音を分離して考えれば，出口への入射パワは，(6.31)式から求められ，減音量は，

$$\Delta L_C = -10 \log_{10}\left\{\left(\frac{\cos\theta}{2\pi r^2} + \frac{1}{R}\right)S_D\right\} \quad (\mathrm{dB}) \tag{8.49}$$

ここで　S_D：出口の断面積（m²）　　$R=\dfrac{A}{1-\alpha}$：チャンバの室定数

　　　　A：チャンバの全吸音力（m²）　　r：入口と出口との距離
　　　　θ：入口と出口の中心を結ぶ直線と出口面の法線のなす角

となる。

チャンバ内に仕切りなどがあって，入口から出口への直接音を無視できるときには次式を用いることができる。

$$\Delta L_C' = 10\log_{10}\frac{A}{S_D(1-\alpha)} \quad (\mathrm{dB}) \tag{8.50}$$

d．空洞型消音器

ダクトの途中で断面積 S が急激に変化すると音響インピーダンス（$Z_a=p/(Su)=\rho c/S$）が急に変わるので，二つの媒質の境界面と同様に反射を生じ，エネルギが減衰する（8.3式参照）。そこで8.51図のようにダクトの断面を拡大して空洞をつくると，2個所の断面変化によって反射，干渉を生じ，減音効果が得られる。減音量は，平面波が伝搬するときの各接続断面における音圧および体積速度の連続条件から導くと，入口，出口管の断面積が等しいときには，

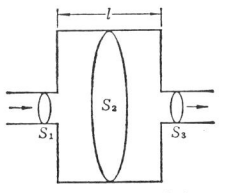

8.51 図　空洞型消音器

$$\Delta L_v = 10\log_{10}\left\{1+\frac{1}{4}\left(m-\frac{1}{m}\right)^2 \sin^2 kl\right\} \quad (\mathrm{dB}) \tag{8.51}$$

ここで　$m=S_2/S_1$, $k=2\pi/\lambda=\omega/c$

　　　　l：空洞の長さ（m）
　　　　S_2：空洞の断面積（m²）　　S_1：管の断面積（m²）

となる[14]。

---

14) Davis, D.D: Acoustical Filters and Mufflers (Handbook of Noise Control, McGraw-Hill, 1957, Chap.21, p.21-15)

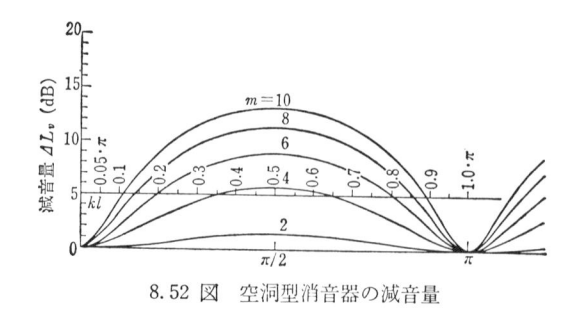

8.52 図　空洞型消音器の減音量

減音特性は 8.52 図のように $kl=\left(n+\dfrac{1}{2}\right)\pi$, $f=\dfrac{c}{2l}\left(n+\dfrac{1}{2}\right)$ のところで最大となり，

$$\Delta L_{v\max}=20\log_{10}\left(\dfrac{m}{2}+\dfrac{1}{2m}\right)\ \text{(dB)} \tag{8.52}$$

$kl=n\pi$, $f=\dfrac{c}{2l}n$ のところで 0 となる。すなわち，空洞の長さ l が $\lambda/4$ の奇数倍のとき最大値が得られる。また，管と空洞の断面積比 m が大きいほど減音効果は大きい。ただし，(8.51) 式は平面波を仮定しているので，ダクトおよび空洞の断面寸法が音の波長よりも小さい範囲でのみ成立する。この消音器は，その特性上から，ダクト寸法の小さくなる末端で，主として低音域の減音用に用いられる。

e．共鳴器型消音器

ダクトの外側に二重管による気密な空洞を設け，その内側を通るダクトの管壁に孔をあけると，ダクトにヘルムホルツの共鳴器を取り付けた形の消音器となり，共鳴周波数付近で減音効果が得られる。空洞の寸法が波長に比して十分小さければ，(8.24), (8.25) 式と同様になり，共鳴周波数は，

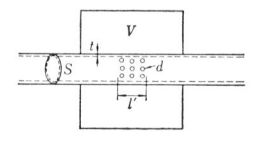

8.53 図　共鳴器型消音器

$$f_r=\dfrac{c}{2\pi}\sqrt{\dfrac{nS}{V(t+0.8d)}}\ \text{(Hz)} \tag{8.53}$$

ここで　V：空洞の容積　　n：孔の数　　d：孔の直径
　　　　t：ダクト管壁の厚さ　S：孔 1 個の面積

なお孔は空洞中央部分に集中してあけ，穿孔範囲の長さは $\lambda_r/12$ 以下とする。孔相互の間隔は $2d$ 以上離した方がよい。

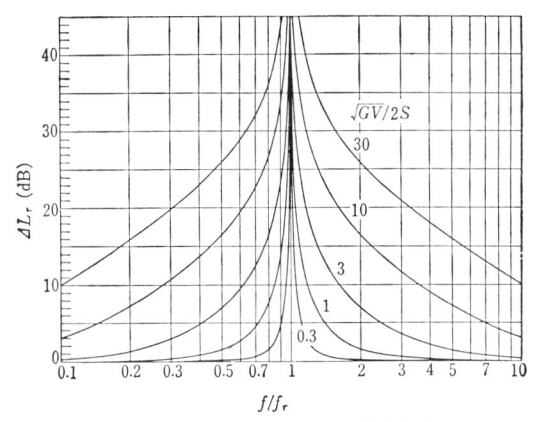

8.54 図　共鳴器型消音器の減音特性

減音量は次式によって与えられる[15]。

$$\Delta L_r = 10 \log_{10}\left\{1+\left(\frac{\sqrt{GV}/2S}{f/f_r - f_r/f}\right)^2\right\} \quad (\text{dB}) \tag{8.54}$$

ここで　$G = nS/(t+0.8d)$

　　　　S：ダクトの断面積

$\sqrt{GV}/2S$ をパラメータとして減音量の周波数特性を表わすと 8.54 図のようになる。

f. 開口端反射による減音

吹出口や吸込口のようなダクトの開口端では，インピーダンスの急変によ

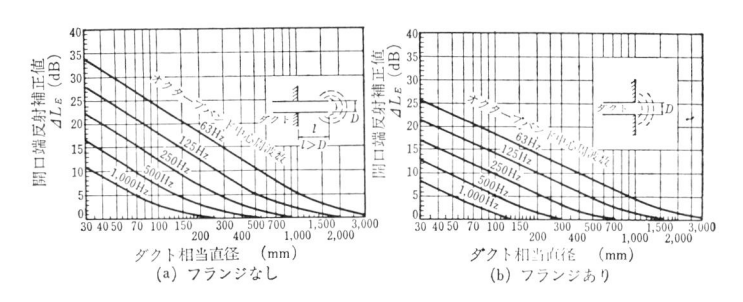

8.55 図　開口端反射による減音量（ダクト等価直径は長方形断面では $D=\sqrt{a \cdot b}$ とする）

(a) フランジなし　　(b) フランジあり

15) Davis, D.D.: Acoustic Filters and Mufflers (Handbook of Noise Control, McGraw-Hill, 1957, Chap. 21, p. 21-23)

吸音と吸音構造

り音が反射して，音圧反射率は波長の長い低音ほど大きくなり，放射音はそれだけ減衰する。減音量は開口端の寸法と音の波長の比に関係し，理論的に8.55図のようになる[16]。

16) Davis, D.D. : Acoustic Filters and Mufflers (Handbook of Noise Control, McGraw-Hill, 1957, Chap.21, p.21-10〜21-12)

9 音響設計

　建築の音響設計は騒音防止設計と室内音響設計に大別される。騒音を防止する方法には，音源対策と伝搬経路対策と受音側対策とがあり，快適で健康な生活環境をつくり出すには騒音に対する一般環境，道路，航空機，新幹線などの環境基準の維持，達成が最低限必要である。そのためには，ジェット機，高速鉄道，大型トラック等の低騒音化のための音源対策が，より一層進められなければならないが，建築の受音側対策としては，騒音源を考慮した適切な土地利用計画，配置計画，平面計画を基本計画の段階から行うことが，まず根本的に必要であり，その上に伝搬経路対策として，遮音，防振，吸音等の設計が行われることになる。また，設備機械や生活騒音など建物内部の騒音源に対する騒音防止設計も同様な方法で実施されなければならない。

　オーディトリウムなどの音をきくことを目的とする建物では，音響効果のよい空間をつくり出すために，さらに室内音響設計として，室の形態の設計と，拡散，吸音面のきめ細かい設計が必要であり，電気音響設備についても，建築計画の段階で十分な配慮がなされなければならない。

9.1 騒音防止設計

a．基本計画

　1）**騒音源の調査**　　騒音防止設計の基礎となるのは騒音源の特性であるから，重要な騒音源を見落とさないように注意して，そのすべてを拾い出し，実測または資料[1]によりバンドパワレベルまたはある距離の音圧バンドレベルと継続時間，ひん度，指向性，変動特性などを調査する。

　現状改善の場合の実測は，できるだけ個々の騒音源を独立に駆動させた状態で騒音源別に行い，やむをえない場合は，各騒音源に接近した位置

---

1) 日本建築学会編：実務的騒音対策指針　第二版（技報堂出版，平成6）

で，音圧レベルを測定するなどして，個々の騒音源の影響を把握するように努めなければならない。

なお，騒音対策の根元は騒音源自体からの発生騒音の低減であるが，設備機械などは，騒音のできるだけ低い機種を選定し，改善の場合には静かな機械に交換できる可能性を確かめるなど，まず第1に騒音源対策を行わなければならない。

2) **配置，平面計画**　1)で調査した外部騒音源の特性と位置，方向などを考慮して，他の建築的条件を相互にチェックしながら建物の配置計画を行う。とくに静かな環境を要求される建物や室は，騒音源からできるだけ離し，騒音の影響を比較的受けない他の建物による遮蔽効果を利用できるように配慮する。

なおそれ以前の問題として，地域全体の適切な土地利用計画がたてられていなければならない。

また平面計画の段階では，建物内部の騒音源の配置に十分注意し，とくに固体伝搬音を発生しやすい設備機械室は，静かな環境を要求される室からできるだけ離し，できれば別棟とすることが望ましい。

3) **騒音伝搬経路の把握**　建物内外の騒音源の特性を十分に考慮した配置，平面計画が行われた後に，各騒音源から受音点までの騒音の伝搬経路をすべて抽出し，屋外から屋外，屋外から屋内，屋内から屋内，屋内から屋外，ダクト系等に分けて，直列および並列の伝搬経路図を作成し，対策の基礎資料とする。

この際，隙間，迂回路伝達音や固体伝搬音など，並列回路の見落としがないよう十分に注意しなければならない。

b．**必要減音量の算出**

1) **受音点における騒音の特性の把握**　騒音源の特性と伝搬経路図から，各経路ごとに距離減衰，塀，建物による遮蔽，壁による遮音，室内の吸音などの効果を順次計算し，受音点における騒音の特性を求める。なお，固体伝搬音についてはその影響を別途にチェックしておく。

現状改善の場合は，受音点における騒音の状況を調査・測定し，騒音伝

搬経路を判定して，計算により各種仮定条件の妥当性を確かめる。

2) **目標条件の設定**　受音点の条件を明確にし，3章で述べた騒音の影響，評価，許容値等を参考にして，受音点における騒音レベル，オクターブバンドレベル等の目標値を設定する。

3) **必要減音量の算出**　2)で設定した目標値と，1)で求めた受音点における騒音の特性とを比較して，並列になっている各経路ごとに必要減音量を算出する。すべての経路を同程度のレベルに低下させる場合は，経路数を N として，各経路のレベルが目標値から $10 \log_{10} N \, (\mathrm{dB})$ を引いた値よりも低くなるように計画しなければならない。

なお実際には，それぞれの経路で対策の難易度が異なる場合が多いので，対策の容易な経路のレベルをできるだけ低下させ，各経路からのレベルの合成値が目標値を上まわらないようにすればよい。

c．伝搬経路対策の実施

騒音源から受音点までの各伝搬経路に沿って，先の必要減音量を十分満足するような減音対策を実施する。その場合，まず経路全体として必要な減音量をどの部分にどの程度配分し，どのような方法で減音するかを決定するのが対策の最も重要なポイントである。一般には，騒音の影響範囲をできるだけ小さくするため，騒音源にできるだけ近い部分で減音することが望ましい。また直列経路では，1箇所で無理をして減音するよりも，数箇所にわけて，いくつかの対策を同時に重ねて行ったほうがよい。

具体的な減音方法は，4章（距離減衰，塀などによる遮蔽），5章（室内の吸音処理），6章（遮音と遮音構造），7章（固体伝搬音の遮断），8章（吸音構造とダクト系の減音装置）を参照して，それぞれのケースに適した効果的な対策を計画すべきであろう。

9.2　室内音響設計

オーディトリウムなどの室内でよい音響効果を得るには，建物内外の騒音源に対する遮音，防振設計と，ダクト中を伝搬する空調設備騒音に対する減音設計が十分に行われていなければならないが，その前提条件が満た

された場合の室内音響設計の目標としては基本的に，
（1） 室内における音圧分布が一様で十分な音量が得られること
（2） エコーなどの音響障害がないこと
（3） 室の使用目的に合った最適な響きが得られること
の三つがあげられ，それらの設計の手順は，9.1図に示すようになる。

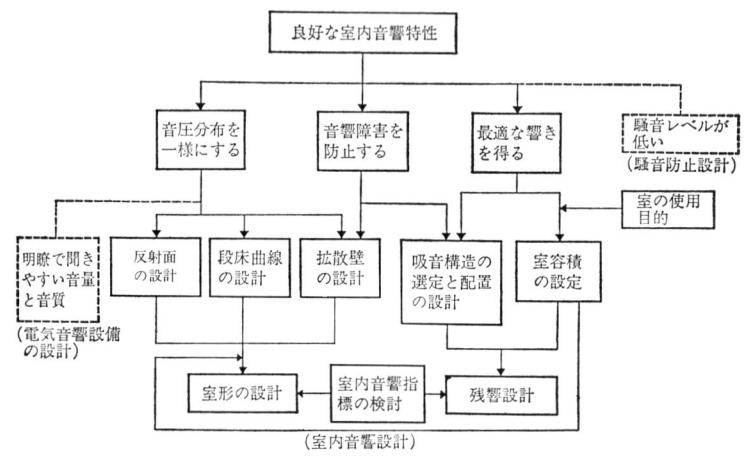

9.1図　室内音響設計の手順

a．室の形態の設計

1) **平面形と断面形の設計**　スタジオやリスニングルームのような比較的寸法の小さい室では，部屋の固有振動の周波軸上の分布ができるだけ均質になるように，室の寸法比に十分注意して設計しなければならない(65頁参照)。コンサートホールや劇場のような容積の大きい室では，低い周波数帯域でも数多くの固有振動が存在するようになるので，固有振動の分布密度と寸法比の関係を厳密に考えなくてもよくなる。固有振動の数が非常に多くなると，拡散音場の仮定がほぼ満足され，定常状態の室内の音圧分布は一様になりやすい。しかしながら，よい音響効果を得るためには，舞台から出た直接音が距離とともに減衰するのを補う形で，時間おくれの少ない初期反射音が，直接音に引き続いて客席に到達し，その直接音と初期反射音の合成されたレベルが，できるだけ一様になるように，反射

面の寸法，位置，角度などを検討することが必要である。

そのような有効な初期反射音を客席に送りこむためには，舞台上に音源位置をいくつか想定し，各反射面に対する音源の虚像を求めてその虚像からの反射音が客席に一様に到達するように音線図によって平面形，断面形の検討を行う。たとえば9.2図のようにSからPを経た反射音が客席のA点に落ちるように反射板の角度を設定するには，APを結んでその延長上に$\overline{PS}$と等しく$\overline{PS'}$をとれば，S'が虚音源の位置となり，$\overline{S'S}$の垂直2等分線が反射板の方向となる。このような反射音線図によって形状を検討した天井反射板の設計例を9.3図に示す。

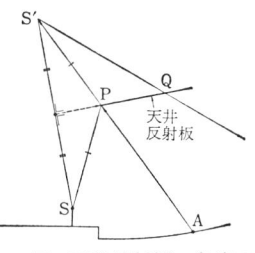

9.2図　天井反射板の角度の設定

ホールの基本形について側壁からの反射音の検討を行った例を9.4図に示す。コンサートホールでは音に包まれた感じ（196頁参照）を増すために側方からの反射音が重要であるが，奥行に比べて室幅の狭い矩形の平面形は，平行な両側壁から側方の初期反射音が客席に到達し，音楽を聞くのに好ましい音場が得られやすい。一方，奥行に比べて室幅の広い扇形の平面形は，ホール中央部に側壁からの初期の側方反射音が到達しない客席が生ずる。この平面形は客席が舞台に近いので劇場などによく採用されるが，その場合は天井反射板の形を十分に検討して天井からの初期反射

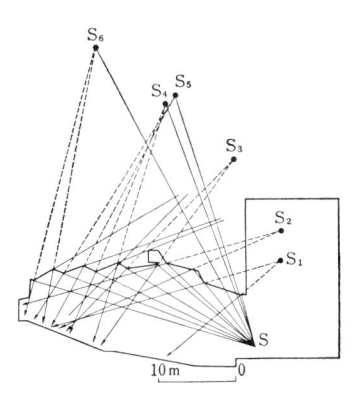

9.3図　反射音線図による天井反射板の設計例

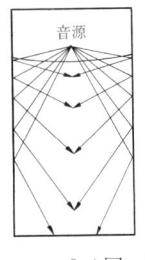

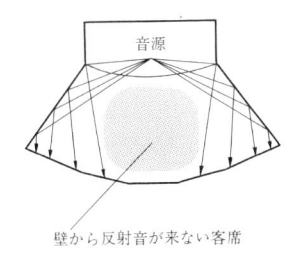

9.4図　側壁からの反射音の検討

音響設計　179

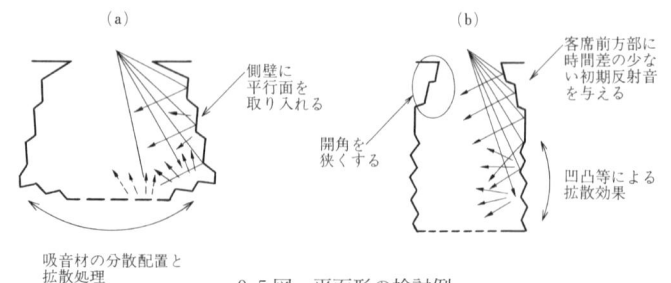

9.5図　平面形の検討例

(a) 側壁に平行面を取り入れる / 吸音材の分散配置と拡散処理

(b) 客席前方部に時間差の少ない初期反射音を与える / 開角を狭くする / 凹凸等による拡散効果

音が客席に到達するようにする必要がある。また横幅の広い平面形の場合，9.5図(a)の検討例に示すように，側壁に平行面を取り入れて側方反射音ができるだけ客席中央部に達するようにするとともに，面積の広い後壁を拡散的な形状とし吸音材を分散配置して後壁からの反射音も利用することが望ましい。9.5図(b)のように矩形平面の前方を扇形にする場合は，開角を狭くして，できるだけ平行面を取り入れ，客席前方部に側方からの初期反射音が到達するようにする。また平行な側壁には凹凸等により拡散効果を持たせるとよい。

多目的ホールの舞台上には，音楽用に必ず可動反射板を設置して舞台と客席を一体の空間とし，舞台上の演奏音を効果的に客席に送り出すだけでなく，舞台上の演奏者に反射音を返して，自分の音と他の演奏者の音が聞こえるようにしなければならない。舞台上反射板は，側・後壁，天井面とも全周波数帯域にわたって反射性にするとともに，全体に拡散的な形状を取り入

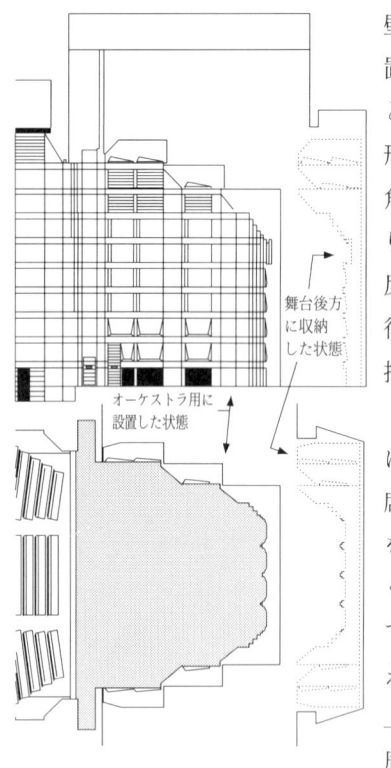

9.6図　ステージ上を完全に囲む可動音響シェルターの例

（舞台後方に収納した状態 / オーケストラ用に設置した状態）

れる必要がある。とくに低音域の音が抜けないようしっかりとした構造とし，剛性の高い鉄骨骨組に堅固に取り付ける。

9.6図は，舞台上反射板が必要なクラシックコンサートと，必要がないオペラ・バレエ・ポピュラー音楽の兼用ホールで，三連の可動音響シェルターをオーケストラ用に設置した状態と，オペラなどに対応して舞台後方に収納した状態を示す。

室形の検討を三次元的に行うには，コンピュータシミュレーションが有効である。設計支援には，各壁面による音源の虚像を幾何学的に求めて，受音点と多数の虚像を結ぶ音線を5～10回反射程度まで追跡し，各受音点における音線の到来方向，反射経路の情報を得る虚像法と，音源から等立体角に多数の音線を放射してその反射伝搬経路を計算し，時間ごとに区切ってその波頭面を表示することにより反射の様子を観察したり，床面に落ちる音線の方向と入射位置を時間帯ごとに表示したりする音線法とがある。

9.7図は，虚像法による反射音線経路の検討例で，下にエコータイムパターンを同時に表示している。これをみると，豊かな側方反射音による包みこまれるような響きをもつ完成後の音場が予測され，この場合の寄与として，最前部の平行な側壁と共に，オーケストラを囲む舞台上の側・後壁と天井面の形状が極めて重要であることが示されている。

反射音がどの方向から，どの時間に，どのようなレベルで到達するかを9.8図のように仮想音源位置の分布と反射音の指向性パターンで表すことによって，室形によるホール内音場の特徴を把握することができる。この例ではステージ上の壁・天井面からの強い反射音が150 msまでの初期に多数到達し，さらに200 msにかけて，横方向からの反射音が次々に続いている。その後には高い天井の上方からを含み，あらゆる方向から拡散音が到来して，仮想音源が広い範囲に分布しており，ホール全体からくる豊かな響きと，音に包みこまれるような感じをよく表している。満席時には空席時に比して全体的に仮想音源の数が少なく，レベルも小さくなっているが，側方および上方からの反射音は豊富で，大きな広がりをもち，満席

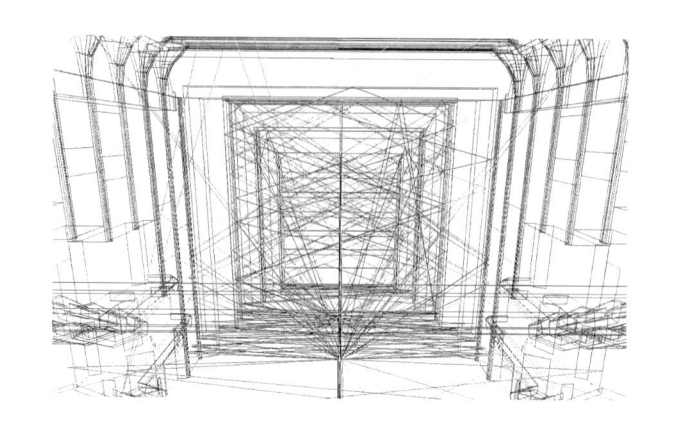

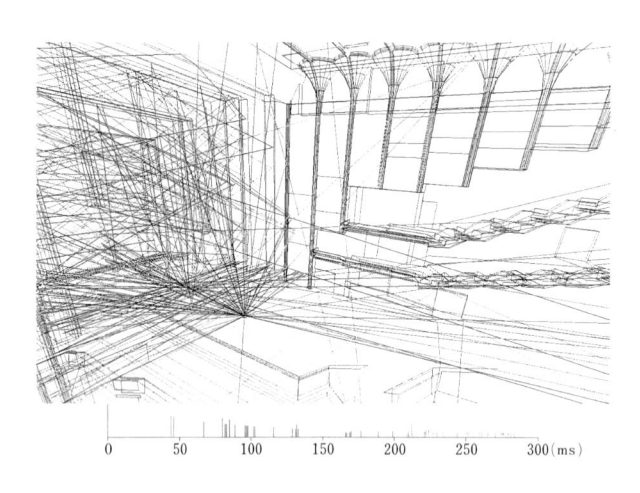

9.7図　虚像法による反射音線経路の検討例

時の演奏状態でこのホールが豊かな広がり感のある音場をもつことを示唆している。このような方向情報の計測には「正四面体頂点法」を用いるとよい[2]。このシステムは，4個のマイクロホンをそれぞれ17 cm離れた正四面体の頂点に配置して4チャンネル分のインパルスレスポンスを計測す

2) 関口克明，木村翔，羽入敏樹，松本英一郎：4チャンネルマイクロホンシステムを用いた正四面体頂点法による室内音場の解析（日本建築学会計画系論文報告集第414号，平2年8月，p. 1〜11）

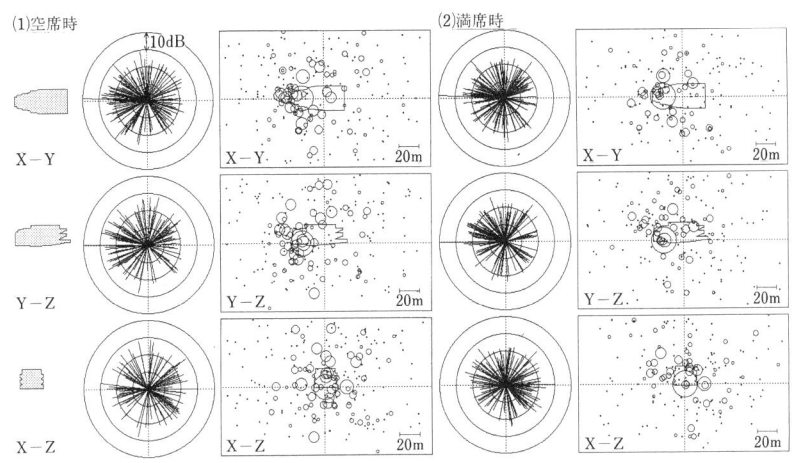

9.8図　仮想音源位置の分布と反射音の指向性パターンの例 (測定点…1階席中央)

るが，その際コンピュータ制御によって観測点における音波の到達時間を正確に把握することができ，計測した4点の時系列情報と正四面体の頂点という幾何学的情報を基に波形を解析することによって，仮想音源の位置を精度よく算出できるものである。

2) **床勾配とバルコニーの設計**　オペラハウスや劇場では舞台上の演技者がよく見えなければならない。舞台のよく見える席は，同時に直接音がよく到達する席でもあるので，客席勾配は視覚的な条件を考えて設計する必要がある。視焦点を舞台最前部に置いて，前列の頭ごしに視焦点が見えるように床勾配をとっていく方法の一例を9.9図に示す。ホール中央に横通路

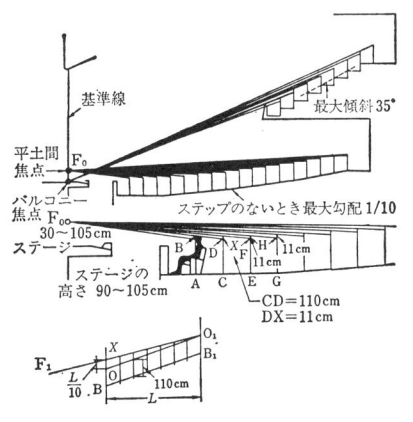

9.9図　床勾配の実用的な作図法

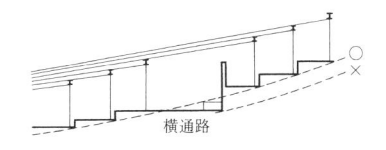

9.10図　横通路がある場合の段床の取り方の例

音響設計　183

を取る場合には，通路より後方の席の視覚的条件が悪くならないように，通路を欠きこむ形で床勾配を確保しなければならない（9.10図）。

　一般にバルコニーを設けると，バルコニー下の空間に反射音が入りにくくなって音圧レベルが低下するほか，バルコニーのない部分と異なった音響状態の空間になりやすいので，客席数1,500席程度までのホールはバルコニーを設けないで連続段床としたほうがよい（9.11図）。ホール客席部分の最大奥行寸法は，舞台上の演技者の表情を識別できる視覚的な制約からいうと約35 m以内とするのが望ましく，客席数が1,500席程度以上になると，バルコニー席を設けることが必要になる場合が多い。その場合には，9.12図の奥行 D をできるだけ浅くして高さ H の最大2倍以下とし，バルコニー下面が有効な反射面となるようにその形状を設計する。バルコニー上の空間についても同様なことがいえる（$D' < 2H'$）。ボックス席のような浅いバルコニーを側壁面から多数突出させると，舞台からの距離が近い客席数を増やせるだけでなく，拡散体としても役立つので非常に効

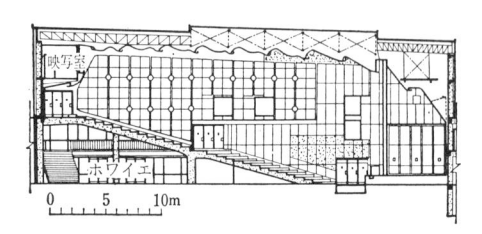

9.11図　神奈川県立音楽堂断面 (1,330席)
　　　　室容積 6,550 m³ (昭29.10竣工)

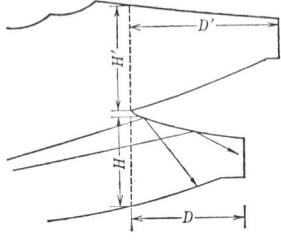

9.12図　バルコニー下の空間

9.13図　ハンブルグオペラハウスのバルコニー席

果的である（9.13図）。

　コンサートホールの場合には，とくにステージと客席の空間を一体にする必要があるので，9.12図の D/H は1.0以下とし，バルコニー下の天井の低い部分ができないように十分注意しなければならない。M. Barronは，6か所の大規模コンサートホールの測定結果から，バルコニー下の席は，バルコニーのない場合に比して，直接音から80 ms以降の後期残響音のレベルが下がりやすく，主観的残響感が減少する。指標としては10 dB減衰時間 EDT（195頁参照）が，バルコニー下以外の席の平均値より短くならないようにすべきで，そのためには9.14図の θ を60°以上にすることが必要であるとしている[3]。

　収容人員が2,000名を超えるコンサートホールで，下階の客席の上にかぶさった9.12図のようなバルコニーを設けず，ステージの側方と後方に客席を計画することによって指揮者から最後部客席までの距離をおさえた例を9.15図に示す。ベルリンフィルハーモニーは，さらにそれらの側・後方の

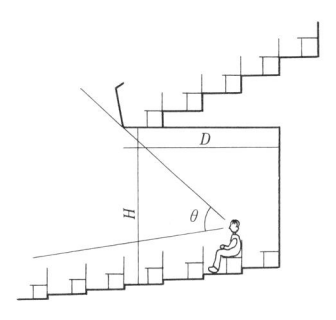

9.14図　バルコニー下空間の角度 θ

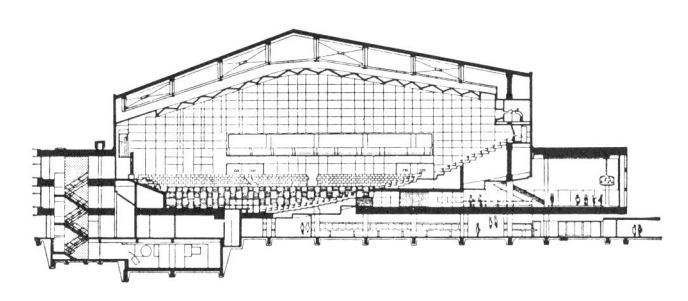

9.15図　デ・デーレンホール断面図(2,240席)（ロッテルダム）室容積 24,000 m^3(1966年)

3) Barron, M.：Balconies in Concert Halls, Proceedings of 15th ICA. Trondheim, 1995, p. 369〜372

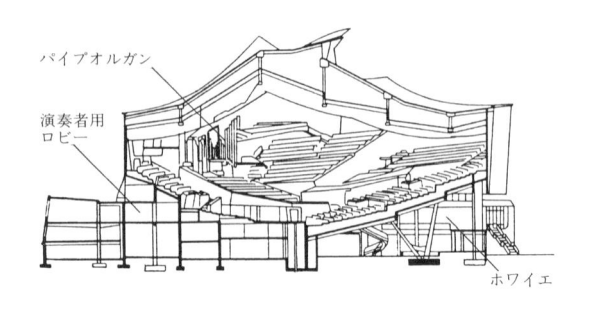

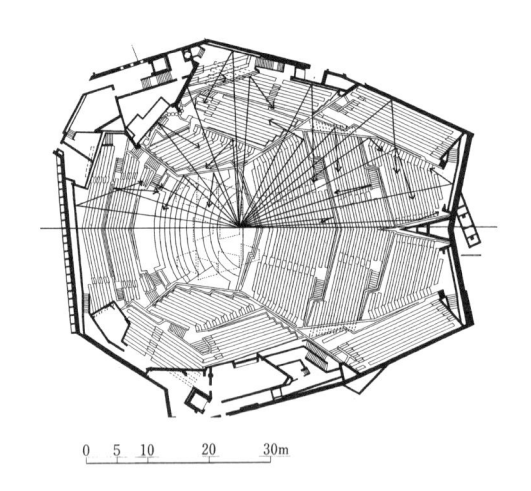

ラベル: パイプオルガン、演奏者用ロビー、ホワイエ

9.16図　アリーナ型のベルリンフィルハーモニーホール (2,200席)
室容積 $21,000 \text{ m}^3$ (1963年)

客席を壁で囲まれたいくつかのブロックに分割して, 9.16図に音線で示すように, 区画された壁からの有効な初期反射音を客席に供給している。このようなアリーナ型の平面形は, 大規模コンサートホールでも, オーバーハングしたバルコニーを設けずにステージと客席を近づけることが可能で, 両者が一体になった親密感のある空間をつくり出すことができる。ただし, このような平面形では, 9.7図のような舞台上反射板による豊富な反射音は得られにくいが, ベルリンフィルハーモニーでは, オーケストラ

を囲む舞台上の側・後壁を高さ3mの拡散壁とし，さらに舞台上の天井から浮き雲反射板を吊り下げて有効な初期反射音を得ている．

b．音響障害の防止

1) **エコー（反響）** 音源から出た音が耳に直接達する直接音と，壁などに反射して耳に達する反射音が分離して別々に聞こえる現象をエコー (echo) または反響という．9.17図のように二つの短音が人間の耳に到達する場合，その時間差Δtが50 ms（1/20 s）以上になるとエコーが発生するといわれている．実際の音場では，その二つの音の間に他の反射音が入り，また反射音のあとに多数の拡散音が引き続いて到達する場合が多いので，時間差だけでエコーになるかどうかの判定はできないが，直接音から50 ms以上遅れてレベルの大きな反射音が到達するような状態ではエコーになる可能性があり，音の明瞭性を阻害する点からいっても好ましくない．

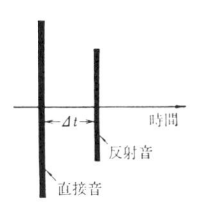

9.17図　反射音の時間おくれ

時間差50 msは直接音と反射音の行程差17 mに相当するので小さな室ではエコーは生じない．一般にエコーを最も生じやすいのは，9.18図のような後壁からの反射音で，バルコニーフロントのような舞台方向を向いている面もエコーの原因となることがある．後壁のようにエコー発生の可能性がある壁面は拡散処理や吸音処理を行う．またバルコニーフロントは，9.19図のような形状として反射音を拡散させる．なお残響時間の長いコンサートホールでは，反射音が豊富に到達するのでそれにマスクされ，エコーが発生しにくい．一方，残響時間の短いホールほど，時間遅れの大きい反射音が突出するのでエコーになりやすい．

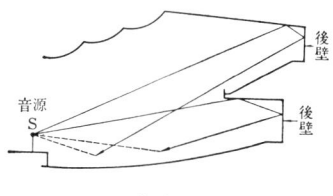

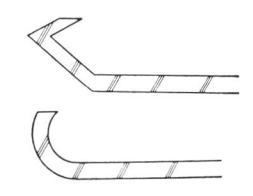

9.18図　後壁からのエコー　　9.19図　バルコニーフロントの形状

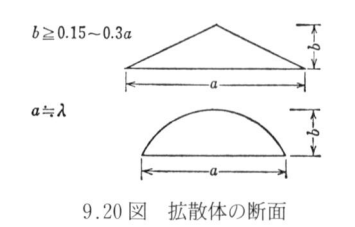

エコーなどの音響障害を防止したり室内音場を拡散するのに用いられる拡散体は，波長と同程度の不規則性を必要とする。屏風折型やポリシリンダ型の凸面の場合，9.20図に示すように底辺の寸法は波長程度，出の寸法は底辺の15％以上とする。より拡散性を高めるためには寸法や形状の異なる拡散体を不規則に組み合わせるとよい。

$b \geqq 0.15 \sim 0.3a$
$a \fallingdotseq \lambda$

9.20図　拡散体の断面

2)　**凹曲面により生ずる障害**　壁や天井が波長より大きい凹曲面になっていると，反射音がある地点に集中してエコーとなりやすく，またその部分だけ音圧が極度に上昇する（9.21図）。このような現象を音の焦点（sound focus）といい，他の部分に反射音が不足して聞こえにくい場所，死点（dead spot）ができやすい。

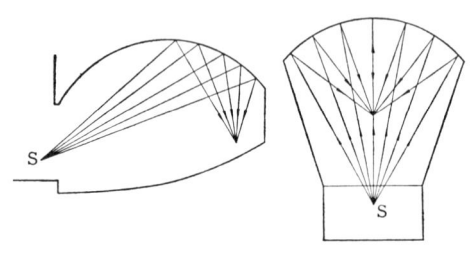

9.21図　音響焦点

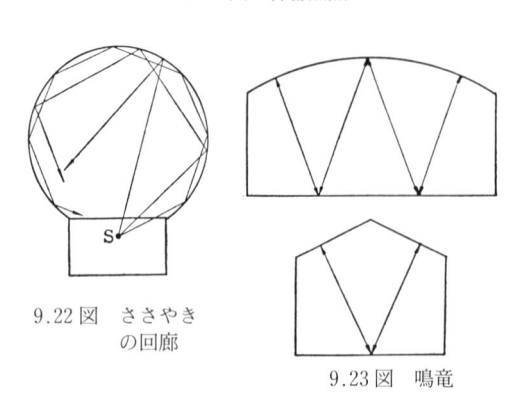

また円形平面のように大きな凹曲面が反射面でできていると，反射音が一部に集中するだけでなく，9.22図のように周壁面に沿って反射音が進行し，周辺部を回ってしまう。このような現象をささやきの回廊（whispering gallery）という。

床が平坦な体育館や集会室などで，天井が硬い凹面になっていると，9.23図のように音が同じ経路を何回も往復反射し，反射音が一定の時間

9.22図　ささやきの回廊

9.23図　鳴竜

間隔で到達するので，エコーが連続的に生ずる形になる。これをフラッターエコー（flutter echo）または鳴竜という。

このように，室内の凹曲面は，いろいろな音響障害を発生し，室内音場も不均一になるので，そのままの形で使うことは絶対に避けなければならない。壁や天井がやむをえず凹曲面になる場合には，9.24 図のように凸面の拡散体をとりつけ，しかもその一部を吸音処理するか，全面に浮雲反射板や拡散板を吊るして凹曲面をかくすことが必要である。

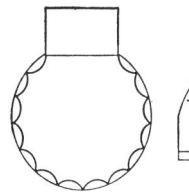

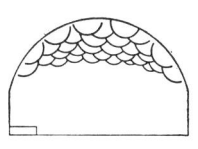

9.24 図　凸面により音響障害を防ぐ

c . 最適残響時間と室容積

室内の音響状態を表す指標として，残響時間が最もよく使われている。よい音響効果を得るためには適当な残響が必要であり，室の使用目的に適した残響特性が得られるように残響設計を行わなければならない。

劇場や講堂では講演やせりふが明瞭に聞きとれることが必要である。舞台上で百音節を組み合わせた音表を発声し，客席で聞こえた通りに書き取ったとき，正しく聞きとれた割合を音節明瞭度（syllable percentage articulation）という。明瞭度は，室内で言葉がどの程度正確に聞きとれるかを表す指標であり，日本語の場合，単音節明瞭度が 85 ％以上ならば文章了解度（intelligibility）は 95 ％以上で聴取条件は優良，単音節明瞭度が 70 ％以下だと聞きとりにくく，聴取条件は不良であるといわれる。

明瞭度をよくするには，客席に到達する音声のレベルが十分大きく，明瞭な音質であること，残響時間があまり長すぎないこと，騒音のレベルが低くエコーなどの音響障害がないことが必要である。しかしながら，残響時間が逆に短かすぎると，舞台上から出た音声のレベルが十分に成長せず，かえって明瞭度を害することになるから，明瞭度だけを考えた場合にも残響時間は適当な値に設定しなければならない。このような音声の聞きとりを主にするホールの最適残響時間（500 Hz，満席時）は，1.0～1.3 秒くらいで，周波数特性はほぼ平坦であることが望ましい。

音響設計

音楽を美しく聞くためには，余韻のある豊かな響きが必要である。Beranek は，コンサートホールの満席時における 500〜1,000 Hz の最適残響時間として，典型的なオーケストラ演奏に対しては 1.9 秒，ロマン派音楽は 2.2 秒，古典音楽は 1.7 秒，バロック音楽は 1.5 秒を推奨している。このように，そのホールの主要な演奏曲目だけでなく，国民性や習慣，個人の好みによっても差があるので一概にはいえないが，オーケストラの演奏を主な目的とするコンサートホールの残響時間 (500 Hz, 満席時) は，1.7〜2.2 秒程度とすべきであろう。周波数特性は，低音域のやや上昇した 9.25 図のような形が推奨されている。

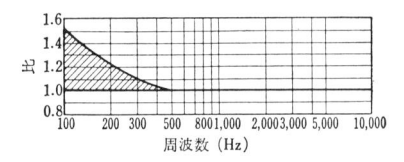

9.25 図　残響時間周波数特性の推奨値（Knudsen, Harris）

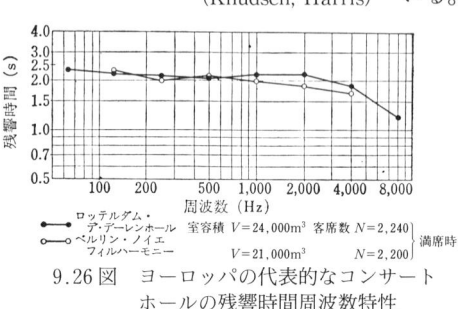

9.26 図　ヨーロッパの代表的なコンサートホールの残響時間周波数特性

ヨーロッパの代表的なコンサートホールの残響時間周波数特性を 9.26 図に示す。

オペラハウスは，歌手の音声とオーケストラが豊かに響くのと同時に，明瞭なはぎれのよさが要求されるので，1.5〜1.7 秒 (500 Hz, 満席時) の残響時間が一般に推奨されている。

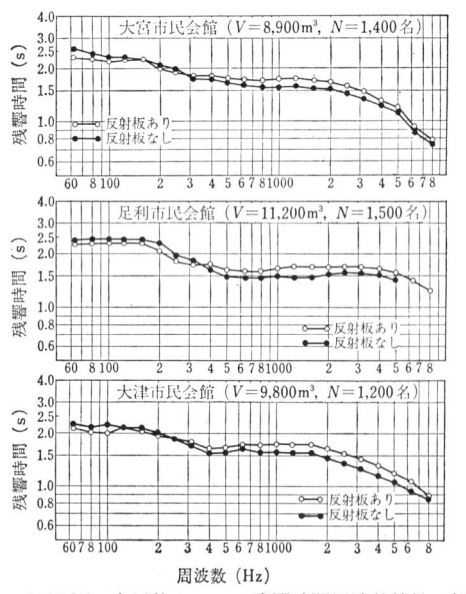

わが国に多い多目的ホール

9.27 図　多目的ホールの残響時間周波数特性の例

は，オーケストラ演奏から軽音楽，演劇，講演まで多くの用途に使われているが，主な使用目的やその地域におけるホール用途の動向を十分に把握して，残響時間設計値（500 Hz，満席時）を設定する。一般に舞台上反射板を設置すると中高音域の残響時間は 0.2〜0.3 秒のびる傾向にある（9.27図）。

何人かの研究者が推奨する室容積と使用目的別の最適残響時間を 9.28 図に示す。

ホールを多目的に対応させるため 9.29 図のような残響可変装置を壁，天井面に設置する場合がある。吸音面を出すことにより吸音力を増し，残響時間を短くすることをねらっている。舞台上反射板の有無による効果と合わせてどの程度の面積を可変にすればよいか十分に検討してから設置することが必要である。

オーチャードホール（2,150 席，1989 年）では，舞台上の走行式可動音響シェルターを使用目的に応じて移動し，9.30 図のように 3 段階に変えることによって，客席の残響時間にはステージ容積の違いによる差が表れ，500〜2 kHz で空席時に大規模タイプ 2.3 秒，中規模タイプ 2.2 秒，リサイタルタイプ 2.0 秒となる。また音響シェルターを格納してプロセニア

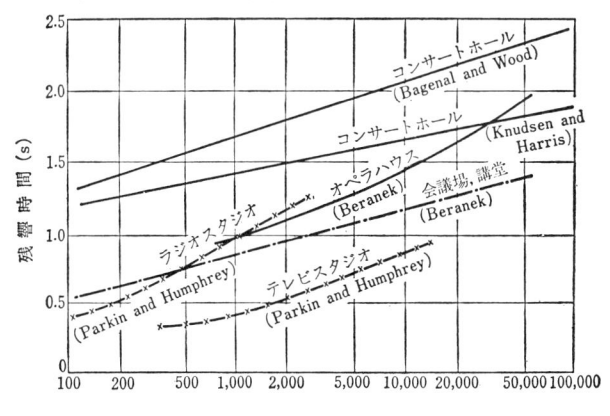

9.28 図 最適残響時間[4]

---

4) B. F. Day, R. D. Ford, P. Lord：Building Acoustics ; Elsevier, 1969.

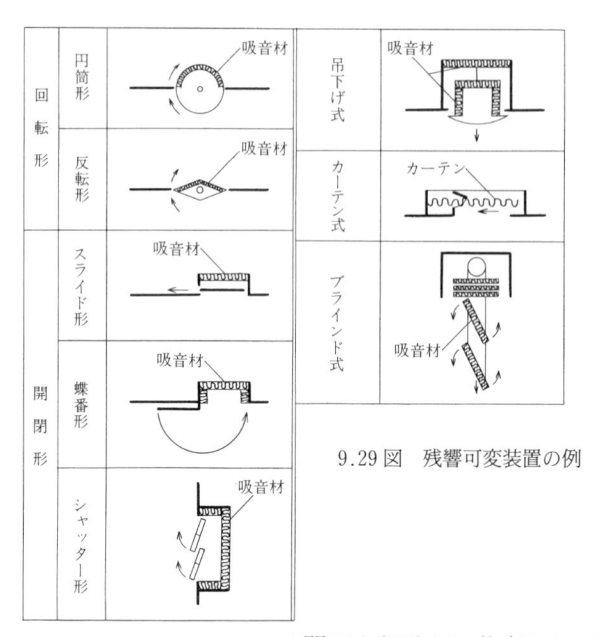

回転形	円筒形	[図:円筒形 吸音材]	吊下げ式	[図:吊下げ式 吸音材]
	反転形	[図:反転形 吸音材]	カーテン式	[図:カーテン カーテン式]
開閉形	スライド形	[図:スライド形 吸音材]	ブラインド式	[図:ブラインド式 吸音材]
	蝶番形	[図:蝶番形 吸音材]		
	シャッター形	[図:シャッター形 吸音材]		

9.29図　残響可変装置の例

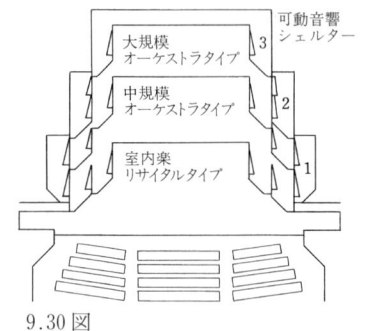

[図:可動音響シェルター 大規模オーケストラタイプ3／中規模オーケストラタイプ2／室内楽リサイタルタイプ1]

9.30図　舞台上の可動音響シェルターの平面図

ム開口上部壁を天井裏から下方に下げ，プロセニアム開口の高さを16.5mから11.5mに減じた上で，舞台上に幕類を設置してサイドスポット投光室を開けたオペラタイプでは1.7～1.8秒，さらにプロセニアム開口上部壁の前にロックウール吸音体を吊るしたポピュラータイプ (9.31図) では1.5～1.6秒と，ステージ上およびステージ周辺の可変機構により残響時間は大幅に変化する (9.32図)。

　8.8でも述べたように，聴衆の吸音力は相当に大きいので，客席1席当りの室容積が小さいと，最適残響時間を得るための所要吸音力のほとんどを聴衆の吸音力が占めることになり，残響設計は事実上不可能になる。逆に1席当りの室容積が大きいほど内装材選定の自由度は高くなるわけで，エコー防止のための吸音，拡散処理や，残響時間周波数特性を適当な形に

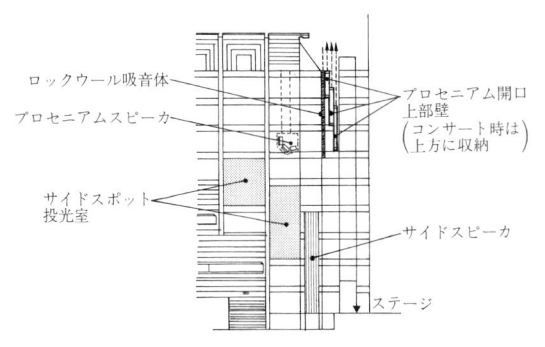

9.31図　ポピュラータイプ時の仕様

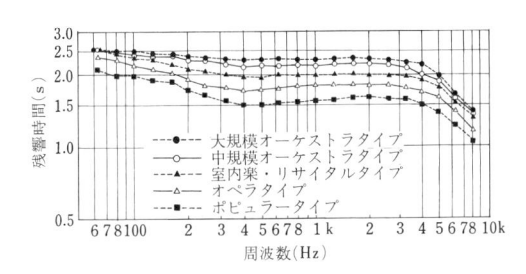

9.32図　オーチャードホールの残響時間周波数特性

するための仕上げ材の選定が自由にできる。使用目的に適合した残響時間を得るためには，まず基本計画の段階で客席1席当りの室容積を多目的ホールやオペラハウス，劇場では6〜8 m³/人（舞台を除く），コンサートホールでは10 m³/人前後に設計しなければならない。

客席床面積は，客席寸法が1席当り50×90 cm程度で，通路を含めると1席当り0.65〜0.70 m²前後となるから，室容積の条件を満たすには，主に天井高を調節することになる。

なお，大編成オーケストラの演奏に適した舞台寸法は，幅20 m，奥行12 m程度であり（9.33図），多目的ホールの場合には，プロセニアム開口を幅18 m前後，高さ7〜10 m，舞台の奥行をプロセニアム開口の幅と同程度の寸法に計画するとよい。オペラの上演を考える場合には，20 m前後の奥行と20〜30 mの幅をもつメインステージ（フライタワーのある部分）

音響設計　193

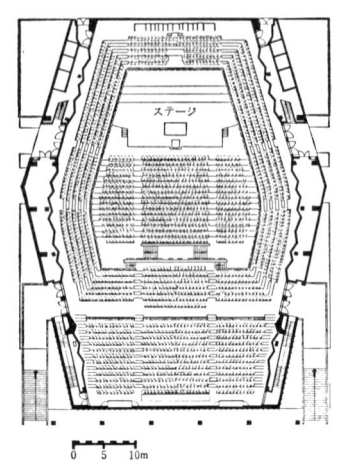

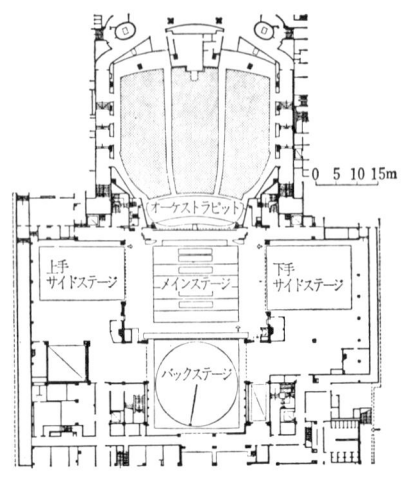

9.33図　デ・デーレンホールの平面図　　9.34図　メトロポリタンオペラハウスの平面図 3,800席（1966.9）

に，補助ステージとして上手，下手のサイドステージ（奥行，幅ともに15〜20 m）とバックステージ（奥行10〜20 m，幅15〜20 m）が必要である（9.34図）。

d. 室内音響指標

残響時間はホール内の響きの量を基本的に表す尺度であり，設計図面の段階から簡単な計算で検討できる指標として非常に有用である。しかし残響時間は室の形状や受音点の位置に関係なく定められる量であるため，ホールの音響効果に重要な影響をもつ室形状の違い，ホール内の場所による初期反射音の到来状況の違いなどを表すことはできない。とくにコンサートホールでは響きだけでなく，音に包まれた感じなどの空間印象や音量に関する指標が必要になってくる。

1) **響きに関する指標**　残響時間が同じホール間や，同一ホール内でも場所によって，実際に耳で聞いた残響感は異なる場合が多い。そこでこのような主観的な残響感を表す指標が提案され，各方面で用いられてい

---

5) Kürer, R：Neue Parameter in der Raumakustik, 7 th ICA Budapest R 9-1, 1971.
Bradly, J. S：Contemporary Approaches to Evaluating Auditorium Acoustics, 8 th International Conference on the Sound of Audio, Washington DC, 1989, p. 1〜8.

る[5]。

初期減衰時間（early decay time）EDT：初期の 10 dB 減衰時間

$$\int_{EDT}^{\infty} p^2(t)\,dt = \frac{1}{10}\int_0^{\infty} p^2(t)\,dt \quad \text{(s)} \tag{9.1}$$

通常はこの値を 6 倍して残響時間と比較する。

時間重心（center time）T_s：全エネルギに対する到達エネルギに到達時間を掛けた積分値の比

$$T_s = \frac{\int_0^{\infty} t \cdot p^2(t)\,dt}{\int_0^{\infty} p^2(t)\,dt} \quad \text{(s)} \tag{9.2}$$

初期音・後期音エネルギ比（early-to-late sound index）C_{80}：

$$C_{80} = 10\log_{10}\left(\frac{\int_0^{80} p^2(t)\,dt}{\int_{80}^{\infty} p^2(t)\,dt}\right) \quad \text{(dB)} \tag{9.3}$$

これらはいずれも室内の音の初期の減衰性状を表す量であり，直接音に続いて到達する初期反射音の時間系列とエネルギに関係し，無指向性音源から極めて継続時間の短いパルスを放射したときの受音点の応答（インパルスレスポンス）を解析することによって求められる。

聴感試験によって響きに関する主観評価を行うと，ホール内の残響感がこれらの初期音減衰指標と相関していることがわかるが，なかでも時間重心 T_s は，残響時間の異なるホール間においても，残響時間のほぼ等しい同一ホール内においても，音楽に対する"響きの量"や"広がり感"などの主観量に対して，常に安定したよい相関を示すことが明らかにされている[6]。これは他の物理量が一定レベルまでの減衰時間，あるいは一定時間におけるエネルギ比というように時間とエネルギをそれぞれ独立に観測しているのに対し，T_s が時間とエネルギを同時に評価する形で測定される

6) 木村翔，関口克明：短音減衰波形の物理量化と室内音響指標の検討，日本音響学会誌 29，No. 9，昭 48．p. 517〜526．
木村翔，関口克明：室内音響の主観評価による室内音響設計指標の検討，日本音響学会誌 32，No. 12，昭 51，p. 606〜614．
7) Barron, M：Auditorium Acoustics and Architectural Design（E&FN SPON. 1993）

ためと考えられる。

初期減衰時間 EDT（6倍した値）は一般に残響時間より短くなり，扇形ホールでは残響時間との比が 0.8 くらいになるといわれるが，残響感を増すにはその比を 0.9～1.0 とすることが望ましい。反射板などで一次反射音を与えても空間の残響音の成長が遅いと EDT は短くなる。コンサートホールでは $EDT>1.8$ 秒が一つの目安となる。Barron は，コンサートホールで EDT は，時間重心 T_s と非常によい相関を示すと述べている[7]。C_{80} は直接音到達（$t=0$）後 80 ms 以降の残響音エネルギに対する 80 ms までの初期音エネルギの比で，響きの明瞭性，クリアーさに関する指標として提案されている。コンサートホールでは $-2～0$ dB の値を取る場合が多いが，残響時間がほぼ同じ多目的ホールとコンサートホールの C_{80} の値にあまり差が出ないこと，同じホール内では場所による響きの違いをよく説明できないこと，コンサートホールにおける音の明瞭性の主観評価との相関がよいとはいえないことなどの問題点が指摘されている。

2) **空間印象に関する指標**　コンサートホールでは聴衆が音に囲まれているような感じをもつことが必要で，このような空間印象は，見かけの音源が広がる感じを表す"見かけの音源の幅" ASW (apparent source width) と，まわりから到来する音に包まれている感じ，または浸っている感じを表す"音に包まれた感じ" LEV (listener envelopment) の二つの感覚要素から構成される。

見かけの音源の幅は，初期の側方反射音エネルギとの相関が高いことが示されており，初期側方エネルギ率 LF が指標として提案されている[8]。

初期側方エネルギ率 (early lateral energy fraction) LF：

$$LF = \frac{\int_5^{80} p^2(t)\cos^2\theta\, dt}{\int_0^{80} p^2(t)\, dt} \tag{9.4}$$

8) Barron, M, Marshall, A. H.：Spatial impression due to early lateral reflections in concert halls；the derivation of a physical measure, J. Sound and Vib, 77(2), p. 211～232 (1981)
9) Bradley, J. S.他：The influence of late arriving energy on spatial impression, J. A. S. A 97(4), p. 2,263～2,271 (1995)

θ は双指向性（8 の字型指向性）マイクロホンの主軸方向（音源と直角方向）と反射音の到来方向との角度。

平行側壁をもつ典型的な長方形平面のコンサートホールで LF は 0.20 程度の値（125〜1 kHz の 4 帯域の平均）になる。扇形平面のホールではより小さな値になりがちである。

音に包まれた感じは，あらゆる方向から多くの反射音が受聴者を取り囲むように到来しているとき増すが，Bradley は 80 ms 以降の残響音の側方エネルギとの相関が高いことを示し，次の指標を提案している[9]。

後期側方エネルギ相対レベル（relative level of the late arriving lateral energy）LG_{80}^{∞}

$$LG_{80}^{\infty} = 10 \log_{10} \left(\frac{\int_{80}^{\infty} p^2(t) \cos^2\theta \, dt}{\int_{0}^{\infty} p_A^2(t) \, dt} \right) \text{ (dB)} \qquad (9.5)$$

θ は LF の場合と同じ，$p_A(t)$ は室内のインパルスレスポンス $p(t)$ の測定に用いた同じ音源に対する自由音場（無響室）の距離 10 m 点のレスポンス。

実際の 15 のホール内の 80 点で測定した LG（125〜1 kHz の 4 帯域の平均）は，−14〜+1 dB 程度の値になり，音に包まれた感じ LEV の評価と非常に高い相関を示している[10]。しかし側方以外の方向から到来する反射音の効果に着目した研究例もあり，側方から到来する反射音ほど LEV への貢献が大きいことは確かであるが，正面から到来する反射音の LEV への影響はゼロではなく，一般に反射音到来方向の空間的バランスがよいほど LEV は大きくなる[11]。また残響時間が長く，受聴レベルが大きくなると LEV は増すことが知られている。そこで，これらの影響を組み込んだ物理指標についての研究が各方面で進められている。

3）音の大きさに関する指標　ホール内で音楽や音声を聞く場合，

---

10) Bradley, J. S. 他：Objective measures of listener envelopment, J. A. S. A. 98 (5). p. 2, 590〜2, 597 (1995)
11) Hanyu, T, Kimura, S：Effects of the Spatial Information of Sound Field on Listener Envelopment, Proceedings of 16 th ICA. Seattle, p. 2,123〜2,124, 1998.

受聴音のレベルが適切であることが基本的な条件であり,残響感や空間印象などの音響効果も受聴音のレベルに関係する。ホール内の音量に関する指標としては,ステージから距離 10 m の点における直接音を除く反射音の全体的なレベルを表す G がよく用いられている。

全体的な音のレベル(total sound level)G:

$$G = 10\log_{10}\left(\frac{\int_0^\infty p^2(t)\,dt}{\int_0^\infty p_A^2(t)\,dt}\right) \text{ (dB)} \qquad (9.6)$$

$p_A(t)$ は (9.5) 式と同じで,無響室内の 10 m 点のレスポンス。

G は音源から 10 m 点の直接音レベルに対する全体的な音のレベルを測定するもので,コンサートホールでは通常 0〜+10 dB の範囲の値となる。

4) 拡散性に関する指標　音場の過渡的な特性が聴感上重要であることから,インパルスレスポンスを解析することによって音場の過渡的な特徴を明らかにすることが試みられ,上記1)〜3)のような各種指標が提案され,ホールの音響状態の評価に用いられているが,音場の拡散性についても時間パラメータを加味し,その過渡的な特性を明らかにすることが必要であると考えられる。室内の音場では,音源から発せられた音が時間経過と共に反射を繰り返し,拡散状態に近づいていくが,室形の検討によって,初期反射音の伝搬方向などの音場の空間情報を制御できるのはどの程度の時間範囲までかといった情報を,音場の拡散性の時間変化の状況を考察することによって明らかにできる可能性がある。そこで過渡応答における音場の拡散性の時間変化をとらえるための指標として短時間指向拡散度が提案された[12]。

短時間指向拡散度(short-term directional diffusing factor)d_t

$$d_t = 1 - \frac{m}{m_0} \qquad (9.7)$$

---

12) 羽入敏樹,木村翔,橋本修,坂本吉宏:音場の過渡応答に着目した拡散性の検討,日本建築学会計画系論文集第 471 号,p. 11〜18(1995.5)

ここで $m = \Delta M / M$, $M = \sum_{i=1}^{n} E_i / n$, $\Delta M = \sum_{i=1}^{n} |M - E_i| / n$

m_0：受音装置の自由空間における m の値（例えば 1.32）
n ：方向分割数（例えば 18）

$$E_i = \int_0^{\Delta T} p_i(t)^2 dt / \Delta T \tag{9.8}$$

ここで E_i：方向 i における各時間窓内の単位時間当りの音のエネルギ
$p_i(t)$：i 方向の短時間時間窓内のレスポンス
ΔT ：時間窓の大きさ（例えば 20 ms）

短時間指向拡散度を算出するための方向別インパルスレスポンスの測定には 9.35 図のような球面上配置マイクロホンシステム[13]を用いるとよい。

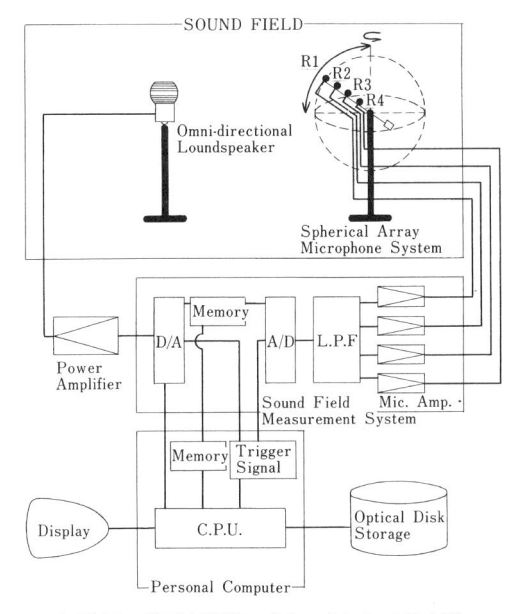

9.35図　球面上配置マイクロホンシステム[13]

13) 羽入敏樹, 木村翔, 関口克明：球面上配置マイクロホンシステムを用いた室内音場における任意方向インパルス応答測定手法の開発, 日本建築学会計画系論文報告集 No. 445, p. 9〜17 (1993.3)

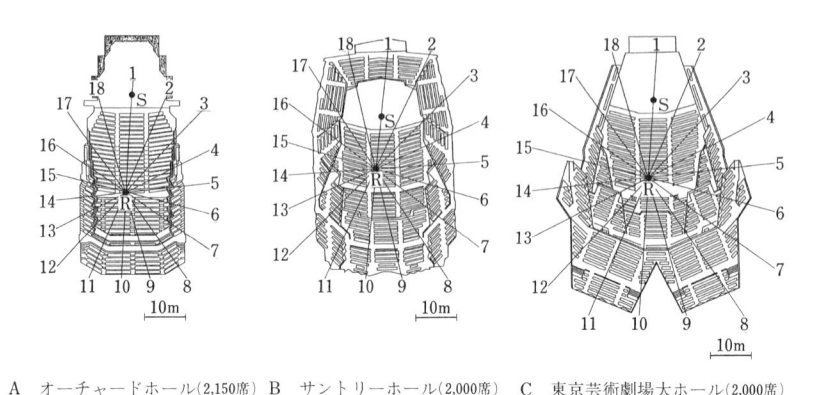

| A | オーチャードホール(2,150席) | B | サントリーホール(2,000席) | C | 東京芸術劇場大ホール(2,000席) |
| | 室容積 20,500m³(1989年) | | 室容積 21,000m³(1986年) | | 室容積 25,000m³(1990年) |

9.36図 短時間指向拡散度を算出したコンサートホールの平面図
S：音源位置，R：受音位置，1〜18：方向別インパルスレスポンスを算出した方向

わが国の代表的なコンサートホールの客席中央付近（9.36図）で上記システムにより測定した応答から，図中の18方向のインパルスレスポンスを算出し，対象としたホールの平均自由路以下になるように，時間窓の大きさを20 msに設定して各時間帯ごとの短時間指向拡散度d_tを求めた。その時間変化の様子を9.37図に示す。これをみると，d_tの値は初期の0付近から時間経過と共に上昇し，ある時間経過後は1.0に近づいた値で安定しており，安定後のd_tは室形状に関係なくどのホールでもほぼ同じ値（0.8〜0.9）になっている。この安定したところをほぼ拡散状態に移行したとみなすと，ほぼ拡散状態に至るまでに要する時間はホールによって差があり，その間のd_tの値の推移に各ホールの特長が表れている。すなわち，室の形状の設計により制御できるのは，拡散状態に至るまでの時間（9.37図のホールではAホール180 ms，Bホール140 ms，Cホール280 ms）とその時間内の空間情報であり，ほぼ拡散状態に移行してから後は室形状による違いはほとんど表れないことがわかる。

5) コンサートホールの音響効果 ホール音響に関してはとくに

1970年代以降，主観的評価に関係する適切な物理指標を求める研究が活発に行われてきた。ドイツのゲッチンゲンのグループは，ヨーロッパの25か所のコンサートホールの主観調査結果から，音響効果に重要な影響をもつ主観量は音量感（loudness），残響感（reverberance），包まれ感（envelopment）の3要素であるとしている[14]。Barronは英国の11か所のコンサートホール（各ホール2～5点）の専門家による主観調査結果（227データ）を分析し，ホールの音響の全体印象（overall acoustic impression）は包まれ感（envelopment），親密感（intimacy），残響感（reverberance）との相関が強く，音量感（loudness）は親密感と相関があることを示した。また親密感は包まれ感との相関があり，包まれ感は残響感との相関があるが残響感と親密感との相関はないことを示して，コンサートホールの全体的な音響印象と，音響効果に関与する主要な感覚要素との関係を9.38図のように表してい

9.37図　短時間指向拡散度の時間変化の様子

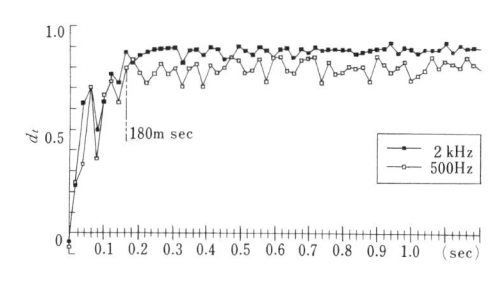

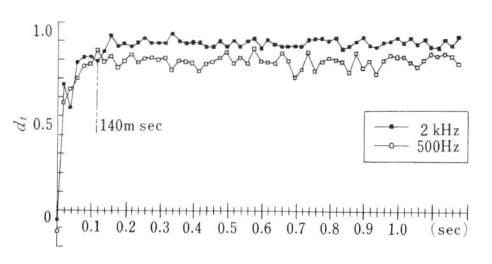

A　オーチャードホール
B　サントリーホール
C　東京芸術劇場大ホール

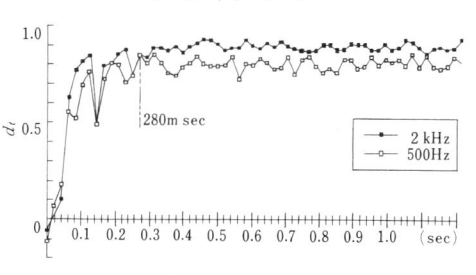

14) Schroeder, M. R., Gottolob, D. 他：Comparative Study of European Concert Halls：Correlation of subjective preference with geometric and acoustic parameters, J. A. S. A. 56, p. 1,195 ～(1974)

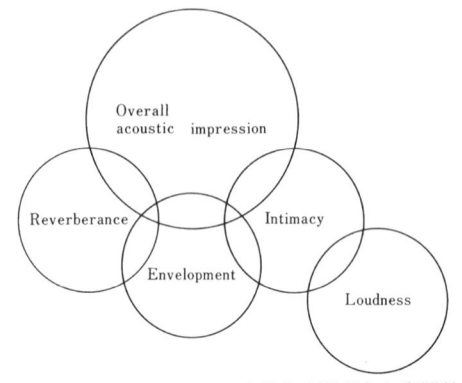

9.38図 コンサートホールの全体的音響印象と音響効果に関与する主要な感覚要素との関係[15]

e．ホールの電気音響設備

1）電気音響設備の設計 多目的ホールは，講演，演劇，各種大会，軽音楽などの用途に適用できるように，安定した豊かな音量で明瞭な音質の拡声ができる電気音響設備を備えることが必要である。

一般にホールの電気音響設備は，舞台上の音声や音楽をマイクロホンで受け，増幅して場内のスピーカから拡声する拡声系と，レコードやテープなどの再生信号を場内のスピーカから再生し聴衆に聞かせる再生系（効果系）の二つの系統に分けられるが，このような音響設備の性能を発揮させるためには，その前提として，ホールの建築音響設計が十分に行われ，良好な室内音響状態が得られていなければならない。

多目的ホールの電気音響設備は，使用ひん度の高い拡声系を使いやすくすることに重点を置き，操作ができるだけ簡単で，安定した確実な動作をし，初期の状態が長期間維持できる耐久性のあるものを用いることが必要である。電気音響設備の全体的な構成例を9.39図に示す。図中のdBmとは，600Ωの出力インピーダンスをもつ回路に600Ωの負荷を接続した場合，その負荷に供給される電力（W）を1mWを基準としてデシベルスケールで表したもので，$10 \log_{10} W/W_0$（ただし $W_0 = 10^{-3}$ Watt）。

拡声系では，スピーカから場内へ出た音がマイクロホンに入り，増幅されて再びスピーカからマイクロホンにもどる経路を繰り返して発振状態になるハウリング（acoustic feedback）を発生しないようにして，十分な音量

---

15) Barron, M : Subjective Study of British Symphony Concert Halls, Acustica 66(1) p. 1～14 (1988)

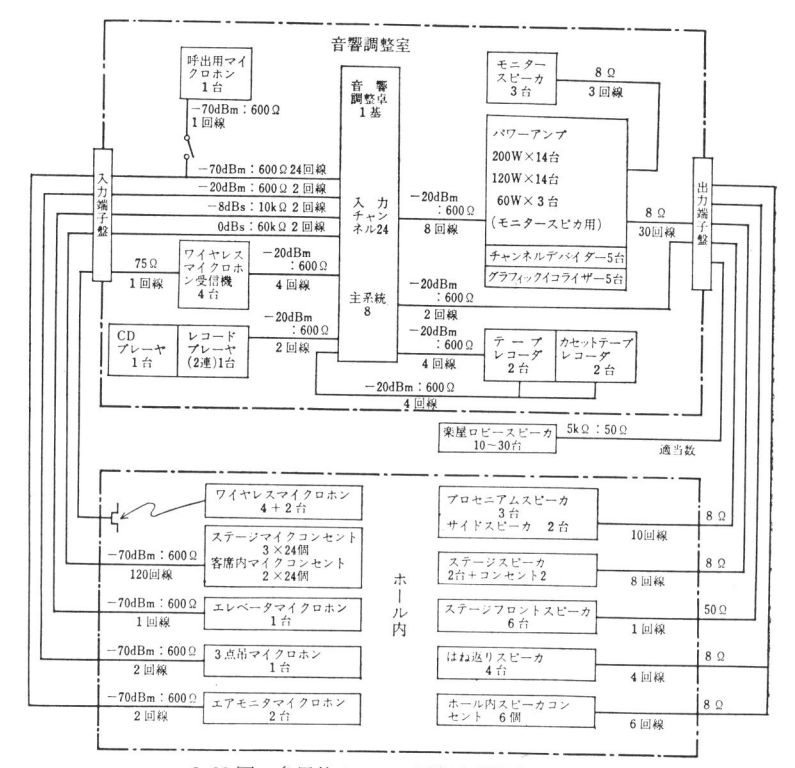

9.39図　多目的ホールの電気音響設備の構成例

を得ることが重要で，客席における拡声音の平均音圧レベルの最大値が音楽の場合 95 dB，スピーチの場合 85 dB 以上得られるように設計しなければならない。拡声系が安定に動作するためには，ハウリング限界点から 6 dB の余裕をみて使用することが必要であるが，そのときのマイクロホンへの入力音圧レベルを p_0，客席における拡声音の音圧レベルを p として，$(p-p_0)$ が $-10\sim-8$ dB 以上あれば，その拡声系は良好な性能をもっていると判断できる。この音圧レベル差 $(p-p_0)$ を安全拡声利得という (9.40図)。

　拡声用には，プロセニアム開口に続く客席側の天井にプロセニアムスピーカ，前方側壁にサイドスピーカを設置する。それらのスピーカシステムは，ハウリング防止のため指向性をつけることが必要で，ウーファーとい

音響設計　　203

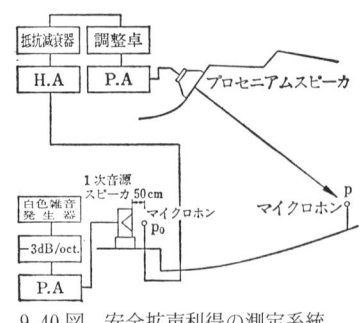

9.40図　安全拡声利得の測定系統

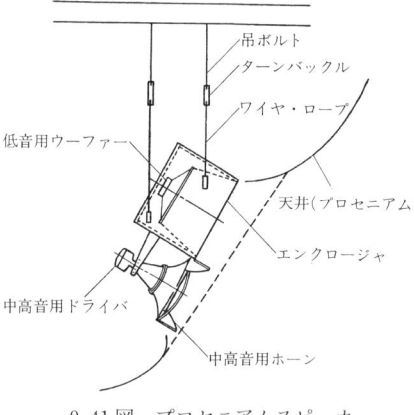

9.41図　プロセニアムスピーカの取り付け状態の例

われる低音用，スコーカといわれる中高音用スピーカを組み合わせて構成する。組み上げた1組のスピーカシステムの寸法は，2m前後に達するので，建築的には，天井面や壁面との取合せが最も重要な課題となる。反射音線図によって9.3図のように天井反射板の形状を検討する際，その取付け場所を考えて，立上がり面をとっておくことが必要である。なお，プロセニアムスピーカを取り付ける場合，天井面とは構造的に縁を切らなければならない。プロセニアムスピーカの取付け状態の例を9.41図に示す。

　ステージ上の出演者が話しやすく，演奏しやすいと感じるためには，適当なはね返り音を出演者に与えることが必要である。そのため舞台上には移動可能なはね返りスピーカを設置する。そのほかにステージスピーカとして，ステージ上で効果音の再生などに高忠実度形の可動スピーカ装置を用いる。また，舞台前面の立上がり部分には，プロセニアムスピーカとサイドスピーカの死角を補うため，前方客席用の補助スピーカとして，ステージフロントスピーカを3～6台設置する。

　電気音響設備を使用したとき，ホール内の音圧レベルはできるだけ均一になることが望ましい。一般に中心周波数500Hzと2,000Hzのオクターブバンドノイズを用いて定常状態の音圧レベル分布を測定する。スピーカシステムの設計が適切であれば，2,000席程度のホールでも，音圧レベル分布のばらつきはホール中央点を基準として±3dB程度に抑えること

が可能である。

　ホールの電気音響設備を有効に使うためには，ホールに面して，ステージ，客席の見渡せる位置に音響調整室を設けなければならない。普通は前方側壁部に突き出させるか，後壁部分に計画するが，床面積は 20 m²以上とし，調整卓，入出力端子盤，テープレコーダ，レコードプレーヤ，電力増幅器架，用品棚，機器収納棚，作業机などを配置し，モニタースピーカを取り付ける。調整室内は，できるだけ全周波数帯域にわたって吸音特性の平坦な吸音構造を用い，平均吸音率が 0.25 以上になるように仕上げたほうがよい。

　2) 音声伝達性能の評価　　室容積の大きい大規模イベントホールや体育館では，残響時間が長くなりやすく，またロングパスエコーが発生しやすいために，電気音響設備を用いたときの音声伝達性能の品質を確保することが重要な課題となってくる。音声伝達性能は，室の物理的な伝達特性によって決定される音声の明瞭性や，意味内容の了解性，音質の自然さ，音量の快適さなどの要素について，人間が総合的に判断する感覚量である。このような主観的な伝達品質についての評価結果を，室内音場の伝達特性が寄与する伝達系の設計に取り入れるには，人間の感覚量と対応した客観的な評価尺度を確立することが求められ，さらにこの評価尺度と室の有する伝達系の物理特性との関連について検討する必要がある。

　現在用いられている室内音場の音声伝達性能評価法には，物理評価法として，音声の伝達性能を強度変調した信号の保存度によって求めることに着目したSTI（Speech Transmission Index），RASTI（Rapid STI）がある[16)17)]。

　STI は，会話音声を時間の経過に従って連続的に変化するスペクトルをもつ音の流れととらえ，そのスペクトルの時間変化すなわち音声信号の包絡線情報が伝走路内でどれだけ保存されているかを求めることによって，音声の伝達性能を評価しようとする MTF (modulation transfer func-

---

16) Houtgast. H, Steeneken H. J. M：The modulation transfer function in room acoustics as a predictor of Speech intelligibility, ACUSTICA 28, p. 66～73（1973）
17) Houtgast. H, Steeneken H. J. M：A multi language evaluation of the RASTI method for estimating speech intelligibility in auditoria, ACUSTICA 54, p. 185～199（1984）

tion）の原理に基づいている。室内に 9.42 図のように 100 ％強度変調したテスト信号を出したとき，受音点の信号は音場の残響，ロングパスエコー，騒音などの影響を受け，同図のように変調度が変化する。ここで図中の式の $m(F)$ は変調周波数 F での包絡線情報の保存度を表し，τ は伝送による音声信号の時間遅れを示す。この $m(F)$ を MTF と呼び $0 \leqq m(F) \leqq 1$ の値をとる。0 は音声信号が伝達されないことを示し，1 は完全に伝達されることを示す。日本語音声の場合には，500 Hz から 4 kHz の四つに分割された音声帯域周波数 k ごとに，0.63 Hz から 20 Hz の 1/3 オクターブごとの変調周波数 F に対する結果として求める（$m_{k,F}$）[18]。この MTF（保存度）を妨害雑音に対する S/N 比の形で表し，変調周波数 F ごとの寄与は単純平均して，最後に音声帯域周波数 k ごとに重み付け平均し STI を求める。

RASTI は，計算を簡略化するため，500 Hz と 2 kHz のオクターブバンドの MTF のみを対象とし，この 2 帯域の算出結果の平均値として求

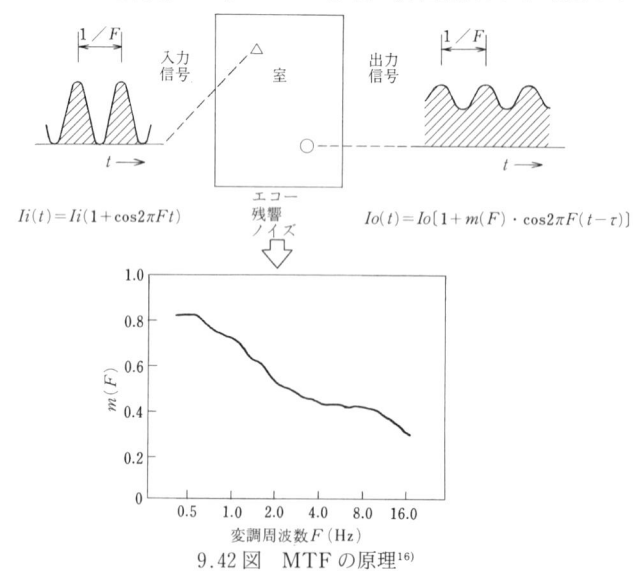

$$Ii(t) = Ii(1+\cos 2\pi Ft)$$

$$Io(t) = Io[1+m(F)\cdot\cos 2\pi F(t-\tau)]$$

9.42 図　MTF の原理[16]

---

18) 小椋靖夫，三浦種敏：MTF と日本語の音節明瞭度，日本音響学会建築音響研究会資料 AA 84-19（1984）

める。

　このように STI は，伝達系の応答情報に基づいて，測定結果が簡潔な数値として算出される点に特徴があるが，測定値をもとにして音声聴取の妨害要因（残響，エコー，騒音など）を分けて検討することができないため，室の応答性状と明瞭性との関係について具体的な考察が行えない点に問題がある。

　一方，室内空間における音声の聞こえ方の程度を主観的に評価する方法として音節明瞭度および了解度がある。そのうち，音節を連続発生させた三連音節を音源とした三連音節明瞭度は，第 2 音節以降の音節が反射音の影響を受けた先行音節によってマスクされる過程から，室の反射音構造の影響を個々の音節の違聴結果としてとらえられることの有効性が示されている[19]。しかしこの音源は，三連音節の 1 組が，発声上正確に聞きとれる限界の早さと考えられる約 500 ms の間に，ほぼ一定の発声間隔（約 170 ms）で発声されているために，特定の発声速度の特性をもった評価結果となり，残響時間が長く，ロングパスエコーが発生しやすい大空間音場では反射音の影響を受けにくいという欠点をもっている。

　そこで発声速度の異なるいろいろな会話音声の包絡線スペクトルをみると，いずれも 1.25～5 Hz の範囲にスペクトル成分の大きい領域があることから，この範囲を三連音節音源の発声レートの範囲として扱い，発声レート 800 ms（1.25 Hz），500 ms（2 Hz），312 ms（3.15 Hz），200 ms（5 Hz）の 4 パターンの三連音節音源を作成して三連音節明瞭度試験を行う方法が提案されている[20]。

　発声レートの異なる試験音源による体育館内音場における三連音節明瞭度の組の結果と各音節ごとの試験結果の例を各音場のインパルスレスポンスと共に 9.43 図に示す。これをみると，反射音付加音場では顕著な反射音が 200～600 ms に到来しているため，その影響を受けて発声レート

---

[19] 小川有子，西隆志，古川宣一：明瞭度試験用音源についての検討，日本音響学会講演論文集 p. 483～484（1984.3）
[20] 橋本修，木村翔，宇津木淳一：会話音声の発声レートを考慮した三連音節明瞭度試験用音源による室内音場の明瞭度評価について，日本建築学会計画系論文集第 456 号，p. 1～8（1994.2）

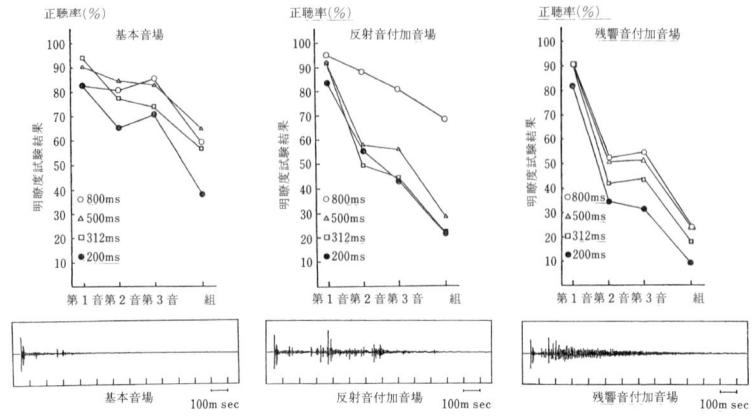

9.43図　発声レートの異なる4種の三連音節音源を用いた明瞭度試験結果の例

200，312，500 ms の正答率が著しく低下し，それらの反射音の影響を受けにくい 800 ms の正答率はあまり低下していない。また残響音付加音場では，残響が長い影響を受けて1音目に比して2音目，3音目の正答率が極端に低下する傾向がみられる。このように異なる発声レートの試験音源を用いることによって，より明確に音場の差異を把握することができ，各発声レートごとに各音節の正答率の傾向を検討することによって，明瞭度低下の原因を解明することが可能になると考えられる。

　音声が聞き取れている場合も，さらにどちらがより聞き取りやすいかを比較判断する「聞き取りやすさ」の評価を行うことによって，残響やエコーの影響を含めた音場の明瞭性を総合的に表すことができる。残響時間と残響過程におけるディスクリートなエコーの有無をパラメータとして残響音場を作成し，音声の「聞き取りやすさ」の心理尺度測定と，上記の発声レートを4種類に変化させた三連音節明瞭度試験および STI の測定を行って，それらの対応関係を比較した例を 9.44 図に示す[21]。これをみると，発声レートを4種類に変化させた三連音節明瞭度試験の平均値は，残響時間 2～5 秒の範囲で，残響時間が長くなるに従ってほぼ直線的に低下し，

---

21)　橋本修，木村翔，萩野矢和弥：残響音場における残響とエコーが音声聴取に与える影響，日本建築学会計画系論文集第 504 号，p. 1～7（1998.2）

またエコー付加によってそれぞれの評価値がさらに低下しており，残響音とディスクリートなエコーの影響が，音韻の聴取妨害の評価結果としてはっきりとらえられている。一方，日本語 STI は残響時間 2～3 秒の範囲で若干の差がみられるものの，それより長い残響やエコーの有無による値の差があまり生じておらず，心理尺度構成値に表れた各音場間の「聞き取りやすさ」の差を評価しきれていない。ただし，一般のホールのように，

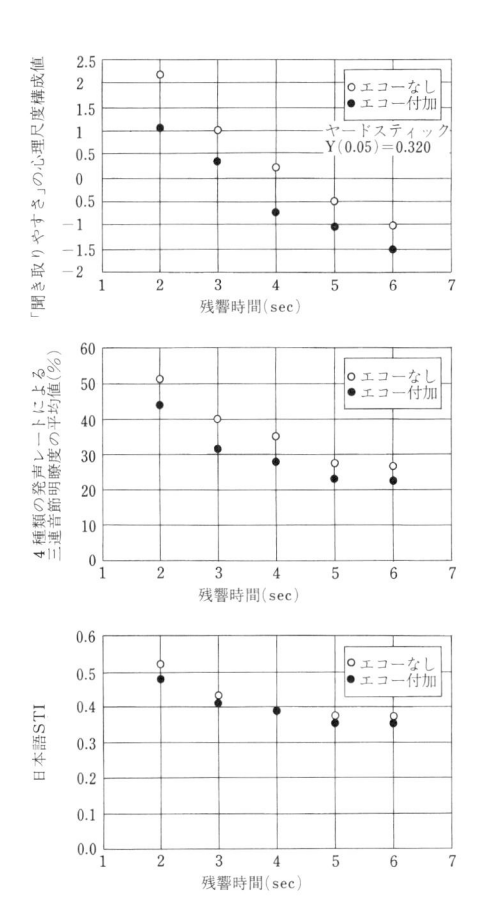

9.44 図　「聞き取りやすさ」の心理尺度構成値，4 種類の発声レートの三連音節明瞭度の平均値，日本語 STI に対する残響とエコーの影響

残響があまり長くなく，ディスクリートなエコーの存在しない音場では，STIと「聞き取りやすさ」がかなりよい対応を示すことが確かめられている。

付録 I 吸音率表

A. 多孔質材料

材料名	厚さ・密度 (mm) (kg/m³)	空気層厚 (mm)	125	250	500	1000	2000	4000 (Hz)	測定
ロックウールフェルト	25—50 K	0	.08	.25	.60	.80	.80	.80	小林理研
〃	50—50 K	0	.20	.65	.90	.90	.85	.85	〃
ロックウールボード	25—100 K	0	.08	.30	.70	.85	.85	.80	〃
〃	〃 — 〃	40	.20	.65	.90	.85	.80	.80	〃
〃	〃 — 〃	100	.35	.78	.90	.85	.82	.80	〃
〃	〃 — 〃	150	.55	.85	.90	.80	.80	.85	〃
〃	〃 — 〃	300	.65	.85	.83	.80	.82	.85	〃
〃	〃 — 〃	1000	.80	.81	.76	.76	.82	.81	日大理工
ロックウールボード	50—100 K	0	.20	.75	.95	.90	.85	.85	小林理研
〃	〃 — 〃	40	.35	.85	.95	.90	.85	.85	〃
〃	〃 — 〃	100	.55	.93	.95	.90	.85	.85	〃
〃	〃 — 〃	150	.65	.90	.95	.85	.80	.85	〃
ロックウールボード グラスクロス張り	40—80 K	200	.74	.94	.93	.83	.85	.90	〃
グラスウールフェルト	15— 8 K	0	.05	.14	.28	.48	.52	.55	小林理研
〃	25—10 K	0	.09	.30	.50	.62	.61	.65	〃
〃	50—10 K	0	.20	.50	.80	.85	.78	.80	〃
グラスウールフェルト	25—20 K	0	.12	.32	.62	.75	.75	.80	〃
〃	〃 — 〃	100	.25	.65	.85	.82	.80	.80	〃
〃	〃 — 〃	150	.43	.79	.85	.82	.80	.80	〃
〃	〃 — 〃	300	.60	.75	.70	.75	.80	.80	〃
〃	〃 — 〃	500	.76	.85	.90	.90	.85	.90	日大理工
〃	50—20 K	0	.20	.60	.90	.85	.80	.80	小林理研
〃	〃 — 〃	100	.40	.85	.95	.85	.82	.82	〃
〃	〃 — 〃	300	.75	.83	.85	.82	.80	.82	〃
グラスウールボード	25—32 K	0	.12	.32	.65	.82	.80	.82	〃
〃	50—32 K	0	.20	.60	.90	.90	.85	.85	〃
グラスウールボード	12—96 K	0	.03	.08	.22	.48	.60	.68	〃
〃	〃 — 〃	100	.22	.55	.78	.73	.62	.70	〃
〃	20—96 K	0	.08	.17	.43	.70	.75	.80	〃
〃	〃 — 〃	100	.32	.70	.93	.85	.75	.90	〃
吹付けロックウール	13	0	.06	.16	.37	.55	.68	.70	小林理研
〃	23	0	.08	.30	.70	.85	.85	.80	〃

材料名	厚さ(mm)	空気層厚(mm)	125	250	500	1000	2000	4000(Hz)	測定
パーライトプラスタ 吹付け	2—3	0	.03	.09	.13	.21	.18	.37	小林理研
〃 塗付け	5	0	.04	.10	.17	.17	.19	.20	〃
パーライトブロック 単位面積流れ抵抗 110 (rayls)		100	0	.25	.70	.58	.31	.45	.43	小林理研
〃 290		〃	0	.35	.70	.68	.47	.49	.52	〃
〃 1100		〃	0	.35	.45	.49	.42	.48	.44	〃
〃 3000		〃	0	.12	.22	.20	.20	.24	.27	〃
細木毛セメント板	15	0	.04	.07	.11	.21	.48	.53	日大理工
〃	〃	45	.05	.10	.23	.54	.44	.52	〃
〃	〃	90	.08	.14	.43	.43	.48	.59	〃
〃	〃	180	.10	.40	.40	.38	.60	.62	〃
〃	50	0	.14	.22	.47	.86	.61	.85	〃
〃	75	0	.20	.32	.83	.80	.71	.85	〃
〃	100	0	.30	.63	.95	.78	.95	.90	〃
太木毛セメント板	25	0	.05	.10	.24	.64	.69	.75	日大理工
〃	〃	45	.05	.17	.59	.64	.63	.77	〃
〃	〃	90	.08	.29	.66	.54	.66	.80	〃
〃	〃	180	.24	.60	.52	.56	.69	.82	〃
〃	50	0	.14	.28	.90	.75	.80	.83	〃
〃	〃	45	.19	.54	.85	.69	.74	.81	〃
〃	〃	90	.27	.74	.68	.71	.80	.75	〃
〃	〃	180	.63	.70	.53	.75	.76	.70	〃
〃	75	0	.23	.47	.95	.67	.83	.85	〃
〃	100	0	.30	.68	.95	.83	.90	.90	〃
木片セメント板	30	0	.11	.19	.54	.90	.70	.74	小林理研
〃	〃	45	.12	.39	.90	.60	.80	.79	〃
〃	〃	90	.22	.72	.75	.50	.81	.75	〃
〃	50	0	.15	.33	.90	.78	.85	.85	〃
〃	80	0	.20	.75	.90	.87	.90	.80	〃

(注) ロックウール,グラスウールの密度 ~K は標準値を示す

B. 多孔質板状材料

材料名	板厚(mm)	空気層厚(mm)	125	250	500	1000	2000	4000(Hz)	測定
ロックウール吸音板(半乾式法) Tバー工法	19	300	.60	.65	.66	.70	.79	.95	小林理研
石こうボード捨張り工法	12	300	.25	.21	.44	.75	.80	.80	〃

材料名	板厚(mm)	空気層厚(mm)	125	250	500	1000	2000	4000(Hz)	測定
剛壁密着 ロックウール吸音板(湿式法)	12	0	.04	.13	.44	.75	.80	.80	小林理研
Hバー工法	15	300	.40	.36	.44	.55	.65	.75	〃
石こうボード捨張り工法	12	300	.25	.25	.40	.55	.64	.80	〃
〃	9	300	.24	.18	.36	.55	.65	.80	〃
吸音用軟質繊維板 丸穴レギュラー(A) 石こうボード下地	12	300	.35	.28	.45	.64	.75	.83	小林理研
〃	9	300	.27	.24	.38	.59	.68	.77	〃
貫下地	9	300	.39	.38	.52	.55	.67	.78	〃
丸穴ランダム(AR)(穴面積率 5.6%)貫下地	9	300	.39	.37	.49	.47	.56	.65	〃
(〃 4.2%) 〃	9	300	.29	.30	.43	.41	.49	.54	〃
針穴(G)(15400個/m²) 貫下地	9	300	.33	.29	.41	.47	.47	.47	〃
〃 (5400個/m²) 〃	9	300	.40	.34	.37	.30	.26	.30	〃
不定形穴(E) 貫下地	12	300	.28	.26	.39	.34	.45	.55	〃

(注) 多孔質板状材料は下地工法により低,中音域の吸音率が変化する.

C. 板状材料

材料名	板厚(mm)	空気層厚(mm)	125	250	500	1000	2000	4000(Hz)	測定
石こうボード	9	45	.26	.14	.09	.06	.05	.05	日大理工
〃	〃	90	.30	.11	.08	.05	.06	.06	〃
〃	〃	180	.19	.09	.08	.06	.05	.05	〃
〃	〃	350	.17	.09	.08	.06	.05	.05	〃
〃	〃	大	.15	.09	.08	.06	.05	.05	〃
〃	12	大	.15	.08	.07	.05	.06	.05	〃
フレキシブルボード	3	45	.26	.10	.08	.04	.05	.05	日大理工
〃	〃	90	.22	.10	.08	.04	.04	.06	〃
〃	〃	180	.18	.10	.08	.06	.05	.04	〃
〃	〃	1000	.13	.11	.07	.04	.04	.05	〃
〃	4	100	.18	.09	.06	.04	.04	.04	〃
〃	〃	大	.13	.10	.06	.04	.04	—
〃	5〜6	45	.21	.08	.07	.05	.04	.06	日大理工
〃	〃	90	.17	.06	.07	.05	.04	.06	〃
〃	〃	180	.15	.06	.07	.05	.06	.04	〃
〃	〃	150	.16	.06	.07	.05	.05	.04	〃
〃	〃	大	.13	.06	.07	.04	.04	.04	—

材　料　名	板厚 (mm)	空気層厚 (mm)	125	250	500	1000	2000	4000 (Hz)	測　定
パーライトボード	6	100	.33	.11	.08	.05	.06	.06	日大理工
〃	6	大	.15	.10	.08	.05	.06	.05	—
〃	12	45	.22	.09	.06	.04	.05	.05	日大理工
〃	12	180	.14	.07	.06	.04	.05	.06	〃
〃	30	100	.09	.06	.05	.04	.04	.05	〃
アスベストボード	6	90	.18	.09	.06	.04	.04	.04	〃
〃	〃	180	.14	.07	.06	.05	.05	.05	〃
珪酸カルシウム板	8	180	.20	.10	.08	.06	.07	.05	〃
〃	〃	600	.15	.10	.08	.06	.07	.05	〃
パーティクルボード	20	45	.27	.08	.08	.06	.08	.07	日大理工
〃	30	45	.19	.09	.08	.06	.07	.07	〃
〃	30	135	.07	.06	.08	.06	.07	.07	〃
ポリエステル大波板	—	90	.26	.41	.22	.12	.10	.15	〃
合　板	4	45	.19	.38	.18	.09	.10	.12	日大理工
〃	〃	90	.23	.30	.14	.08	.08	.09	〃
〃	〃	180	.27	.28	.15	.08	.08	.09	〃
〃	〃	500	.33	.23	.15	.10	.08	.10	〃
〃	6	45	.18	.33	.16	.08	.08	.10	〃
〃	〃	90	.20	.20	.10	.08	.08	.10	〃
〃	〃	500	.28	.18	.10	.08	.08	.09	〃
〃	〃	1000	.22	.13	.10	.06	.06	.08	〃
〃	9	45	.11	.23	.09	.09	.08	.09	〃
〃	〃	90	.24	.10	.08	.06	.06	.08	〃
〃	〃	180	.18	.12	.08	.06	.06	.09	〃
〃	12	45	.18	.14	.10	.06	.08	.08	〃
〃	〃	90	.20	.12	.06	.06	.07	.08	〃
〃	〃	180	.10	.11	.09	.06	.07	.07	〃
〃	15	45	.22	.12	.06	.06	.08	.08	〃
〃	〃	90	.20	.10	.05	.06	.06	.06	〃
〃	〃	180	.10	.11	.07	.06	.06	.06	〃
合板クリアラッカー仕上げ	6	100	.21	.19	.08	.05	.05	.05	〃
〃　　　〃	〃	200	.23	.15	.07	.05	.05	.05	〃
〃　　　〃	〃	500	.26	.12	.07	.05	.05	.05	〃
〃　　　〃	9	大	.26	.12	.07	.05	.05	.05	—
合板(グラスウール50充填)	6	45	.40	.30	.12	.08	.08	.10	日大理工
〃　(　　〃　　)	9	45	.48	.18	.10	.08	.08	.10	〃
合板(ロックウール25下地)	6	大	.40	.12	.11	.08	.07	.08	—

材料名	板厚 (mm)	空気層厚 (mm)	125	250	500	1000	2000	4000 (Hz)	測定
原紙裏張り孔あき石こうボード(原紙点張り)	7	45	.09	.45	.55	.25	.23	.26	小林理研
〃	7	150	.52	.62	.40	.22	.24	.28	〃
〃	7	300	.62	.52	.30	.20	.24	.28	〃
原紙裏張り孔あき石こうボード(原紙全面張り)	9	45	.34	.22	.15	.15	.18	.20	〃
ハードボード	5	100	.28	.10	.13	.08	.07	.10	日大理工
〃	5	大	.20	.10	.12	.08	.07	.10	—

D. 孔あき板・孔あき板＋多孔質材

(孔径-ピッチ)	開孔率(％)	板厚(mm)	下地材 厚さ(mm)-密度(kg/m³)	空気層厚(mm)	125	250	500	1000	2000	4000 (Hz)	測定
(4φ-15)	6	5	(下地材なし)	45	.02	.09	.25	.31	.15	.10	日大理工
(5φ-15)	9	5	〃	45	.02	.08	.20	.35	.18	.12	〃
(6φ-15)	13	5	〃	45	.02	.08	.16	.31	.20	.18	〃
(7.5φ-15)	20	5	〃	45	.02	.05	.14	.23	.18	.12	〃
(9φ-15)	28	5	〃	45	.01	.05	.11	.21	.16	.13	〃
(8φ-25)	8	4	〃	45	.02	.05	.13	.27	.22	.28	小林理研
(8φ-20)	12	4	〃	45	.02	.03	.10	.28	.19	.25	〃
(8φ-16)	20	4	〃	45	.02	.02	.08	.25	.20	.21	〃
(6φ-22)	6	7	〃	45	.02	.08	.39	.31	.19	.20	〃
(6φ-22)	6	9	〃	45	.02	.09	.47	.30	.18	.15	〃
(4φ-15)	6	5	〃	90	.07	.12	.39	.28	.21	.12	日大理工
(5φ-15)	9	5	〃	90	.07	.12	.38	.29	.22	.14	〃
(6φ-15)	13	5	〃	90	.06	.10	.33	.29	.21	.12	〃
(7.5φ-15)	20	5	〃	90	.07	.10	.27	.29	.22	.19	〃
(9φ-15)	28	5	〃	90	.06	.08	.21	.26	.22	.22	〃
(8φ-25)	8	4	〃	150	.08	.21	.29	.14	.19	.28	小林理研
(8φ-20)	12	4	〃	150	.07	.26	.27	.21	.17	.21	〃
(5φ-15)	9	4	〃	150	.08	.18	.30	.19	.25	.34	〃
(5φ-12)	13	4	〃	150	.08	.22	.29	.16	.22	.34	〃
(8φ-16)	20	4	〃	150	.16	.19	.24	.13	.17	.25	〃
(6φ-22)	6	7	〃	150	.12	.50	.34	.19	.20	.21	〃
(6φ-22)	6	9	〃	150	.16	.50	.34	.22	.18	.25	〃
(4φ-15)	6	5	〃	180	.12	.45	.30	.25	.23	.16	日大理工
(5φ-15)	9	5	〃	180	.12	.39	.29	.26	.30	.17	〃
(6φ-15)	13	5	〃	180	.11	.33	.30	.26	.30	.13	〃

(孔径-ピッチ)	開孔率(%)	板厚(mm)	下地材 厚さ(mm)- 密度(kg/m³)	空気層厚(mm)	125	250	500	1000	2000	4000(Hz)	測定
(7.5φ-15)	20	5	(下地材なし)	180	.10	.29	.28	.26	.29	.28	日大理工
(9φ-15)	28	5	〃	180	.08	.24	.24	.24	.31	.32	〃
(8φ-25)	8	4	〃	300	.28	.30	.21	.24	.24	.35	小林理研
(8φ-20)	12	4	〃	300	.26	.31	.27	.24	.19	.20	〃
(5φ-15)	9	4	〃	300	.27	.35	.21	.26	.26	.32	〃
(5φ-12)	13	4	〃	300	.25	.33	.22	.25	.32	.40	〃
(8φ-16)	20	4	〃	300	.22	.30	.29	.23	.19	.28	〃
(6φ-22)	6	7	〃	300	.38	.40	.29	.24	.18	.21	〃
(6φ-22)	6	9	〃	300	.35	.37	.25	.22	.21	.22	〃
(4φ-15)	6	5	〃	500	.45	.31	.31	.30	.30	.28	日大理工
(5φ-15)	9	5	〃	500	.40	.30	.31	.32	.33	.35	〃
(6φ-15)	13	5	〃	500	.35	.29	.30	.35	.36	.39	〃
(9φ-15)	28	5	〃	500	.30	.25	.27	.36	.39	.42	〃
(5φ-15)	9	5	〃	大	.30	.40	.40	.30	.35	.35	—
(4φ-15)	6	5	(グラスウール 50-10K)	45	.15	.35	.82	.52	.23	.22	日大理工
(5φ-15)	9	5	〃	45	.15	.36	.82	.60	.31	.27	〃
(6φ-15)	13	5	〃	45	.13	.32	.78	.69	.40	.31	〃
(7.5φ-15)	20	5	〃	45	.15	.31	.69	.75	.49	.42	〃
(9φ-15)	28	5	〃	45	.15	.30	.68	.78	.59	.58	〃
(8φ-25)	8	4	(グラスウール 25-10K)	45	.09	.27	.71	.81	.40	.31	小林理研
(5φ-15)	9	4	〃	45	.12	.33	.81	.70	.45	.30	〃
(8φ-16)	20	4	〃	45	.12	.34	.70	.82	.54	.48	〃
(6φ-22)	6	7	(ロックウール 25-50K)	45	.09	.50	.95	.45	.22	.21	日大理工
(8φ-25)	8	4	〃	45	.08	.35	.95	.64	.33	.16	小林理研
(8φ-16)	20	4	〃	45	.06	.25	.78	.85	.60	.50	〃
(9φ-15)	28	6	〃	45	.08	.25	.71	.91	.78	.72	日大理工
(4φ-15)	6	5	(グラスウール 50-10K)	90	.18	.50	.78	.48	.28	.15	〃
(5φ-15)	9	5	〃	90	.19	.49	.80	.56	.37	.23	〃
(6φ-15)	13	5	〃	90	.18	.43	.82	.60	.42	.30	〃
(7.5φ-15)	20	5	〃	90	.19	.40	.79	.65	.53	.39	〃
(9φ-15)	28	5	〃	90	.18	.40	.79	.73	.57	.52	〃
(8φ-25)	8	4	(グラスウール 25-10K)	150	.22	.65	.78	.52	.40	.36	小林理研
(5φ-15)	9	4	〃	150	.25	.73	.83	.46	.45	.28	〃
(8φ-16)	20	4	〃	150	.22	.79	.78	.57	.56	.37	〃
(6φ-22)	6	7	(ロックウール 25-50K)	150	.41	.87	.65	.48	.32	.30	日大理工
(5φ-12)	13	4	〃	150	.46	.83	.93	.78	.57	.42	小林理研
(8φ-25)	8	4	〃	150	.50	.86	.88	.62	.35	.19	〃

(孔径-ピッチ)	開孔率(%)	板厚(mm)	下地材 厚さ(mm)-密度(kg/m³)	空気層厚(mm)	125	250	500	1000	2000	4000 (Hz)	測定
(8φ-16)	20	4	(ロックウール 25-50K)	150	.45	.86	.90	.80	.66	.52	日大理工
(9φ-15)	28	6	〃	150	.28	.75	.95	.82	.88	.68	〃
(4φ-15)	6	5	(グラスウール 50-10K)	180	.39	.88	.68	.51	.33	.11	〃
(5φ-15)	9	5	〃	180	.32	.85	.71	.61	.40	.18	〃
(6φ-15)	13	5	〃	180	.32	.82	.62	.64	.48	.25	〃
(7.5φ-15)	20	5	〃	180	.35	.82	.80	.63	.58	.35	〃
(9φ-15)	28	5	〃	180	.32	.78	.81	.70	.65	.56	〃
(4φ-15)	6	5	(グラスウール 25-10K)	270	.50	.72	.48	.55	.40	.32	〃
(5φ-15)	9	5	〃	270	.52	.72	.50	.59	.55	.55	〃
(6φ-15)	13	5	〃	270	.50	.70	.52	.65	.68	.60	〃
(7.5φ-15)	20	5	〃	270	.55	.73	.60	.71	.71	.60	〃
(9φ-15)	28	5	〃	270	.52	.72	.59	.70	.80	.81	〃
(8φ-25)	8	4	〃	300	.65	.75	.57	.58	.48	.58	小林理研
(5φ-15)	9	4	〃	300	.68	.71	.53	.58	.43	.30	〃
(8φ-16)	20	4	〃	300	.61	.73	.64	.61	.62	.58	〃
(6φ-22)	6	7	(ロックウール 25-50K)	300	.68	.82	.58	.53	.33	.23	日大理工
(8φ-25)	8	4	〃	300	.78	.83	.77	.65	.40	.20	小林理研
(5φ-12)	13	4	〃	300	.71	.78	.80	.75	.62	.42	〃
(8φ-16)	20	4	〃	300	.85	.94	.83	.75	.66	.60	〃
(9φ-15)	28	6	〃	300	.61	.94	.75	.93	.88	.68	日大理工
(4φ-15)	6	5	(グラスウール 25-20K)	500	.87	.61	.70	.65	.46	.33	〃
(5φ-15)	9	5	〃	500	.88	.66	.72	.71	.55	.46	〃
(6φ-15)	13	5	〃	500	.87	.68	.76	.82	.71	.50	〃
(7.5φ-15)	20	5	〃	500	.83	.66	.78	.86	.82	.61	〃
(9φ-15)	28	5	〃	500	.83	.72	.80	.90	.87	.70	〃
(5φ-15)	9	5	(グラスウール 25-10K)	500	.72	.52	.60	.60	.50	.30	〃
(7.5φ-15)	20	5	〃	500	.70	.60	.65	.70	.72	.59	〃
(5φ-15)	9	5	(グラスウール 50-20K)	500	.95	.65	.86	.74	.53	.38	〃
(7.5φ-15)	20	5	〃	500	.93	.71	.91	.93	.81	.59	〃
(5φ-15)	9	5	(グラスウール 25-20K)	1000	.52	.68	.68	.72	.43	.39	〃
(6φ-15)	13	5	〃	1000	.52	.70	.78	.81	.62	.43	〃
(7.5φ-15)	20	5	〃	1000	.55	.70	.80	.85	.78	.60	〃
(9φ-15)	28	5	〃	1000	.55	.72	.82	.85	.85	.80	〃
(5φ-15)	9	5	〃	700	.75	.60	.70	.72	.55	.45	〃
(4φ-15)	6	5	(下地材なし)	屏風折45〜270	.07	.22	.28	.32	.29	.19	日大理工
(5φ-15)	9	5	〃	〃	.05	.18	.28	.30	.30	.20	〃

付録 217

(孔径-ピッチ)	開孔率(%)	板厚(mm)	下地材 厚さ(mm)-密度(kg/m³)	空気層厚(mm)	125	250	500	1000	2000	4000 (Hz)	測定
(6φ-15)	13	5	(下地材なし)	風折屏45〜270	.04	.13	.21	.30	.30	.30	日大理工
(9φ-15)	28	5	〃	〃	.03	.10	.16	.26	.20	.35	〃
(5φ-15)	9	5	〃	700〜1100	.25	.30	.30	.35	.36	.39	〃
(4φ-15)	6	5	(グラスウール 25-10K)	45〜270	.16	.70	.78	.69	.43	.24	〃
(5φ-15)	9	5	〃	〃	.15	.68	.82	.78	.55	.29	〃
(6φ-15)	13	5	〃	〃	.13	.59	.82	.85	.68	.42	〃
(7.5φ-15)	20	5	〃	〃	.13	.54	.79	.88	.75	.58	〃
(9φ-15)	28	5	〃	〃	.13	.50	.78	.92	.88	.69	〃
孔あきアルミ (0.8φ-1.5)	22	0.5	(グラスウール 15-12K)	150	.16	.52	.68	.61	.73	.77	小林理研
(5φ-11.5)	14	0.5	〃	150	.12	.48	.75	.58	.68	.69	〃
(0.8φ-1.5)	22	0.5	(グラスウール 25-20K)	150	.28	.74	.88	.72	.80	.92	〃
(5φ-11.5)	14	0.5	〃	150	.24	.65	.89	.77	.70	.81	〃
(0.8φ-1.5)	22	0.5	(グラスウール 15-12K)	300	.39	.61	.59	.65	.73	.77	〃
(5φ-11.5)	14	0.5	〃	300	.32	.69	.60	.61	.68	.69	〃
(0.8φ-1.5)	22	0.5	(グラスウール 25-20K)	300	.64	.76	.73	.74	.76	.92	〃
(5φ-11.5)	14	0.5	〃	300	.55	.92	.72	.80	.82	.80	〃
(0.8φ-1.5)	22	0.5	(グラスウール 15-12K)	500	.52	.50	.64	.66	.73	.78	〃
(5φ-11.5)	14	0.5	〃	500	.37	.48	.62	.70	.69	.78	〃
(0.8φ-1.5)	22	0.5	(グラスウール 25-20K)	500	.72	.73	.82	.74	.78	.92	〃
(5φ-11.5)	14	0.5	〃	500	.57	.71	.80	.80	.75	.85	〃

(注) 1. 空気層厚は孔あき板から剛壁までの距離(下地多孔質材の厚さを含む)
2. 下地の多孔質材は孔あき板のすぐ背後に入れる。
3. 孔あき板は孔径ピッチ(開孔率)と板厚に注意して選定する。
4. 空気層厚「大」は1m以上の場合を意味する。

E. 一般建築材料

材 料 名	125	250	500	1000	2000	4000 (Hz)
ガラス　はめころし	.18	.06	.04	.03	.02	.02
ガラス (木製サッシュ)	.35	.25	.18	.12	.07	.04
コンクリート打放し	.01	.01	.02	.02	.02	.03
〃　ボンタイル吹付け	.01	.01	.02	.02	.02	.03
モルタル　金ごて	.01	.01	.02	.02	.02	.03
モルタル　はけびきリシン吹付け	.01	.01	.02	.03	.04	.05
リブラス　モルタル	.02	.03	.04	.06	.06	.03

材　料　名	125	250	500	1000	2000	4000 (Hz)
プラスター塗り（剛壁）	.01	.01	.02	.02	.03	.03
タイル張り	.01	.01	.01	.02	.02	.02
アスタイル，ビニールタイル　2 mm	.01	.01	.02	.02	.02	.03
塩ビタイル　3 mm	.01	.01	.02	.02	.02	.03
ゴムタイル　4.5 mm	.03	.03	.04	.05	.06	.07
リノリウム	.01	.01	.02	.02	.03	.03
フローリング　ブロック	.04	.04	.07	.06	.06	.07
根太床	.16	.14	.12	.11	.09	.07
檜フローリング，縁甲板　30～35 mm	.10	.11	.10	.07	.06	.07
ビニールタイル（ボード下地）	.10	.11	.10	.07	.06	.07
合成繊維カーペット（モルタル金ごて下地）　6～7 mm	.02	.03	.05	.08	.12	.15
ベルタット植毛 3.5 mm，ゴム 15 mm 下地	.03	.04	.08	.12	.22	.37
パイルカーペット　10 mm	.09	.08	.21	.26	.27	.37
パイルカーペット 8，フェルト 3 mm 下地	.11	.14	.37	.43	.27	.25
木綿カーテン 0.5 kg/m²，1.5 倍ひだ	.04	.23	.40	.57	.53	.40
ビロードカーテン 0.6 kg/m²，2 倍ひだ	.14	.35	.55	.72	.70	.65
毛織物カーテン 0.26 kg/m²（空気層 100 mm）	.05	.18	.51	.75	.68	.72
グラスクロスカーテン 0.29 kg/m²（空気層 100 mm）	.04	.08	.18	.33	.22	.45
花崗岩　水みがき　30 mm	.01	.01	.02	.02	.02	.03
テラゾーブロック，擬石ブロック	.01	.01	.01	.02	.02	.02
扉（ビニールレザー張り）	.10	.15	.20	.25	.30	.30
スチールドア	.29	.26	.13	.08	.07	.07
プロセニアム開口	.30	.35	.40	.45	.50	.50
リターンがらり開口	.20	.25	.30	.35	.40	.45
空気による減衰率（m）	0	0	0	.001	.002	.006

F．人間・椅子吸音力 (m²/個)

	125	250	500	1000	2000	4000 (Hz)
合板折りたたみ椅子／プラスチック　成形椅子	.02	.02	.02	.04	.04	.03
劇場椅子・モケット張り	.16	.27	.34	.35	.33	.31
劇場椅子・ビニールレザー張り	.04	.13	.22	.17	.16	.11
成人（劇場椅子モケット張りに座る）	.20	.32	.40	.43	.43	.40
成人（木製椅子，プラスチック椅子に座る）	.10	.19	.32	.38	.38	.36

関連 JIS
JIS A 6301 吸音材料

付録 II 透過損失表

遮音構造	壁厚(mm)	125	250	500	1000	2000	4000	遮音等級	測定
フレキシブルボード FB6	6	18	20	23	29	30	25°	D-15	大成技研
FB6+AS450+小波スレート 6.3	474	31	36	38	43	43	42°	D-30	〃
FB6+AS100+GW50+AS300+小波スレート 6.3	474	35	40	46	53	56	56	D-45	〃
FB6+GW50(32K)+AS400+亜鉛引小波鉄板 0.3	481	25°	35	42	54	56	57	D-40	〃
FB6+GW50(32K)+AS50+亜鉛引小波鉄板 0.3	131	18°	32	40	48	46	43°	D-35	〃
A 小波スレート 6.3 [〜〜〜コ]	18	16	20	25	27	23°	28	D-15	〃
FB6+AS70+GW50+小波スレート 6.3	144	24	30	41	44	47	49	D-40	〃
(工 小波スレート 6.3+GW25(32K)	43	18	21	29	33	29°	35	D-20	〃
小波スレート 6.3+AS100+木毛セメント板 25	143	16	17	22	28	25°	30	D-15	〃
場 小波スレート 6.3+GW25(32K)+AS75+木毛セメント板 25	143	17	21	28	34	31°	38	D-20	〃
小波スレート 6.3+AS100+木毛セメント板 25+モルタル 25	168	35	43	46	45°	51°	61	D-40	〃
外 小波スレート 6.3+AS100+木片セメント板 30+モルタル 25	173	36	45	48	46°	51°	61	D-40	〃
小角波形カラー鉄板 0.4 [〜〜〜コ]	25	16	14	18	23	25	26	D-10 (3.15KHz)	〃
壁) 小角波形カラー鉄板 0.4+ラスシート・モルタル 20	45	33	30	28	33	35°	38	D-25	〃
アルミ中角波板 0.8 [〜〜〜コ]	25	10	11	12	16	18°	25	D-5	〃
アルミ中角波板 0.8+GW25(32K)	50	10	10	15	19	22	30	D-10 (3.15KHz)	〃
アルミ中角波板 0.8+AS100+木毛セメント板 25	150	12	12	15	18	20°	27	D-10	〃
アルミ中角波板 0.8+GW25(32K)+AS75+木毛セメント板25	150	11	11	17	23	25°	35	D-15	〃
アルミ中角波板 0.8+AS100+粘鉛板 30(FB3・木毛 27)	155	15	18	25	29	32°	43	D-20	〃
アルミ中角波板 0.8+GW25(32K)+AS75+粘鉛板 20(FB3・木毛17)	145	17	24	33	37	40	51	D-30	〃

付録 221

	遮音構造	壁厚(mm)	透過損失 (dB)						遮音等級	測定
			125	250	500	1000	2000	4000		
A (工場・外壁)	アルミ中角波板 0.8+GW25(32K)+AS75+木片セメント板50	175	11	17	26	29	34	48	D-25	大成技研
	アルミ中角波板 0.8+GW25(32K)+AS75+FB4	129	14'	24'	36	44	48	50	D-30	〃
	アルミ中角波板 0.8+GW25(32K)+AS75+PB9	134	14'	25	34	42	48	45	D-30	〃
	サンドイッチ板(a)26(FB3・木毛セメント板 20・FB3)	26	18	24	28	30	34	36	D-20 (1.6KHz)	〃
	サンドイッチ板(b)30(FB3・木毛セメント板 24・FB3)	30	23	23	27	32	32'	34	D-20	〃
	サンドイッチ板(c)25(FB3・発砲コンクリート 19・FB3)	25	20	25	28	27'	35'	41	D-25	〃
	サンドイッチ板(b)30+AS100+サンドイッチ板(b)30	160	33	40	47	50	52'	56	D-40	〃
	モルタル 30 ラスシート下地	30	23	23	23	26	29	26'	D-15	〃
	モルタル 30+GW50(32K)+AS50+小波スレート 6.3	148	34	42	44	40'	51	61	D-35	〃
	モルタル 30+GW50(32K)+AS400+小波スレート 6.3	498	39	43	47	46'	55	63	D-40	〃
	木片セメント板 50+モルタル 10	60	30	37	42	37'	44	49	D-35	〃
B (集合住宅界壁・ホテル)	コンクリート 180・両面プラスター 13 (440 kg/m²)	206	45	43'	53	58	66	69	D-50	BBRS
	コンクリート PC板 150 (ρ=2.4) (360 kg/m²)	150	43	46	50	56	62	65	D-50	大成技研
	コンクリート PC板 100 (ρ=2.4) (240 kg/m²)	100	32'	38'	48	54	60	63	D-45	〃
	軽量コンクリート PC板 150 (ρ=1.7) (250 kg/m²)	150	39	44	49	53	59	64	D-50	小林理研
	コンクリート PC板 100+AS190+PB12	302	38	46	54	63	71	65	D-50 (200Hz)	大成技研
	コンクリート PC板 100+AS190+PB12×2	314	42	47	56	65	71	67	D-55	〃
	コンクリート PC板 100+AS165+GW25(25K)+PB12×2	314	43	51	58	64	70	67	D-55	〃
	PB12+AS200+コンクリート PC板 100+AS165 +GW25+PB12×2	526	46	53	60	68	73	68	D-60	〃
	コンクリート PC板 100+GL ボンド 50(@450)+PB12[(1)]	162	31'	44	52	63	67	63	D-45	〃
	コンクリート PC板 100+GL ボンド 45+PB12[(2)]	157	30	40	51	57	61	59	D-40 (160Hz)	〃

	遮 音 構 造	壁厚 (mm)	透過損失 (dB)							遮音等級	測定
			125	250	500	1000	2000	4000			
間仕切壁	軽量コンクリートPC板 50($\rho=1.8$)+AS50	150	35	33'	41'	59	68	68	D-40	大成技研
	軽量コンPC板 50+GW50(32K)+軽量コンPC板 50	150	37	42	42'	58	68	68	D-40	〃
	軽量コンPC板 50+AS100+軽量コンPC板 50	200	38	41	45'	59	68	70	D-45	〃
	軽量コンPC板 50+AS50+GW50(32K)+軽量コンPC板 50	200	42	48	50'	64	74	74	D-50	〃
C(ホテル・事務所間仕切壁)	コンクリートブロック(B種) 150 (両面素面)	150	20	25	28	32'	36'	42	D-25	鹿島技研
	コンクリートブロック(B種) 150・両面オイルペイント吹付	150	27	33	40	48	54	51	D-40	〃
	コンクリートブロック(B種)150・両面モルタル25(180kg/m²)	200	31	35'	45	52	57	59	D-40	〃
	発泡コンクリート(ALC板) 100 (55 kg/m²)	100	31	32	29'	37	46	51	D-30	小林理研
	発泡コンクリート 100・両面モルタル 6 (81 kg/m²)	112	34	33	35'	44	51	57	D-35	〃
	発泡コンクリート 100・両面モルタル 15 (121 kg/m²)	130	31	31	40	45	49	55	D-40	〃
	片面モルタル 15・発泡コンクリート 100+GW 40(20K) +PB 9 (木造間柱@450) (92 kg/m²)	164	29'	39'	47'	58	66	69	D-45	〃
	発泡コンクリート 80+AS50+発泡コンクリート 80	210	40	51	44'	57	72	78	D-45	〃
	発泡コンクリート(ALC板) 100 (50 kg/m²)	100	30	31	28'	35'	44	46	D-30	建材試験センター
	発泡コンクリート 100+RW30+PB12・FB6.3 (木造胴縁 36×30 @450) (74 kg/m²)	148	29'	41	45'	54	58	62	D-45	〃
	FB6・PB12+RW30+発泡コンクリート 100+RW30 +PB12・FB6 (木造胴縁 36×30 @450) (98 kg/m²)	196	28'	44	53	58	60	65	D-45	〃
	発泡コンクリート 75+RW50(150K)+発泡コンクリートPC板 120 (82.5 kg/m²)	200	40	41	41'	48	54	60	D-40	〃
	PB9+GLボンド 20+軽量コンクリートPC板 50 ($\rho=1.8$) (@150~300) +GLボンド 20+PB9(3) (@150~300)	178	30	29'	36'	48	52	47	D-35	フジタ技研
	ガラスブロック 95(190×190) (83 kg/m²)	95	27	34	38	44	47	51	D-35 (3.15KHz)	小林理研
	石こうボード PB9-AS100+PB9 (木造間柱タイコ張り)	118	15'	26	37	48	53	42'	D-30	小林理研

	遮音構造	壁厚(mm)	透過損失 (dB) 125	250	500	1000	2000	4000	遮音等級	測定
C (ホテル・事務所間仕切壁)	PB9+RW50(150K)+AS50+PB9 (木造間柱千鳥)[4]	118	23*	41	50	54	58	56	D-40	小林理研
	PB9×2+AS84+PB9×2 目違張り (木造間柱タイコ張り)[5]	120	20*	28*	40	46	50	48*	D-35	鹿島技研
	PB15×2+AS69+PB15×2 (ニューススタッド65 ワイヤクリップ止め)	129	31	38	49	54	51*	—	D-40	〃
	PB15×2+GW50(24K)+AS19+PB15×2 (〃)	129	37	42	48	55	58	63	D-50	大成技研
	PB15×2+GW50(24K)+AS76+PB15×2 (〃 ワイヤクリップ止め)	186	40	50	56	62	62*	64	D-50 (2.5KHz)*	〃
	PB15×2+GW50(24K)+AS113+PB15×2 (ニューススタッド125・ワイヤクリップ付)	223	39	48	53	57	55*	62	D-45	〃
	PB12×2+AS100+PB12×2 目違張り (両面独立スタッド)[6]	148	33	42	50	59	66	58*	D-45 (3.15KHz)*	〃
	PB12×2+AS150+PB12×2 目違張り (〃)[7]	198	34	40	49	56	64	56*	D-45	〃
	PB12×2+AS75+GW25(25K)+PB12×2 目違張り (〃)	148	39*	50	57	66	69	64*	D-55	〃
	PB12×2+AS69+PB12×2 (スタッド65 特殊クリップ止め)[8]	117	24*	38	44	53	55	55	D-40 (2.5KHz)*	〃
	PB12×2+AS69+PB12×2・プラスター塗り20 (〃)	137	33*	45	52	59	65	68	D-50	〃
	PB12×2+AS40+RW25(40K)+PB12×2 (Zスタッド 65×38×0.8)[9]	113	30	43	53	57	55	57	D-40 (3.15KHz)*	小林理研
	鉄板6+AS100+鉄板4.5	110.5	37*	46	52	61	62	68	D-50 (3.15KHz)*	大成技研
	鉄板6+GW50(32K)+AS50+鉄板4.5	110.5	41	47	54	61	63	69	D-55	〃
D (簡易間仕切)	合板3+RW45+合板3 (木造間柱タイコ張り)	51	16	18	23	35	47	57	D-20 (400Hz)*	小林理研
	合板6+AS100+合板6	112	11*	20	29	38	45	42	D-25	〃
	FB3+スタイロフォーム25+FB3	31	22	22	29	32	34*	32*	D-25	鹿島技研
	合板3+スタイロフォーム25+合板3	31	16	16	20	20*	25	24*	D-15	〃
	PB9+スタイロフォーム25+PB9	43	21	25	29	33	35	26*	D-15	〃
	アルミ0.8+スタイロフォーム25+アルミ0.8	26.6	15	18	21*	23*	28*	32	D-20	〃
	鉄板0.9+RW58(40K)+鉄板0.9	60	15	31	31	40	41	41	D-30	〃

ガラス窓の種類		透過損失 (dB)						遮音等級	測定
		125	250	500	1000	2000	4000		
ガラスはめころし	3 mm 厚	18	20	25	30	33	29*	D-20	大成技研
〃	5 mm	21	22	27	31	33	30*	D-15 (2.5KHz)*	〃
〃	8 mm	26	28	31	33	26*	37	D-15	〃
〃	12 mm	26	28	33	32	33	40	D-20	〃
〃	19 mm	25	31	35	30*	37	43	D-25 (1.25KHz)*	〃
木造用アルミ製引違い窓（ガラス 3 mm） 1300W×1500H		15	17	19	20	19*	19*	D-10	〃
〃 （ガラス 5 mm） 〃		17	20	21	20	17*	20	D-5	〃
普及型アルミ製引違い窓（ガラス 3 mm） 〃		14	18	21	23	23*	24*	D-15	〃
〃 （ガラス 5 mm） 〃		15	20	22	23	23	25	D-10 (1.6KHz)*	〃
普及型引違い窓（ガラス 5 mm）+AS60+紙障子 1700W×1700H		19	20	19	20*	26*	29	D-15	〃
普及型アルミ製引違い窓（ガラス 5 mm） 1600W×1300H		20	22	23	18	21*	27	D-10	〃
〃 （ガラス 3 mm） 1800W×1500H		18	17	24	21	18*	26	D-10	〃
気密型アルミ製片引き窓（ガラス 3 mm） 1300W×1500H		17	19	24	29	33	25*	D-15	〃
〃 （ガラス 5 mm） 〃		20	23	29	33	31*	34	D-20	〃
気密型アルミ製段窓（上部はめころし、下部片引き） 1600W×1300H		22	25	28	32	32	29	D-15 (3.15KHz)*	〃
〃 （ 〃 ）（ガラス 12 mm） 1800W×1800H		20	23	27	30	33	30	D-15 (2.5KHz)*	〃
普及型引違い窓（ガラス 3）+AS275+木造用アルミ製引違い窓（ガラス 3） 二重窓		28	30	30	30*	35*	40	D-25	〃
〃 （ガラス 5）+AS275+ 〃 （ガラス 5） 二重窓		26	30	29	33	32*	33	D-20	〃
気密型引違い窓（ガラス 3）+AS275+ 〃 （ガラス 3） 二重窓		28	32	30	33	32*	33	D-20	〃
〃 （ガラス 3）+AS275+ 〃 （ガラス 3） 二重窓		27	33	34	39	41	35*	D-25	〃
〃 （ガラス 5）+AS275+ 〃 （ガラス 5） 二重窓		29	34	36	40	37	42	D-25 (2.5KHz)*	〃

付　録　225

ガラス窓の種類	透過損失 (dB)						遮音等級	測定
	125	250	500	1000	2000	4000		
気密型片引き窓(ガラス5)+AS200+普及型引違い窓(ガラス3)二重窓 (AS周辺GW24K充填,孔あき合板6.6φ-30)(中空部吸音)二重窓 +AS200″	30	38	45	39	41ˊ	47	D-30	大成技研
″ [サッシ周辺部の隙間に粘土をつめる](中空部吸音,サッシ周辺粘土)	28	38	46	49	54	51ˊ	D-40	″

[記号説明] FB:フレキシブルボード　AS:空気層　GW:グラスウール　RW:ロックウール　PB:石こうボード

[備考] 1. 材料名または上記記号の後の数値は厚さを示す.単位 mm
2. GW, RW の厚さの次にある ( ) 内の数値はかさ密度を示す.単位 kg/m³
3. 透過損失の数値に 印があるのは,遮音等級の決まる周波数帯域を示す.
　印のないものは D 曲線にほぼ平行していることを示す.

[注] 表中 (1), (2), (3), …… の番号に対応する造音構造の断面を以下に示す.

索　引

あ―お

RASTI	205
ICAO	205
Eyring の残響式	72
孔あき板	147, 157, 166
孔あきアルミニウム板	160
安全拡声利得	203
暗騒音	19
ECPNL	40
一質点系の伝達損失	125
EDT	185, 195, 196
EPNL	40
位相	2
板状材料	147, 152
インダクタンス	156
インパルスレスポンス	195
ウェーバー・フェヒナーの法則	13
迂回路伝達音	80, 78, 176
浮き床	118, 125
浮き床の固有振動数	128
A 特性	23
エコー	187
STC	110
STI	205
NR 曲線	32
NC 曲線	33
L_{den}	41
L 数低減量	125
LEV	197
LG	197
MTF	205
FAA	59
円孔（隙間）	92
大型車混入率	55
オクターブバンドノイズ	23
オクターブバンドレベル	26
音のエネルギ密度	8
音の大きさ	35, 197
音の大きさのレベル	23
音の強さ	7
音の強さのレベル	14
音の伝搬速度	1, 4
音のやかましさ	38
オペラハウス	190, 193
音圧	4, 6, 95, 141, 152, 154
音圧透過率	141
音圧反射率	141, 144
音圧分布	61
音圧レベル	14
音場	8
音場入射質量則	97
音場入射透過損失	102
音響インピーダンス	11, 171
音響出力	15
音響障害	187
音響調整室	205
音声伝達性能	205
音線	66
音線図	179
音線法	181
音節明瞭度	189, 207
音速	1, 6
音の焦点	188
音波	1

か―こ

開口端反射	173
開孔率	157
回折減衰値	51
改良水栓	137
gal	134

227

会話妨害レベル	34	虚音源	179
拡散音場	66,80,82,84,145	共振周波数	126,157
拡散性	198	共通架台	130
拡散体	184,188	共鳴器型消音器	172
拡散入射質量則	97	共鳴周波数	152,155,157,161,172
角振動数	2,3	共鳴透過	91
加振力	126	局部作用的	142
仮想音源位置	181	虚像法	181
可動反射板	180	距離減衰	45,176
ガラス	95,101	距離減衰量	85
渦流	137	金属スプリング	130
感覚騒音レベル	39	空間印象	198
環境基準	32,41	空間情報	198
干渉	9,144	空気中の音速	2
緩衝材	125	空気伝搬音	113
慣性抵抗	103	空洞型消音器	171
貫通孔	90	屈曲波	98
管内法	144	屈曲波の伝搬速度	98
機械インピーダンス	126	駆動点インピーダンス	119
幾何音響	66	グラスウール	109,125,131, 149,160,169
聞き取りやすさ	208	軽量コンクリートブロック	151
規準化室間音圧レベル差	109	軽量衝撃源	116
気体中の音速	2	劇場用椅子	168
規準化床衝撃音レベル	116	減衰比	125,128
気泡コンクリート	101	建築基準法	88,109
逆A特性	117	コインシデンス効果	98
逆2乗則	57,59	コインシデンスの限界周波数	100
キャパシタンス	103,156	コーキング材	92
吸音	176	航空機騒音	41,58
吸音機構	147	剛性	125,130,152
吸音材内張りダクト	169	構造的短絡	109
吸音材内張り直角エルボ	169	合板	153
吸音チャンバ	170	ゴムカップリング	135
吸音特性	147	ゴムスリーブ	135
吸音率	67,141	固有音響抵抗	6,130,141
吸音力	67,81,116,168	固有振動	61,119,127,178
給水圧	137	固有振動の音圧分布	64
給水管	137	固有振動の周波数	63
給排水設備騒音	137	固有振動の数	64
給排水騒音	114		

固体中の縦波の音速 ………………6	純音 ………………………21,144
固体伝搬音 ……113,125,131,137,176	縮退 ……………………………65
コンクリート浮き床 ………………125	瞬時音圧 …………………………7
コンクリートベッド ………………130	初期位相 …………………………2
コンサートホール ……178,190,193,200	初期減衰時間 ……………………195
コンピュータシミュレーション ……181	初期音減衰指標 …………………195
	初期音・後期音エネルギ比 ………195
さ—そ	初期反射音 ………179,180,195,198
サイドスピーカ …………………203	振動加速度レベル ………………132
サージング現象 …………………130	振動感覚曲線 ……………………132
Sabine の残響式 …………………72	振動感覚補正回路 ………………132
最小可聴音圧レベル ………………21	振動公害 …………………………129
最適残響時間 ……………………189	振動伝達率 ………………………127
サウンドロックスペース …………107	振動の大きさ ……………………136
ささやきの回廊 …………………188	振動の大きさのレベル …………135
雑音 ………………………………21	振動レベル ………………………132
残響 ………………………………61	振動レベル計 ……………………132
残響可変装置 ……………………191	親密感 ……………………………201
残響感 …………………194,198,201	水圧調整 …………………………137
残響時間 …………70,81,143,145,189	垂直音響インピーダンス ……142,163
残響室 ……………………81,143,145	垂直入射吸音率 ……………142,144
残響室法吸音率 ……………143,146	隙間 …………………………90,176
三連音節明瞭度 …………………207	隙間面積率 ………………………91
C_{80} …………………………195,196	スチフネスリアクタンス …………103
G …………………………………198	ステージスピーカ ………………204
周波数 ……………………………3	ステージフロントスピーカ ………204
周波数分析 ………………………25	スプリッター型 …………………169
時間重心 …………………………195	スペクトルレベル ………………25
軸波 ………………………………63	スリット ……………………92,167
室内音響指標 ……………………194	正弦平面進行波 …………………4
室内音響設計 ………………175,178	正四面体頂点法 …………………182
室内平均音圧レベル ………………69	静的ばね定数 ……………………130
室間平均音圧レベル差 ………80,110	静的変位 …………………………129
室定数 ……………………………74	石綿セメント板 …………………153
実効値 ……………………………7	石こうボード ……………………108
質量則 ……………………………96	接線波 ……………………………63
死点 ………………………………188	節水消音型便器 …………………137
遮音 …………………………77,176	セル型 ……………………………169
遮音等級 L ………………………117	線音源 ……………………………46
重量衝撃源 ………………………116	騒音 ………………………………21

229

騒音計 ……………………………23
騒音源対策 ……………………176
騒音のうるささ …………………40
騒音防止設計 …………………175
騒音レベル ………………………24
総合透過損失 ……………………79
側方反射音 ………………179,180
sone ……………………………36
側路伝搬 …………………………87
損失係数 ………………………102

た―と

体積速度 …………………………12
体積弾性率 …………………5,152
多孔質材料 ………147,148,159,166
タッピングマシン ……………116
建物の遮蔽効果 …………………53
WECPNL ………………………41
多目的ホール …………………190,193
単一共振系 ………………126,154
単一共鳴器 ……………………155
単位面積当りのばね定数 ……128
単位面積音響インピーダンス ……7,102
　　　　　　　105,141,145,155,161
単位面積流れ抵抗 ……150,159,161,164
単位面積ばね定数 ……………152
短時間指向拡散度 ……………198
単発騒音暴露レベル ……………42
聴感補正回路 ……………………23
聴力障害 …………………………43
直接音 …………………………178
直接音レベル ……………………75
低音域の共鳴透過周波数 ………107
定在波 ………………………10,61,144
定在波法 ………………………144
定常状態 …………………………68
T_s ……………………………195
TTS ………………………………43
dB(A) ……………………………24
dBm ……………………………202

鉄道騒音 …………………………56
点音源 ……………………15,45
電気音響設備 …………………202
天井反射板 ……………………179
伝搬経路対策 …………………177
等価回路 ………………………156
等価吸音面積 ………………67,76
等価騒音レベル …………30,32,42
透過損失 ……………………77,81
透過率 ……………………………77
等感度曲線 ………………………23
統計入射吸音率 ………………143,163
動的倍率 ………………………130
動的ばね定数 …………………130
動的ひずみ ……………………130
等ノイジネス曲線 ………………39
等ラウドネス曲線 ………………36
道路騒音 …………………………53
特性インピーダンス ……………7
扉 ……………………………91,95

な―の

鳴竜 ……………………………189
斜め入射吸音率 ………………142
斜め波 ……………………………63
軟質ウレタンフォーム ………151
二重壁 …………………………104
二重壁の透過損失 ……………106
noy ………………………………38

は―ほ

背後空気層 ……………………152,157
背後空気層厚 …………………150
排水管 …………………………139
パイプシャフト ………………134,139
ハウリング ……………………202
白色雑音 …………………………26
波長 ……………………………4,188
波長定数 ……………………10,160
波動音響 …………………………61

波動方程式	5
はね返りスピーカ	204
ばね定数	126, 129, 154
バルコニー	184
バルコニーフロント	187
パワレベル	15
反響	187
反射音レベル	75
反射板	179
バンドパスフィルタ	25
PNL	39
PNLT	40
PN-dB	39
ピストン運動	95
評価騒音レベル	29
屏風折	166, 188
広がり感	195
VAL	132
VL	132
VG	136
VGL	135
ブーミング	155
複合壁	104
舞台上反射板	180, 191
フラッターエコー	189
フレキシブル継手	131, 138, 139
プロセニアムスピーカ	203
文章了解度	189
閉管の単位面積音響インピーダンス	12, 160
平均エネルギ密度	80
平均吸音率	68
平均自由路	69
塀の回折減衰値	83
塀の遮蔽効果	51
平面進行波	95
壁面外部近傍音圧レベル	84
ヘルツ	3
ヘルムホルツの共鳴器	154, 172
防振	125

防振ゴム	130
防振支持	125
防振支持用防振材	130
防振設計	129
方向係数	45
方向情報	182
放射パワレベル	85
ポリシリンダ	188
phon	23
ホン	24

ま—も

Meister の曲線	132
曲げ剛性	99, 115, 118, 152
曲げ波の駆動点インピーダンス	119
マスリアクタンス	103
窓サッシ	91
面音源	48
面積効果	147
面密度	96
木片セメント板	150
木毛セメント板	150

や—よ

ヤング率	6, 99
床勾配	183
床衝撃音	115
床衝撃音レベル	115
床衝撃音レベル低減量	124

ら—ろ

ラウドネスレベル	23, 36
ランダム入射吸音率	143
粒子速度	2, 5, 7, 10, 95, 141, 148
粒子変位	2, 5, 9
流体中の音速	6
臨界制動抵抗	128
rayls	150
ロックウール	109, 125, 131, 149, 159, 169
ロングパスエコー	205, 207

著者略歴

木村　翔（きむら　しょう）
1931 年　東京都に生まれる
1954 年　日本大学工学部（現理工学部）建築学科卒業
1956 年　東京大学大学院建築学専攻修士課程修了
1959 年　日本大学工学部（現理工学部）専任講師，助教授を経て，
1969 年　日本大学理工学部教授
2001 年　日本大学名誉教授
　　　　　現在に至る
　　　　　工学博士

新建築技術叢書-9　建築音響と騒音防止計画　第四版

1977 年 4 月10日　第 1 版　発　行
1982 年 3 月10日　第 2 版　発　行
1999 年 4 月10日　第 3 版　発　行
2012 年 3 月10日　第 4 版　発　行
2022 年 2 月10日　第 4 版　第 5 刷

著作権者との協定により検印省略	編　者　新建築技術叢書編集委員会
	著　者　木　村　　　翔
	発行者　下　出　雅　徳
	発行所　株式会社　彰　国　社

自然科学書協会会員
工学書協会会員

Printed in Japan

162-0067　東京都新宿区富久町8-21
電　話　03-3359-3231　（大代表）
振替口座　00160-2-173401

Ⓒ 木村 翔 2012年　　装丁：南場 保　　印刷・壮光舎印刷　　製本・中尾製本

ISBN 978-4-395-17139-2 C 3352　　https://www.shokokusha.co.jp

本書の内容の一部あるいは全部を，無断で複写(コピー)，複製，および磁気または光記録媒体等への入力を禁止します。許諾については小社あてご照会ください。